W0072239

Georg Piltz

DER PRINZENRAUB

und andere historische Kriminalfälle

Das Neue Berlin

Inhalt

Der falsche Markgraf

Vor mehr als sechs Jahrhunderten wurde in der Marienkirche zu Dessau ein Mann bestattet, von dem man bis heute nicht weiß, wie sein richtiger Name lautete. Nur eines scheint sicher zu sein: Er war nicht der, für den er sich ausgab. Viele bezeichneten ihn schon zu seinen Lebzeiten als Schwindler, aber noch mehr glaubten ihm oder taten wenigstens so, als ob sie seine Behauptung für wahr hielten. Unter denen, die diesen Mann ihren lieben Freund und Vetter nannten, befanden sich einige der höchsten Würdenträger des Heiligen Römischen Reiches Deutscher Nation.

Die Geschichte begann damit, dass die märkischen Herren den Bayern Ludwig, der die Mark Brandenburg seit 1323 regierte, gründlich satthatten. Der erlauchte Spross des Hauses Wittelsbach trieb es ein wenig zu toll. Dass er hinter den Weibern her war – nun gut, darüber konnte man hinwegsehen. Aber dass er die fettesten Pfründen der Mark seinen bayerischen Kumpanen zuschanzte, landfremden Leuten, deren raue Kehllaute hier oben im Norden niemand verstand, dass er Geld und immer wieder Geld forderte, ohne den Märkischen dafür mehr zu geben als wertlose

Ruine der Marienkirche in Dessau

Freundschaftsversicherungen und zweifelhafte Schuldverschreibungen – das ging entschieden zu weit. Was bildete
sich dieser Bajuware eigentlich ein? Die Mark war schließlich keine eroberte Provinz, in der er schalten und walten
konnte, wie es ihm beliebte! Die Quitzow, Bredow und Put-
litz murrten: Sollte sich der hergelaufene Kerl doch an die
Isar zurückscheren!

Auch in den Städten war der Bayer unbeliebt; nicht bei
allen Leuten, wohl aber bei denen, welche die wirtschaftliche und politische Macht besaßen. In Stendal hatte sich
Ludwig 1345 auf die Seite der aufständischen Zünfte gestellt
und die Patrizier mit Waffengewalt zu einer Verfassungs-
änderung gezwungen – zur Freude derer, die bisher noch
nie am Regiment beteiligt worden waren, doch zum Schaden des Handels, der durch die Vertreibung vieler finanz-
kräftiger und erfahrener Kaufleute zugrunde gerichtet
wurde. In Berlin kam das Patriziat 1346 etwas glimpflicher
davon, aber nur, weil es sich in seiner Bedrängnis mit einer Einschränkung der städtischen Selbstverwaltung einverstanden erklärte: Der Markgraf erhielt das Recht, sich in
die Ratswahl einzumischen. Gegen welche Stadt würde sich
der nächste Angriff des Wittelsbachers richten? Die patrizi-
schen Ratsherren steckten die Köpfe zusammen: Der Mann
muss weg, bevor er noch mehr Unheil anrichtet! Geheime
Boten gingen von Ort zu Ort ...

Das Heilige Römische Reich glich damals einem Hexen-
kessel, in dem es brodelte und kochte. Die beiden Dynastien
Wittelsbach und Luxemburg rangen um die Vorherrschaft,
und wie es schien, neigte sich die Waage nun zugunsten des
Hauses Luxemburg. Am 11. Juli 1346 hatte die Mehrheit der
Kurfürsten den Luxemburger Karl von Böhmen zum König
gewählt – zum Gegenkönig, um genau zu sein, denn der alte
Herrscher Ludwig der Bayer, Vater des Markgrafen Ludwig
von Brandenburg, lebte noch und wehrte sich mit dem Mut

der Verzweiflung gegen seine immer zahlreicher werdenden Feinde. Am 11. Oktober 1347 ereilte ihn der Tod. Ob er einem Schlaganfall erlag oder ob Gift seinem Leben ein Ende setzte – darüber gingen die Meinungen auseinander. Aber die Wittelsbacher gaben ihre Sache noch nicht verloren. Sie verfügten über eine beachtliche Hausmacht: Neben Ober- und Niederbayern gehörten ihnen die Markgrafschaften Tirol und Brandenburg, dazu die Grafschaften Holland, Seeland, Friesland und Hennegau. Damit konnte man sich im Reich schon Respekt verschaffen. Wenn der Luxemburger, der sich seit seiner Wahl Karl IV. nannte, etwa glaubte, das Haus Wittelsbach werde vor ihm zu Kreuze kriechen, so sollte er sich getäuscht haben.

Die Wittelsbacher übersahen dabei nur eines: Wer Hausmachtpolitik betreibt, schafft sich Feinde! Die Bayern waren in der Wahl ihrer Mittel nie zimperlich gewesen. Tirol hatte Ludwig von Brandenburg zum Beispiel erworben, indem er den rechtmäßigen Gatten der Markgräfin Margarete Maultasch mit deren Unterstützung aus dem Land trieb und die noch nicht Geschiedene heiratete – was auch damals als Bigamie galt. Die Askanier – die Herzöge von Sachsen und die Grafen von Anhalt – fühlten sich ebenfalls von dem Haus Wittelsbach betrogen. Oder wie sollte man es sonst nennen, wenn das Oberhaupt des Reiches, Ludwig von Bayern, die Mark Brandenburg nicht ihnen, den legitimen Erben des askanischen Markgrafen Woldemar, übergeben, sondern mit ihr seinen damals erst achtjährigen Sohn Ludwig belehnt hatte? Seitdem warteten die Askanier auf eine Gelegenheit, sich an den Bayern zu rächen, und mit ihnen warteten noch andere, die sich in ihrem Recht verletzt glaubten, beispielsweise der Erzbischof von Magdeburg, der die Oberhoheit über Teile der Altmark für sich beanspruchte, und der Herzog von Mecklenburg, der ein Anrecht auf die Prignitz zu haben meinte.

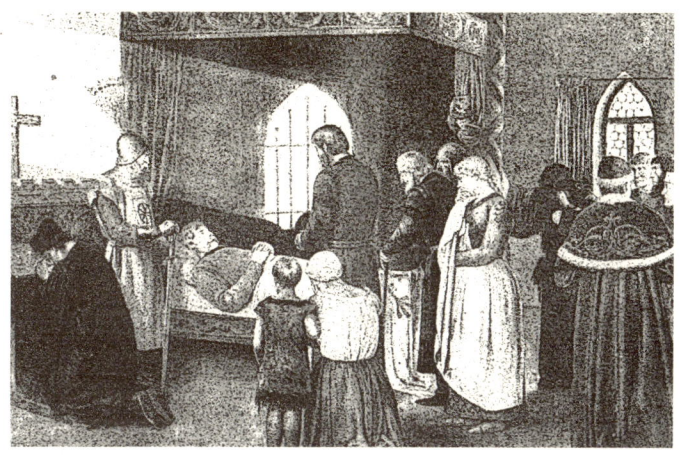

Der Tod des echten Woldemars
(aus: Oskar Schwebel: Markgraf Woldemar; 1891)

Immerhin, der Erzbischof von Magdeburg und die askanischen Herren hatten die Belehnung des Bayern mit der Mark nach langem Hin und Her in rechtlich verbindlicher Form anerkannt. Daran gab es nichts zu drehen und zu deuteln. Wie anders lägen die Dinge, wenn sich nachweisen ließe, dass die Belehnung unter falschen Voraussetzungen erfolgt war! Falls der 1319 gestorbene Markgraf Woldemar plötzlich von den Toten auferstände – was würde die Konsequenz sein? Ludwig müsste die Mark als unrechtmäßig empfangenes Lehen ihrem rechtmäßigen Besitzer zurückgeben. Täte er es nicht, so beginge er einen Frevel, der seine Vasallen von ihren Eiden entbände. Und damit wäre der Kampf um die Mark schon halb gewonnen. Nur schade, dass dieser Plan erst am Jüngsten Tag verwirklicht werden konnte! Denn früher standen die Toten nicht auf – nicht einmal den Askaniern zuliebe.

Gewiss, das Volk glaubte an Wunder, aber mit dem Wunder einer Totenerweckung würde man seinem Glauben wohl doch etwas viel zumuten. Wie wäre es, wenn man statt einer Auferstehung aus dem Grab eine Heimkehr nach langer Abwesenheit inszenierte, eine Rückkehr aus freiwilligem oder erzwungenem Exil? Es gab da einen Fall, der zum Vorbild dienen konnte: Heinrich von Mecklenburg, ein frommer Fürst, der sich sehr um sein Seelenheil sorgte, war 1272 nach Jerusalem gepilgert und dort in die Hände der Sarazenen gefallen, die ihn über zwei Jahrzehnte lang gefangen hielten. Erst 1298 sah er seine Heimat wieder, von allen wie ein Wunder bestaunt und von fast allen als echter Landesherr anerkannt. Es kam nur darauf an, eine Legende zu ersinnen, die das Unwahrscheinliche glaubhaft machte. Und natürlich mussten Zeugen herbeigeschafft werden, die das Mirakel bestätigten. Wer würde es dann noch wagen, den Mann, der so Schweres erlitten hatte, einen Schwindler zu nennen?

In wessen Kopf dieser Plan entstanden ist, lässt sich heute nicht mehr ermitteln. Zeitgenössische Chroniken bezeichnen Herzog Rudolf von Sachsen und den Erzbischof von Magdeburg, Otto von Hessen, als Urheber. Wahrscheinlich waren auch noch andere eingeweiht, so die Bürgermeister der größeren märkischen Städte und die Wortführer des märkischen Adels.

Es galt nun, jemanden zu finden, der die Rolle des Heimkehrers überzeugend zu spielen verstand. Zum Glück war die Zahl derer, die den Markgrafen Woldemar noch von Angesicht gekannt hatten, sehr gering. Und im Übrigen kam der Auserwählte ja nicht von einer Vergnügungsreise, sondern von einer Pilgerfahrt zurück, gezeichnet von den Anstrengungen der langen Fußmärsche, gegerbt von Wind und Wetter, ausgezehrt von Entbehrungen. Es genügte daher, wenn er dem vor drei Jahrzehnten Verstorbenen ähnelte. Wichtiger aber war, dass er sich wie ein Fürst benahm, also die höfischen Umgangsformen beherrschte, wie ein

Angehöriger des Hochadels sprach und sich unter den Großen des Reiches so sicher bewegte, als sei er von frühester Kindheit an zum Gebieter erzogen worden. Dergleichen ließ sich nur schwer erlernen, und selbst wenn eine solche Dressur glückte, bestand noch immer die Gefahr, dass der Mann im entscheidenden Augenblick versagte – aus Nervosität oder weil er sich der Lebensgefahr bewusst wurde, in der er schwebte. Hochstaplern, die sich für einen regierenden Herrn ausgaben, drohte die Todesstrafe.

Nein, ein Bauer, Müller oder Ochsenknecht kam für diese Rolle nicht infrage. Sie konnte nur von einem Mitglied der herrschenden Klasse überzeugend gespielt werden. Auf wen die Wahl schließlich fiel, wird man wohl nie mehr erfahren. Thomas Kantzow, Verfasser einer Chronik von Pommern, befand sich wahrscheinlich auf der richtigen Spur, als er vermutete, es sei ein alter Gefolgsmann des Markgrafen gewesen, der »viel um seine heimlichkeit wußte«. Andere Chronisten, so der Autor des Magdeburgischen Chronikon, wollen bemerkt haben, dass der Auserwählte an einer Geisteskrankheit litt, vermutlich an Altersschwachsinn, einem Gebrechen, das mit der Zeit zu völliger Umnachtung führt, ohne dass die Fähigkeit, sich wie gewohnt zu bewegen, verloren geht. Die Erfolgschancen des Betrugsmanövers verminderten sich dadurch nicht: Geisteskrankheit war nach damaligem Recht kein Grund, einen Fürsten abzusetzen oder an der Übernahme der Regierung zu hindern.

Im Frühjahr 1348 verdichteten sich Gerüchte, welche die Ankunft des Erlösers von der wittelsbachischen Knechtschaft psychologisch vorbereiteten. In den Kirchen und auf den Märkten raunten sich die Leute zu, dass ein Pilger durch das Land streifte, ein wunderlicher alter Mann mit einem langen weißen Bart, der in dunklen Wendungen von der Wiederkehr eines Totgeglaubten sprach und den Anbruch besserer Tage prophezeite. Niemand hatte den

Greis gesehen, aber jeder kannte einen, der bei allen Heiligen schwor, er sei ihm im Wald, auf der Landstraße oder in einer Herberge begegnet. Es steckte System hinter diesem Propagandafeldzug ...

Und dann war es endlich soweit. Wie ein Lauffeuer verbreitete sich im Sommer 1348 die Nachricht, Markgraf Woldemar sei heimgekehrt. Aus dem Jenseits? Nein, von einer langen Pilgerfahrt, die er unternommen hatte, um sich von seinen Sünden zu reinigen. Aber wenn Woldemar noch lebte, wer lag dann in der Askaniergruft des Klosters Chorin? Ein Mönch oder ein fahrender Gaukler, jedenfalls nicht der hohe Herr, dem man diese Täuschung verzeihen musste, weil er mit ihr ja nur erreichen wollte, dass ihn die böse Welt in Frieden ließ. Und warum war er nach so vielen Jahren in diese böse Welt zurückgekehrt? Weil das Elend der Mark zum Himmel schrie und weil ihn seine armen Untertanen dauerten. Es wurde Zeit, dass der angestammte Fürst, der die Märker besser verstand als der Bayer, die Zügel wieder in die Hand nahm.

Der Erzbischof von Magdeburg, Otto von Hessen, war der Erste, der sich für die Echtheit des Heimgekehrten verbürgte. Auch Herzog Rudolf von Sachsen und die Grafen von Anhalt erkannten den Pilger sofort als ihren lieben Oheim an. Das Zeugnis des Herzogs wog besonders schwer, weil er zu den wenigen gehörte, die den Markgrafen Woldemar noch persönlich gekannt hatten. Aber die Askanier ließen es nicht bei Beteuerungen bewenden. Sie sammelten ein paar hundert Gepanzerte und stellten sie ihrem angeblichen Verwandten zur Verfügung. Wahrscheinlich erwarteten sie, dass die Bayern unverzüglich Gegenmaßnahmen ergreifen würden. Das Interesse des Hauses Wittelsbach gebot, die Flamme auszutreten, bevor sie die Mark, vielleicht sogar den gesamten Norden des Heiligen Römischen Reiches in Brand setzte.

Grabplatte des Erzbischofs Otto von Hessen im Magdeburger Dom

Der wittelsbachische Markgraf Ludwig unterschätzte die Gefahr und verpasste seine Chance. Als er sich endlich zum Handeln aufraffte, war es zu spät. Der Mann, der sich Woldemar nannte, hatte den Boden der Mark noch nicht betreten, da liefen die Städte Brandenburg, Pritzwalk, Tangermünde und Osterburg schon mit fliegenden Fahnen zu ihm über. Im September nahm das kleine askanische Heer das Land in Besitz, ohne dass Gewalt angewendet zu werden brauchte. Die hohe Geistlichkeit hieß den falschen Woldemar feierlich willkommen, die Städte der Prignitz, des Havellandes und der Uckermark öffneten ihm ihre Tore, der Adel beeilte sich, ihm zu huldigen. Sogar der mächtige Graf von Lindow und Ruppin hielt es für ratsam, sich von den Wittelsbachern zu trennen. Die Regisseure des Schauspiels konnten zufrieden sein: Der erste Akt war über die Bühne gegangen, ohne dass einer aus der Rolle fiel oder mitten im Text steckenblieb.

Auch im zweiten Akt feierten die Askanier Triumphe. Schon in der ersten Septemberhälfte erkannten die beiden Herzöge von Mecklenburg, Albrecht und Johann, sowie Herzog Barnim von Pommern-Stettin den falschen Woldemar als rechtmäßigen Markgrafen von Brandenburg an und verpflichteten sich, ihm gegen seine Feinde beizustehen. Und in der zweiten Septemberhälfte mischte sich Karl IV. in das Spiel. Er hatte abgewartet, wie sich die Dinge entwickelten, und hielt nun die Zeit für gekommen, sich offen für die Askanier zu erklären. Das Heer, das er in die Mark führte, war ungefähr doppelt so stark wie das Aufgebot, das der wittelsbachische Markgraf Ludwig in aller Eile zusammenrief. Bereits damals gab es Stimmen, die Karl IV. nicht nur der Mitwisserschaft, sondern auch der Mittäterschaft bezichtigten – ob mit Recht, ist bis heute nicht ermittelt worden. Auf alle Fälle kam es dem Luxemburger sehr gelegen, dass seinen Widersachern in der Mark ein neuer Gegner erstanden war. Die Wittelsbacher schrien Betrug! Nun gut, dann musste er

Die Goldene Bulle des römisch-deutschen Kaisers Karl IV. (1356)

darauf achten, sich eine Hintertür offenzuhalten, durch die er entschlüpfen konnte, wenn der Schwindel herauskam. Und was hieß schon Betrug? Über den Sieger saß niemand zu Gericht, und verlor er den Kampf, so kam es auf einen Anklagepunkt mehr oder weniger wirklich nicht mehr an. Sollten der Sachse und der Magdeburger nur ihr Glück versuchen – er würde sie unterstützen, solange es ihm Vorteil brachte, und sie fallenlassen, sobald ihn die Lage dazu zwang.

Die Wahrscheinlichkeit, dass Karl IV. von Anfang an Bescheid wusste und sich sozusagen auf Abruf bereithielt, ist sehr groß. Jedenfalls handelte er wie jemand, der über alle Einzelheiten der Verschwörung informiert war. Zunächst ordnete er an, eine Kommission zu bilden: Sie sollte prüfen, ob man den Versicherungen des so plötzlich aus dem Nichts Aufgetauchten, er sei der echte Markgraf Woldemar, Glauben schenken dürfe. Es versteht sich, dass dem Ausschuss nur Leute angehörten, von denen man im Voraus wusste, dass sie diese Frage bejahen würden. Und so geschah es dann auch: Die Mitglieder der Kommission erklärten, sie hätten nach Anhörung vieler Zeugen nicht mehr den geringsten Zweifel, dass der Prüfling die Wahrheit sprach. Wie diese Zeugen hießen und woher ihnen ihre Weisheit kam, darüber gaben sie vorsichtigerweise keine Auskunft. Sie vermieden es auch, die Echtheitserklärung mit einem Eid zu bekräftigen.

Ende September versammelten sich die verbündeten Heere auf einem Feld bei Heinersdorf, sechs Kilometer südöstlich von Müncheberg – nicht zu einer Schlacht, sondern zu einer feierlichen Handlung. Den linken Flügel bildeten die Pommern unter Herzog Barnim, die Mecklenburger unter Herzog Johann, die Anhaltiner unter den Grafen von Anhalt und die Magdeburger unter ihrem Erzbischof Otto. Im Zentrum standen die Zelte des Reichsheeres, das sich zum überwiegenden Teil aus böhmischen und mährischen Rittern zusammensetzte. Auf dem rechten Flügel, der sich bis in die Nähe des Dorfes Tempelberg erstreckte, lagerten die Scharen des Herzogs Rudolf von Sachsen und jene märkischen Aufgebote, welche unter der Fahne Woldemars Beute zu machen hofften. Den Städten Müncheberg und Fürstenwalde wurde befohlen, diese Truppenmasse zu verpflegen – was die Freude der Bürger über die Rückkehr des totgeglaubten Markgrafen sicher beträchtlich verminderte. Karl IV. war ein sparsamer Herr, der nicht bezahlte, was er auch umsonst bekommen konnte.

Am 2. Oktober rief der König die Fürsten zusammen. Vor seinem Zelt erhob sich ein mit kostbaren Tüchern verhülltes Brettergerüst, auf dem der purpurfarbene Thron stand. Der Herrscher nahm Platz und ergriff das Zepter, das ihm der Erzbischof von Magdeburg reichte. Fanfarenklänge leiteten die Zeremonie ein. Der falsche Woldemar kniete nieder, sprach den Treueid und empfing aus der Hand des Luxemburgers die Belehnung mit der Mark Brandenburg. Der Wittelsbacher, »der sich nennet Markgraf Ludwig«, wurde für abgesetzt, der ihm geleistete Schwur für nichtig erklärt. Wer Woldemar den Gehorsam verweigerte, galt als Rebell und verfiel der Reichsacht.

Auch die Hintermänner der Verschwörung erhielten ihren Lohn: König Karl erkannte das Erbrecht der Askanier an. Nach dem Tod des falschen Woldemar sollte die Mark an die beiden Söhne des Sachsenherzogs Rudolf, Otto und Rudolf den Jüngeren, sowie an die Grafen von Anhalt, Albrecht und Woldemar, fallen. Der Luxemburger bekräftigte diese Zusage, indem er eine Eventualbelehnung vornahm, das heißt, er erteilte den vier Genannten die Erlaubnis, ihr Erbe anzutreten, ohne vorher nochmals um eine Belehnung nachzusuchen. Damit war die Erbfolge in staatsrechtlich verbindlicher Form festgelegt – freilich nur für den Fall, dass der Betrug glückte.

Es sah damals so aus, als ob alles glatt gehen würde. Bisher hatte das Erscheinen des falschen Woldemar den am Komplott Beteiligten nur Vorteile gebracht. Der Erzbischof von Magdeburg bekam die magdeburgischen Lehen in der Altmark zurück, der Herzog von Mecklenburg sackte das Land Stargard ein, der Herzog von Pommern-Stettin schüttelte die brandenburgische Oberhoheit ab, und Karl IV., geschäftstüchtiger als alle anderen, ließ sich von seinem Schützling die Lausitz übereignen, die nun Böhmen angegliedert wurde. Auch die märkischen Städte waren mit dem heimgekehrten Pilger sehr zufrieden. Zum Lohn für ihre treuen Dienste empfingen sie wertvolle politische Privilegien, zum Beispiel die uneingeschränkte Gerichtshoheit und die Befugnis, mit anderen städtischen Gemeinwesen Verteidigungsbündnisse zu schließen. Der Markgraf verbriefte ihnen sogar das Recht, bewaffneten Widerstand zu leisten, falls ein Landesherr versuchte, sich in ihre inneren Angelegenheiten zu mischen.

Der Wittelsbacher hatte der Übermacht der Verbündeten wenig entgegenzusetzen. Nur der Adel der Neumark, also jener märkischen Gebietsteile, die östlich der Oder lagen, und einige Städte hielten noch zu ihm. Sein Heer bestand aus ein paar hundert Gepanzerten. Jeder Versuch, den Gegner mit einer so schwachen Streitmacht anzugreifen, musste mit einer Katastrophe enden. Aber vielleicht sah die Lage im nächsten Frühjahr schon wieder besser aus! Es kam darauf an, sich so lange in der Mark zu behaupten, bis Karl der Sache überdrüssig wurde. Der Winter stand vor der Tür, und es war ja bekannt, dass der stets auf Rückendeckung bedachte Luxemburger seine Armee nicht gern aufs Spiel setzte – schon gar nicht in einer Situation, die sich durch unvorhersehbare Zwischenfälle von heute auf morgen wenden konnte.

Zu den wenigen Städten, die den falschen Woldemar nicht anerkannten, gehörte Frankfurt an der Oder. Was die Bürgerschaft dazu bewogen hat, dem Wittelsbacher die Tore zu öffnen und für ihn zu den Waffen zu greifen – wir wissen es nicht. Die alten Chroniken berichten nur, dass sich die von Heinersdorf anrückenden Verbündeten an den Mauern der Stadt die Köpfe einrannten. Die Eingeschlossenen wehrten sich mit dem Mut der Verzweiflung, sie wiesen alle Kapitulationsangebote zurück, der Herbstregen setzte ein, die Belagerer verbrachten die Nächte in Zelten, die vor Nässe trieften, und mit jedem Tag wuchs die Gefahr, dass Seuchen das erschöpfte Heer dezimierten. Karl IV. fand, dass sich das Risiko nicht lohnte. Am 14. Oktober rückte er mit seinen Böhmen ab; die Sachsen, Mecklenburger und Pommern machten sich ebenfalls auf den Heimweg. Der Siegeszug des falschen Woldemar war beendet.

Wenige Wochen nach dem Abmarsch der Verbündeten eroberte Markgraf Ludwig Fürstenwalde und Müncheberg

Die wundersame Rückkehr des Markgrafen (aus: Schwebel, 1891)

zurück. Dann wandte er sich in die Zauche und entsetzte die Stadt Brietzen, die den Wittelsbachern treu geblieben war und sich daher fortan Treuenbrietzen nennen durfte. Unzählige Dörfer gingen bei diesen Kreuz- und Querzügen des Heeres in Flammen auf. Die Magdeburgische Schöppenchronik berichtet: »Das Land wurde so verderbt, dass manche Menschen, Frauen und Männer, die sonst ehrenhaft geblieben wären, infolge ihrer Armut Sünde und Schande begehen mussten.« Der märkische Adel sah mit Entsetzen, dass die Kosten des Krieges die Gewinne bei weitem überstiegen. Und auch den Ratsherren der kleineren Städte wurde so bänglich zumute, dass sie sich überlegten, ob es nicht besser wäre, unter die Botmäßigkeit des wittelsbachischen Markgrafen zurückzukehren. Die Front der Woldemar-Anhänger begann zu zerbröckeln ...

Am 30. Januar 1349 wählten die Anhänger des Hauses Wittelsbach den thüringischen Grafen Günther von

Schwarzburg zum Gegenkönig. Sie hatten lange suchen müssen, bevor sie einen Kandidaten fanden, der sich bereiterklärte, gegen Karl IV. in die Schranken zu treten. Der zunächst ausersehene Markgraf Friedrich von Meißen war zu klug, um sich auf ein solch gewagtes Spiel einzulassen. Er schloss Frieden mit dem Luxemburger und strich dafür 4000 Schock Prager Groschen ein. Auch Eduard III., König von England, dankte für die zweifelhafte Ehre: Die Franzosen machten ihm schon genug zu schaffen, so dass er keine Lust verspürte, nun auch noch mit dem Haus Luxemburg anzubinden. Erst der Zwergfürst Günther von Schwarzburg, ein fehdelustiger Herr, der sich vortrefflich darauf verstand, seine schmalen Einkünfte durch Raub aufzubessern, nahm die Krone an.

Karl IV. verfügte über genügend Machtmittel, um seine Gegner zur Unterwerfung zu zwingen. Trotzdem scheute er das Risiko einer bewaffneten Auseinandersetzung; denn er wusste aus Erfahrung, dass im Krieg fast alles von Zufällen abhängt. Es genügte, eine Schlacht zu verlieren – und das in vielen Jahren mühsam Aufgebaute brach zusammen. Nein, es war zweckmäßiger, dem Grundsatz zu folgen: »Wo du etwas in Güte erreichen kannst, da lass den Krieg.« Dem Listenreichen fiel ein Ausweg ein: Statt sich in das Kampfgetümmel zu stürzen, warb er um die dralle Prinzessin Anna von der Pfalz – weniger um ihrer weiblichen Reize als um ihres Vaters willen, der zu den Häuptern der wittelsbachischen Fürstenpartei gehörte. Pfalzgraf Rudolf fühlte sich geehrt und nahm die Werbung an. Und damit in Frieden Hochzeit gefeiert werden konnte, erbot er sich, die verfeindeten Häuser Luxemburg und Wittelsbach miteinander zu versöhnen.

Beide Parteien ließen sich bei den Verhandlungen, die nun begannen, von der Erkenntnis leiten, dass ein Spatz in der Hand besser ist als eine Taube auf dem Dach. Karl war zwar nach wie vor entschlossen, den Ehrgeiz der bayrischen

Dynastie zu dämpfen, am besten dadurch, dass er einige ihrer Territorien der eigenen Hausmacht angliederte, aber er hatte auch begriffen, dass er dazu viel Zeit brauchte. Die Wittelsbacher hingegen sahen ein, dass sie sich in der augenblicklichen Situation mit dem auf friedlichem Weg Erreichbaren begnügen mussten. Sie verlangten nur, dass sie behielten, was sie besaßen. Auf dieser Basis kam ein Kompromiss zustande: Das Haus Wittelsbach sagte sich von dem Gegenkönig los und erkannte Karl IV. als Oberhaupt des Heiligen Römischen Reiches an; Karl bestätigte dafür das Eigentumsrecht der Bayern an sämtlichen Ländern und Lehen, die sie in den vergangenen Jahrzehnten erworben hatten.

An allen Lehen, also auch an der Mark Brandenburg, die doch erst vor acht Monaten auf dem Feld bei Heinersdorf dem angeblichen Askanier zugesprochen worden war? Wer trug den Titel eines Markgrafen von Brandenburg nun zu Recht – Woldemar oder Ludwig? Die Anhänger des Hauses Wittelsbach erwarteten, dass König Karl ein Machtwort sprechen und den Schwindler davonjagen würde, aber sie hatten die Verschlagenheit ihres Widersachers unterschätzt. Betrüger oder nicht – dieser Woldemar beherrschte nach wie vor den größten Teil der Mark, und wenn er dem Bayern Ludwig noch ein paar Jahre lang zu schaffen machte, so konnte dies dem Haus Luxemburg nur recht sein. Und wer sagte denn, dass es sich tatsächlich um einen Gauner handelte? Die Argumente, mit denen die Bayern aufwarteten, waren nicht sehr überzeugend.

In der Tat haben sich die Wittelsbacher niemals ernsthaft bemüht, den Mann, der sich Woldemar nannte, als Hochstapler zu entlarven. Es hätte genügt, zwei oder drei Zeugen aufzutreiben, die das verdächtige Individuum von früher her kannten. Auch wäre es möglich gewesen, die Gruft im Kloster Chorin öffnen und den einbalsamierten Leichnam von ehemaligen Gefolgsleuten identifizieren zu lassen.

Das Kloster Chorin (Nordansicht) in einer Zeichnung von 1854

Nicht eine dieser Chancen wurde genutzt. Ob sich Markgraf Ludwig insgeheim vor unangenehmen Entdeckungen fürchtete? Ob auch er wie so viele andere daran glaubte, dass dieser Woldemar echt war? Auf alle Fälle hielt er es wohl für unzweckmäßig, Untersuchungen einzuleiten, die auch zu anderen als den gewünschten Ergebnissen führen konnten. Wenn sich wider jede Wahrscheinlichkeit herausstellte, dass einige Tatsachen zugunsten dieses Woldemar sprachen – wer würde dann noch wagen, die Rechtmäßigkeit seiner Belehnung anzuzweifeln? Nein, es war besser, wenn die Herkunft des Mannes im Ungewissen blieb.

Im Frühjahr 1349 flammten die Kämpfe von neuem auf. Die großen märkischen Städte erklärten trotzig, dass sie nur Woldemar und seine Erben als Landesherren anerkennen würden, und auch die kleineren fassten wieder Mut, als sie erfuhren, dass Karl IV. nach wie vor die Askanier unterstützte – mit Worten, nicht mit Waffen. Zwar gelang es dem Wittelsbacher, die Front des märkischen Adels zu spalten, indem er einige Geschlechter zur Kapitulation zwang, aber der große Erfolg blieb ihm versagt. Der Krieg zog sich in die Länge, sein Ausgang war ungewiss. Städte wie Prenzlau, Berlin, Brandenburg, Tangermünde und Stendal ließen sich nicht im Handstreich nehmen. Wer sie bezwingen wollte, musste sie nach allen Regeln der Kunst belagern – und dazu brauchte man Heere, die nach Tausenden zählten, nicht nach Hunderten wie die Aufgebote des Markgrafen Ludwig.

Erst im Sommer fand der Wittelsbacher einen mächtigen Bundesgenossen: Der König von Dänemark, Waldemar IV., griff in den Krieg ein. Die Dänen verheerten die Uckermark, doch als sie das kleine Strasburg belagerten, wurden sie von den Mecklenburgern so hart bedrängt, dass sie um Hilfe schrieen. Ein wittelsbachisches Heer eilte herbei, um sie aus ihrer misslichen Lage zu befreien. In der Nähe von Oderberg tappte es in eine Falle. Herzog Albrecht von Mecklenburg, ein in vielen Kämpfen erprobter Haudegen, griff die nichtsahnend ihres Weges Ziehenden überraschend an und zerstreute sie in alle Winde. Ungefähr vierhundert Gepanzerte gerieten in Gefangenschaft, etwa hundert ertranken, als sie sich in morschen Booten über die Oder zu retten versuchten. Es war die einzige große Schlacht dieses Krieges, und ihr Ausgang bewies, dass der Widerstand der Askanier und ihrer Verbündeten nicht mit Waffengewalt gebrochen werden konnte.

Das Heer des Dänenkönigs war unterdessen aus der Uckermark abgerückt und erschien Anfang Oktober vor Berlin. Die Mecklenburger folgten ihm, und jedermann erwartete, dass es nun zu einer Entscheidungsschlacht kommen würde. Aber die Gepanzerten blieben in ihren Lagern. Die beiden Gegner handelten einen Kompromiss aus – wahrscheinlich auf Kosten des Markgrafen Ludwig, der dem Herzog Albrecht wohl schon damals versprach, ihm nach der Niederwerfung der Askanier das Land Stargard und die an der oberen Havel gelegene Herrschaft Fürstenberg zu überlassen. Der Mecklenburger hatte seine Schäfchen im Trockenen. Wenn er den Krieg fortsetzte, bestand die Gefahr, dass er sie wieder verlor. Warum sollte er ein solches Risiko eingehen? Die Vernunft forderte, sich von nun an aus dem Streit herauszuhalten. Das mecklenburgische Aufgebot kehrte in seine Heimat zurück.

Markgraf Ludwig nutzte die Verwirrung seiner Gegner aus: Er überredete den Rat von Spandau, sich von Woldemar loszusagen. Das Verfahren, das er dabei anwendete, war ebenso einfach wie wirkungsvoll: Statt den Zaudernden mit seinem Zorn zu drohen, verkündete er eine Generalamnestie und bestätigte sämtliche Privilegien der Stadt – einschließlich jener Vorrechte, welche ihr der angebliche Askanier verliehen hatte. Auch versprach er, allen Städten, die sich ihm freiwillig anschließen würden, die gleichen Bedingungen zu gewähren – ein geschickter Schachzug, der viele kleinere Orte, die sich nicht aus eigener Kraft verteidigen konnten, dazu bewog, die weiße Fahne zu hissen. Nur die großen Städte hielten zu Woldemar. Ihre Räte erinnerten sich der Erfahrungen früherer Jahre und trauten dem Wittelsbacher nicht über den Weg.

Karl IV. begriff, dass es nun an der Zeit war, den falschen Woldemar fallenzulassen. Der Narr hatte seine Schuldigkeit getan, er musste von der Bühne verschwinden. Aber wie wurde man ihn los? Am besten, indem man die Komödie von 1348 wiederholte – diesmal mit umgekehrtem Vorzeichen. Das Schiedsgericht, das sich im Februar 1350 zu Bautzen versammelte, um darüber zu befinden, ob Markgraf Woldemar seinen Titel zu Recht trug, setzte sich ausschließlich aus Anhängern des Hauses Wittelsbach zusammen – so wie einst das Tribunal von 1348 aus Parteigängern des Hauses Askanien. Und wie die damaligen, so hielten sich auch die jetzigen Richter eine Hintertür offen: Statt ihren Spruch mit einem Eid zu bekräftigen, verkündeten sie nur, die Wahrscheinlichkeit spräche dafür, dass, der, »der sich nennet Woldemar«, ein Schwindler sei. Dem König genügte dieses seltsame Urteil. Am 16. Februar belehnte er den Wittelsbacher Ludwig mit der Mark Brandenburg.

Aber noch gaben die Askanier ihr Spiel nicht verloren. Sie hofften wohl, dass der Wind wieder umschlug, und setzten allen Versuchen, sie aus der Mark zu verdrängen, zähen Widerstand entgegen. Markgraf Ludwig kam nur schrittweise voran. Die großen Städte zeigten nach wie vor wenig Neigung, unter seine Herrschaft zurückzukehren. Die Heere verwüsteten das Land, das sie zu verteidigen vorgaben. Zu alledem brach auch noch die Pest aus, und was die Mordlust der Gepanzerten verschonte, raffte die Seuche hinweg. Ganze Landstriche verödeten, unzählige Dörfer wurden von ihren Bewohnern verlassen; viele Verzweifelte schlossen sich den Geißlerzügen an, um den Zorn des Himmels mit ihrem eigenen Blut zu besänftigen, andere flohen in die Wälder und rotteten sich zu Räuberbanden zusammen. Die Mark, ohnehin ein dünn besiedeltes Gebiet, verlor damals fast die Hälfte ihrer Bevölkerung.

Das Gericht des Reichstags zu Nürnberg bestätigte im April 1350 den Bautzener Urteilsspruch. Karl IV. versicherte den anwesenden Fürsten, er sei von dem angeblichen Askanier infam betrogen worden, und die Herren taten so, als ob sie ihm glaubten. Den Wittelsbachern fiel es nun leichter, Verbündete zu gewinnen. Herzog Albrecht von Mecklenburg, der sich seit dem vor Berlin ausgehandelten Kompromiss neutral verhalten hatte, ging auf ihre Seite über, und auch Markgraf Friedrich von Meißen erklärte sich bereit, seinem lieben Freund Ludwig aus der Verlegenheit zu helfen – allerdings nur unter der Bedingung, dass dieser ihm die Stadt Luckau und das Kloster Doberlug abtrat. Er war nicht der Einzige, der damals seinen Schnitt machte: Der

Graf von Lindow und Ruppin ließ sich seine Rückkehr in das Lager der Wittelsbacher mit den Städten Gransee und Wusterhausen bezahlen.

Erst 1351 gelang es dem wittelsbachischen Markgrafen, größere Erfolge zu erringen. Am 22. Juli kapitulierte Berlin. Im Herbst wurde die Altmark zurückerobert: Stendal, letzte Bastion der Askanier westlich der Elbe, streckte am 13. November die Waffen. Zehn Tage später einigte sich Ludwig mit dem Erzbischof von Magdeburg: Der geschäftstüchtige Kirchenfürst strich die Stadt Tangermünde und das Land Jerichow ein und ließ dafür seine Verbündeten im Stich. Nur die Städte der Uckermark und das uneinnehmbare Brandenburg hielten noch zu Woldemar – vielleicht in der Hoffnung, auf diese Weise besonders günstige Übergabebedingungen aushandeln zu können.

Der Krieg währte nun schon über drei Jahre, und es sah nicht so aus, als ob er bald enden würde. Markgraf Ludwig verlor allmählich die Lust, sich mit Gegnern herumzubalgen, welche die Qualitäten von Stehaufmännchen zu besitzen schienen. Er hatte sich in der Mark nie wohl gefühlt, in diesem Land der Wälder und Sümpfe, dem es fast an allem mangelte, was das Leben lebenswert machte. Warum sollte er in dem regenverhangenen Norden bleiben, wenn ihn im Süden strahlende Sonne, reichliche Geldmittel, süffige Weine und schöne Frauen erwarteten? Am Weihnachtstag 1351 trat Ludwig die Herrschaft über die Mark seinen beiden Brüdern ab und zog sich für immer nach Tirol zurück. Der ältere von ihnen hieß ebenfalls Ludwig, mit dem Beinamen »der Römer«, weil er in Rom geboren worden war, der jüngere Otto, später »der Faule« genannt.

Ludwig der Römer hatte es etwas leichter als sein Vorgänger. Die Askanier waren am Ende ihrer Kraft und trachteten nur noch danach, möglichst glimpflich davonzukommen. Woldemars Anhänger in den Städten begriffen, dass sie sich der veränderten Lage anpassen mussten. Sie nahmen Verhandlungen auf, die meist damit endeten, dass der neue Markgraf alles in der Vergangenheit Geschehene zu vergessen versprach und ihnen ihre Privilegien bestätigte. Nur Brandenburg leistete noch immer Widerstand. Erst im Frühjahr 1355 sah der Rat der Stadt ein, dass ihm nichts anderes übrigblieb, als sich mit dem Wittelsbacher zu vergleichen. Aber nicht um jeden Preis! Wenn sich der Herr Markgraf etwa einbildete, das mächtige Brandenburg würde um Gnade betteln, so sollte er sich getäuscht haben. Generalpardon und Anerkennung aller Vorrechte, die Woldemarschen Privilegien natürlich eingeschlossen – sonst brauchte man sich gar nicht erst an den Verhandlungstisch zu setzen. Und dann war da noch ein Problem, das vor Abschluss eines Vertrags geklärt werden musste: Rat und Bürgerschaft bestanden darauf, dass Markgraf Woldemar sie in aller Form von ihrer Treuepflicht entband. So betrat der falsche Askanier zum letzten Mal die politische Bühne und nahm nicht ohne Würde von seinen Getreuen Abschied: »Wir, Woldemar, von der Gnade Gottes Markgraf zu Brandenburg und zur Lausitz und zu Landsberg, des Heiligen Reiches Erzkämmerer, bekennen öffentlich in diesem Brief allen guten Leuten, die ihn sehen, hören und lesen, daß wir mit gutem Willen und vorbedachtem Mut den treuen Leuten, den Ratsmannen und gemeinen Bürgern in beiden Städten Brandenburg ..., erlassen und aufheben die Huldigung, die sie uns getan haben, so daß weder wir noch einer unserer Freunde einige Anforderungen darum tun sollen. Und danken ihnen fleißig und weisen sie an den durchlauchtigen Fürsten Ludwig den Römer, Markgrafen zu Brandenburg, und seinen Bruder Otto. Zu einem steten Zeugnis haben wir diesen Brief gegeben mit unserem Insiegel zu Dessau, nach Gottes Geburt 1355, am Dienstag nach dem Sonntag Oculi in den Fasten.«

Die Ortsangabe im letzten Satz der Urkunde beweist, dass der Besiegte am Hof der Grafen von Anhalt Asyl gefunden hatte. Aber ob die Macht dieser Kleinfürsten ausreichte, um ihn auf die Dauer vor Strafe zu schützen? Die Reichsgesetze schrieben zwingend vor, wie mit überführten Hochstaplern zu verfahren war: Sie mussten verhaftet, vor ein Gericht gestellt und zum Feuertod verurteilt werden. Fürsten, die dem Beschuldigten Unterschlupf gewährten oder ihn auf andere Weise unterstützten, verfielen der Reichsacht, und dies bedeutete: Wenn sie den Schwindler nicht binnen eines Jahres auslieferten, verloren sie ihr Land und möglicherweise auch ihr Leben. Es stand nicht gut um den alten Mann, der mit seiner kühnen Behauptung, er sei der echte Markgraf Woldemar, das erlauchte Haus Wittelsbach sieben Jahre lang in Atem gehalten hatte.

Doch sonderbar – nichts rührte sich. König Karl ging zur Tagesordnung über. Warum sollte er riskieren, dass die um ihre Beute geprellten Askanier vor Gericht Dinge ausplauderten, die besser im Verborgenen blieben? Wem nutzte es, wenn der arme Narr auf dem Scheiterhaufen verröchelte? Das Haus Luxemburg hatte kein Interesse daran, in einen Prozess verwickelt zu werden, der unter Umständen höchst Peinliches zutage fördern konnte. Die Grafen von Anhalt weigerten sich, das vom Reichsgericht bestätigte Urteil von Bautzen anzuerkennen? Sie hielten daran fest, dass Woldemar der rechtmäßige Markgraf von Brandenburg war? Niemand nahm diese Zwerge ernst. Sogar Ludwig der Römer ließ sich ihre Anmaßung gefallen, ohne Protest zu erheben. Und im Übrigen besagten die aus Dessau einlaufenden Nachrichten, dass sich die Tragikomödie ihrem natürlichen Ende näherte. Der alte Mann war schwerkrank. Mochte er in Frieden sterben ...

Das genaue Todesdatum des falschen Woldemar ist unbekannt. Wahrscheinlich verschied er im Laufe des Jahres

1357. Das Magdeburgische Chronikon berichtet, dass ihn seine angeblichen Verwandten »sicut Marchio« bestatteten – mit allen Ehren, die einem Markgrafen zukamen. Sein Sarg erhielt einen Ehrenplatz vor dem Altar einer Kapelle. Wo diese Kapelle lag, ob im Chor oder in einem der beiden Seitenschiffe der Marienkirche, vermag heute niemand mehr zu sagen. Nur eines ist sicher: Irgendwo unter dem Fußboden dieser Kirchenruine ruhen die sterblichen Überreste des Mannes, der sich Woldemar nannte ...

Auf historischen Spuren

- ▸ Die **Marienkirche zu Dessau**, in der der falsche Markgraf begraben liegt, wurde seit 1990 restauriert und steht heute wieder für Besichtigungen und Veranstaltungen offen.
  Nähere Informationen: www.marienkirche.dessau.de

- ▸ Auch das idyllisch in der Schorfheide gelegene **Kloster Chorin**, wo der echte Markgraf Woldemar seine letzte Ruhe fand, kann besucht werden.
  Nähere Informationen: www.kloster-chorin.org

Der Prinzenraub

In der Nacht vom 7. zum 8. Juli 1455 wurde das Schloss zu Altenburg, Residenz des sächsischen Kurfürsten Friedrich des Sanftmütigen, nur von einem einzigen Mann bewacht – und der hatte am Abend einen kräftigen Zug aus der Flasche getan, nicht ahnend, dass der ihm von einem Küchenknecht kredenzte Wein ein Schlafmittel enthielt. Der Kurfürst war am Morgen des 6. Juli mit seinem Gefolge nach Leipzig abgereist. Die zur Stammbesatzung gehörenden »Ehrbarmannen« und auch der Kanzler, ein Herr von Haugwitz, benutzten die Abwesenheit ihres Gebieters, um sich unten in der Stadt zu amüsieren. Sie nahmen, wie es heißt, an einem »eegelebete«, also an einer Verlobungsfeier, teil – und solche Festlichkeiten endeten stets mit einem Riesenbesäufnis. Niemand bemerkte die über dreißig Berittenen, die sich im Schutz der Dunkelheit dem Schloss näherten.

Kurz vor dem Ziel teilte sich die Schar. Zwölf Reiter stiegen aus dem Sattel und legten die letzte Strecke zu Fuß zurück. Sie wurden erwartet. Ein Fenster öffnete sich, und eine Strickleiter schwebte herab. Jeder der zwölf wusste genau, was er zu tun hatte. Während die einen emporkletterten, bemüht, sich so leise wie möglich zu verhalten, schraubten

Schloss zu Altenburg

die anderen in fieberhafter Eile ein paar Holzleitern zusammen. Der Anführer des verwegenen Haufens besaß allem Anschein nach einschlägige Erfahrungen. Statt blindlings draufloszustürzen, sicherte er sich zunächst einen Fluchtweg, indem er ein tiefer gelegenes Fenster öffnen und die Holzleitern dort anbringen ließ. Strickleitern eigneten sich zwar zum Einsteigen, aber sie wurden leicht zur Falle, wenn man sich mit größtmöglicher Geschwindigkeit vom Tatort entfernen musste. In Kursachsen würde bald die Hölle los sein. Da war es beruhigend, einen Vorsprung zu haben. Die Entfernung bis zur böhmischen Grenze betrug immerhin etwa achtzig Kilometer ...

Der Anführer wusste in dem verwinkelten Gebäude offenbar gut Bescheid. Er schlich sich mit seinen Spießgesellen zunächst zu den Räumen, in denen die Kurfürstin und ihre Hofdamen schliefen. Die ungebetenen Gäste drangen nicht ein; sie begnügten sich damit, die Türen festzubinden, so dass diese nicht von innen geöffnet werden konnten. Die Frauen wachten erst auf, als in einem benachbarten Zimmer die beiden Prinzen, der vierzehnjährige Ernst und der zwölfjährige Albrecht, lauthals um Hilfe schrieen. Doch niemand eilte zu ihrer Rettung herbei. Die Räuber packten die Knaben und führten sie zu dem Fenster, an dem die Holzleiter stand. Ernst ergab sich in sein Schicksal und kletterte folgsam hinab.

Wenn man der Überlieferung Glauben schenken darf, wäre es Albrecht beinahe gelungen, in dem Durcheinander zu entwischen. Die Entführer ahnten nicht, dass noch ein dritter Knabe in dem Kinderzimmer schlief, ein Graf von Barby, der den Prinzen als Spielgefährte diente. Niemand von ihnen bemerkte, dass sich Albrecht, die Dunkelheit und den Wirrwarr ausnutzend, unter einem Bett verkrochen hatte. Statt seiner nahmen sie zunächst den Grafen mit. Aber die Verwechslung wurde zu früh entdeckt. Die

Menschenräuber kehrten zurück, durchsuchten das Zimmer und zogen den Prinzen aus seinem Versteck hervor. Pferde standen bereit. Ernst und Albrecht mussten aufsitzen. Die Berittenen stoben im Galopp von dannen. Den Barby ließen sie zurück – von solchen Gräflein gingen zwölf auf ein Dutzend. Dies alles geschah in der Stunde nach Mitternacht ...

Irgendwie gelang es der Kurfürstin, sich zu befreien und dem Kanzler, der unten in der Stadt feierte, mitteilen zu lassen, dass die Prinzen von Unbekannten entführt worden waren. Es fragt sich nur, ob Herr von Haugwitz überhaupt begriff, was ihm der Bote da erzählte. Ein kurz nach der Tat entstandenes Volkslied vermerkt ausdrücklich, die »hoflüt« seien in dieser Nacht »rauschend voll« gewesen. Wie lange die Zecher brauchten, um die paar hundert Meter von der Stadt zum Schloss zurückzulegen – darüber schweigen die Berichte. Die Kurfürstin sah jedenfalls mit Entsetzen, dass sich die wackeren Streiter kaum auf den Beinen, geschweige denn im Sattel halten konnten. Auch Herr von Haugwitz war ihr wohl keine große Hilfe. Stunden verrannen, ohne dass etwas geschah. Der Vorsprung der Entführer vergrößerte sich. Nach menschlichem Ermessen gab es keine Möglichkeit mehr, sie vor der Grenze einzuholen, es sei denn, der Zufall kam den Verfolgern zu Hilfe.

Um acht Uhr morgens klopfte ein Bote an das Tor des Schlosses, übergab dem Pförtner zwei Briefe und entfernte sich eilends. Es waren Fehdebriefe, wie sich bei der Lektüre herausstellte. Die Absender ließen den »erlauchten hochgeborenen Fürsten und Herrn Friedrich, Herzog zu Sachsen und Landgraf zu Thüringen«, wissen, dass sie ihm von nun an feind sein und so viel Schaden wie möglich zufügen wollten. Die eine Kriegserklärung hatten die Ritter Wilhelm von Mosen und Wilhelm von Schönfels unterzeichnet, die andere trug Unterschrift und Siegel des Junkers Kunz von Kauffungen.

Alle erschraken, als sie diesen Namen hörten. Sie kannten Kunz von Kauffungen, und sie wussten, dass er, in die Enge getrieben, zu allem fähig war – auch zu einem Prinzenmord. Der Rechtsstreit zwischen ihm und dem Kurfürsten zog sich seit vielen Jahren hin, vor ein paar Wochen sah es noch so aus, als ob der Junker klein beigeben würde. Nun hatte der Verwegene nach Raubritterart zugeschlagen – aus dem Hinterhalt, hart und treffsicher. Vielleicht wäre es vernünftiger gewesen, sich mit ihm gütlich zu einigen. Aber der Kurfürst wollte davon nichts wissen – aus triftigen Gründen, wie man zugeben musste –, und jetzt saß man in der Patsche.

Alles hatte damit begonnen, dass sich Kurfürst Friedrich und sein Bruder, Herzog Wilhelm, um das väterliche Erbe stritten. Verhandlungen führten zu keinem Ergebnis. Die Brüder misstrauten einander, jeder befürchtete, von dem anderen übervorteilt zu werden, und schließlich, im Oktober 1446, griffen beide zu den Waffen. Die Kräfte, über die sie verfügten, hielten sich die Waage. Da keiner von ihnen die Macht besaß, dem Gegner in offener Feldschlacht seinen Willen aufzuzwingen, versuchten sie eine Entscheidung herbeizuführen, indem sie das feindliche Gebiet grausam verwüsteten. Es war ein Mord- und Brandkrieg ohnegleichen – und somit ein Krieg so recht nach dem Herzen derer, die von Raub und Erpressung lebten.

Die Heere, kaum über zweitausend Mann stark, bestanden zum größeren Teil aus Adelsaufgeboten. Söldner spielten im sächsischen Bruderkrieg nur eine untergeordnete Rolle: Diese Berufssoldaten wollten prompt bezahlt sein – und die Fürsten waren gewöhnlich knapp bei Kasse. Der Adel hingegen diente seinem jeweiligen Herrn allein um der Beute willen, das heißt, er hielt sich schadlos, indem er Vieh stahl, Dörfer plünderte, Kaufleute überfiel und vermögende Gefangene nur gegen Lösegeld freiließ. Es kam vor, dass der Verlust den Gewinn überstieg, das Glück schwankte – so mancher, der am Morgen noch auf hohem Ross saß, fand sich am Abend im Kerker seines Gegners wieder –, aber für die meisten sächsisch-thüringischen Adelsgeschlechter war der Krieg ein gutes Geschäft. Auch Kunz von Kauffungen brachte sein Schäfchen ins Trockene. Die Herzoglichen hatten sein in Thüringen gelegenes Gut Milowitz verwüstet. Der Kurfürst übergab ihm dafür das viel ertragreichere Gut Schweikershain, das einem Gefolgsmann seines Bruders gehörte.

Schon dies beweist, dass Kunz damals bei dem Kurfürsten in Gunst stand. Aber es gibt noch andere Belege dafür, dass Friedrich den erprobten Haudegen schätzte: Wie die Altzeller Annalen berichten, ernannte er ihn um 1443 zum Burgvogt auf Schloss Altenburg, vertraute ihm also den Schutz seiner Residenz und damit auch seiner Familie an. 1449 bat der Junker um Urlaub: Die von Albrecht Achilles, Markgraf von Ansbach, hart bedrängte Reichsstadt Nürnberg hatte ihm ein günstiges Angebot gemacht. Als Hauptmann der Nürnberger Armbrustschützen und Stellvertreter des Oberkommandierenden Heinrich Reuß von Plauen nahm er an den Kämpfen teil. 1450 kehrte er mit Beute beladen nach Sachsen zurück und stürzte sich sofort von neuem in das Getümmel des Bruderkriegs – auf eigene Kosten und Gefahr, wie er später in einer seiner Rechtfertigungsschriften betonte. Im Klartext bedeutete dies: Ich, Kunz von Kauffungen, habe als Verbündeter des Kurfürsten gekämpft, nicht als sein Vasall!

Es erging dem Kurfürsten wie dem Zauberlehrling: Die Geister, die er gerufen hatte, wurde er nun nicht wieder los. Kunz war nicht der einzige Adlige, der von sich behauptete, er führe den Krieg aus eigenem Entschluss, nicht in

Erfüllung seiner Lehnspflicht. Diese Freibeuter, die sich weder um Gesetze noch um Befehle scherten, stifteten mehr Schaden als Nutzen – vor allem in politischer Hinsicht. Die feindlichen Brüder kamen allmählich zu der Erkenntnis, dass der völlige Ruin des Landes nur durch einen Kompromiss verhindert werden konnte. Sie verhandelten miteinander, und manchmal sah es so aus, als ob der Friedensvertrag bereits unter Dach und Fach wäre. Aber es fand sich immer einer, der den Kampf auf eigene Rechnung fortsetzte – meist mit dem Argument, er habe keine Veranlassung, sich an eine Abmachung zu halten, die ohne seine Mitwirkung geschlossen worden sei. So flammte der fast schon erloschene Krieg von neuem auf.

So sehr sich die beiden Brüder hassten – sie begriffen, dass mehr auf dem Spiel stand als ihr Anteil an dem väterlichen Erbe. Es ging nicht an, dass der Raubadel den Fürsten die Entscheidung über Krieg und Frieden aus der Hand nahm. Was blieb von der Autorität des Hauses Wettin, wenn es noch länger tatenlos zusah, wie ihm Beutemacher vom Schlage eines Kunz von Kauffungen oder eines Apel von Vitzthum auf der Nase herumtanzten? Der Adel weigerte sich, Vereinbarungen einzuhalten? Nun gut, dann musste man ihn dazu zwingen – wenn nötig, mit Hilfe der Städte, die um des Friedens willen zu allem bereit waren, auch dazu, Raufdegen mit militärischer Gewalt zur Räson zu bringen. Die Bürger von Erfurt und Leipzig, von Zwickau, Chemnitz und Freiberg brannten darauf, sich an den Schindern und Plackern zu rächen.

Die Fürsten hatten die Lage richtig eingeschätzt. Am 27. Januar 1451 unterzeichneten sie den Friedensvertrag. Die Vitzthums, Parteigänger des Herzogs Wilhelm, verweigerten ihm ihre Zustimmung, aber die Bürger der thüringischen Städte, allen voran die Erfurter, trieben ihnen die Kriegsgelüste aus. Sie zogen vor die Burgen der Verhassten und schossen sie zusammen. Die Rebellen flohen außer Landes. Ihre Gesinnungskumpane sahen ein, dass sie Kopf und Kragen riskierten, wenn sie sich dem Machtspruch der beiden Brüder widersetzten. Es blieb ihnen keine Wahl: Sie mussten sich fügen. Irgendwann würden sie es den Erlauchten schon heimzahlen ...

Ein Artikel des Friedensvertrags bestimmte, dass alle während des Krieges beschlagnahmten Güter ihren rechtmäßigen Besitzern zurückgegeben werden sollten. Kunz von Kauffungen schäumte, als er davon erfuhr. Schweikershain warf viel höhere Erträge ab als das verwüstete Milowitz. Und nun verlangte der Kurfürst, dass er diese fette Beute herausrückte, ohne dafür eine angemessene Entschädigung zu erhalten? Das ging zu weit. Der Junker beschloss, seinen Landesherrn auf Schadenersatz zu verklagen.

Aber damit kam er an den Unrechten. Friedrich der Sanftmütige war ein alter Fuchs, und sein Berater in Rechtsfragen, Ditterich von Buckinsdorff, gehörte zu den gerissensten Juristen des Heiligen Römischen Reiches. Nein, der Junker besaß nicht die geringste Chance, den Prozess zu gewinnen – ganz davon abgesehen, dass es wohl kaum ein Richter in Sachsen wagen würde, ein Urteil zu fällen, das den Interessen seines Landesherrn zuwiderlief, schon gar nicht in einem solchen Präzedenzfall. Denn es ging um mehr als um die zweifelhaften Ansprüche dieses Kunz von Kauffungen. Der aufsässige Adel musste endlich begreifen, dass es keinen Zweck hatte, sich mit dem Kurfürsten anzulegen.

Rein juristisch gesehen, stand die Sache des Junkers gar nicht einmal so schlecht. Falls er beweisen konnte, dass er kein Vasall des Kurfürsten, sondern ein freier Mann war, hatte er in der Tat Anspruch auf eine Entschädigung. Doch die kurfürstliche Partei ließ eine gründliche Erörterung dieser Frage nicht zu. Sie drängte Kunz von Anfang an in die Defensive, indem sie seine Klage mit einer Gegenklage beantwortete – und die las sich wie das Sündenregister eines hartgesottenen Kriminellen. Friedrich bezichtigte seinen Prozessgegner schwerer Verbrechen, darunter auch solcher, die nach den Reichsgesetzen mit dem Tode bestraft wurden. Alles kam zur Sprache – die Friedensbrüche, die Räubereien, die Erpressungen, die Morde –, und für jede dieser Missetaten setzte der Kurfürst eine Geldbuße fest. Insgesamt ergab sich eine Summe von 20 000 Gulden – ungefähr das Dreifache von dem, was Kunz für den Verzicht auf Schweikershain forderte.

Mündliche Verhandlungen lehnten die Kurfürstlichen ab. Sie bestanden darauf, dass beide Parteien ihre Argumente schriftlich vortrugen. Auch dieser Trick erwies sich als wirksam. Er gab Friedrich die Möglichkeit, den Prozess zu beschleunigen oder in die Länge zu ziehen – je nachdem, wie es ihm günstig erschien. Zudem erhöhte sich die Chance, dass Kunz einen Formfehler beging. Der Kämpe konnte zwar lesen und schreiben, eine Kunst, die damals nur wenige Adlige beherrschten, aber die Rechtswissenschaft mit ihren Schlupflöchern und Fußangeln war ihm ein Buch mit sieben Siegeln. Eine einzige Terminüberschreitung genügte, um seine Klage als nicht der Prozessordnung entsprechend abweisen zu lassen.

Die Kurfürstlichen bauten noch eine dritte Sicherung ein, indem sie juristische Gremien von Leipzig und Magdeburg mit der Wahrheitsfindung beauftragten. Die Magdeburger hielten sich vorsichtig heraus. Sie verspürten nicht die geringste Lust, sich um eines übel beleumundeten Adligen willen die Gunst eines mächtigen Reichsfürsten zu verscherzen, und formulierten ihr Urteil so, dass es Kunz nichts nutzte und Friedrich nicht schadete. In Leipzig jedoch hatte Ditterich von Buckinsdorff das Sagen – und er

Altenburg um 1650 (Kupferstich)

gab, wie nicht anders zu erwarten, seinem Herrn in allen
Punkten recht. Praktisch bedeutete dies, dass der Kurfürst
Richter in eigener Sache war.

Kunz von Kauffungen merkte bald, dass die Dinge nicht
so liefen, wie er es erwartet hatte. Verzweifelt wehrte er
sich gegen die Paragrafenschlingen, die ihn zu erdrosseln
drohten. Er hob immer wieder hervor, dass er »von freyen
rytterlichen stant« sei und daher dem Kurfürsten weder
Gehorsam noch Rechenschaft schulde. Die Richter wisch-
ten seine Argumente vom Tisch. Sie forderten ihn auf, am
25. Juni 1455 in Altenburg zu erscheinen. Dort sollte das
Urteil verkündet werden. Wie es ausfallen würde, darüber
bestand nicht mehr der geringste Zweifel.

Der Kurfürst wollte seinen Triumph genießen. Er hatte
den gesamten Hofstaat aufgeboten und dazu noch Gäste
aus allen Teilen Sachsens eingeladen. Aber der Junker
spielte nicht mit. Bevor die Richter das Wort ergreifen
konnten, erklärte er das Gericht für befangen und seinen

Spruch für unwirksam. Dann drehte er sich um und verließ den Raum – ohne sich von dem Erlauchten zu verabschieden, wie einige Augenzeugen empört vermerkten. Ob Kunz bei dieser Gelegenheit Drohungen ausstieß, ob der Kurfürst seinen Gegner mit Hohnreden reizte, lässt sich nicht mehr mit Sicherheit feststellen.

Es ist unwahrscheinlich, dass Kunz von Kauffungen erst nach dem Spektakel von Altenburg den Entschluss gefasst hat, sich mit Gewalt zu holen, was ihm nach seiner Meinung rechtmäßig zustand. Wer ein Verschwörernetz knüpft, benötigt dazu mehr als zwölf Tage, und auch die Vorbereitung eines Handstreichs braucht ihre Zeit. Zwar gab es der Unzufriedenen mehr als genug, aber nicht jeder Schnapphahn, der dem Wettiner grollte, war bereit, ein so hohes Risiko einzugehen. Vermutlich kam Kunz zuerst mit Wilhelm von Mosen und Wilhelm von Schönfels ins Reine: Auch ihnen hatte, wie sie in ihrem Fehdebrief behaupteten, Kurfürst Friedrich in einem Streitfall das Recht verweigert. Von den anderen Beteiligten kennen wir nur die Namen, nicht die Motive. Sie hießen Barthel, Benedikt und Bernhard von Trebin, Georg und Hans von Schwencz, Herdig von Rußwurm, Nicol vom Forst, Albrecht, Adolf und Heinz Keilwein, Kunz Merckel. Mit Ausnahme der vier Letztgenannten, die, wie man mutmaßt, Patrizierfamilien entstammten, gehörten alle dem niederen Adel an.

Ferner war es notwendig, die geplante Aktion diplomatisch abzusichern. Kunz von Kauffungen besaß eine Burg in Böhmen. Die entführten Prinzen sollten dort eingekerkert und so lange als Geiseln festgehalten werden, bis der Kurfürst klein beigab. Dieses Vorhaben konnte nur gelingen, wenn der böhmische Reichsverweser Jiři Bočko von Poděbrady in irgendeiner Form mitspielte – ob als Verbündeter, als Vermittler oder als Mann im Hintergrund, darauf kam es nicht so sehr an. Es genügte, wenn der Böhme nach vollbrachter Tat erklärte, er werde nicht dulden, dass die Verfolger die Grenze überschritten. Was blieb dem Kurfürsten dann anderes übrig, als zu verhandeln? Wann und wo Kunz von Kauffungen mit den Abgesandten des Reichsverwesers gesprochen und welche Zusagen er von ihnen erhalten hat, ist noch nicht geklärt worden, aber vieles deutet darauf hin, dass die böhmischen Herren das Unternehmen begünstigten.

Das Gelingen des Plans hing entscheidend von der Wahl des richtigen Zeitpunkts ab. Wenn es im Schloss von Bewaffneten wimmelte, nutzte alle Verwegenheit nichts. Die Entführer liefen dann in eine Falle, aus der es kein Entrinnen gab. Es gelang Kunz von Kauffungen, einen in der kurfürstlichen Küche beschäftigten Knecht namens Hans Schwalbe als Spion zu gewinnen. Aber ein Spion brachte nur Nutzen, wenn die Informationen, die er beschaffte, sicher und rasch zum Empfänger gelangten. Mit anderen Worten: Der Späher benötigte mindestens zwei Kuriere – gewitzte Leute, die sich so unauffällig zu bewegen verstanden, dass sie auch bei dem Misstrauischsten keinerlei Argwohn erregten. Und solche mit allen Hunden gehetzten Botengänger fand man nicht auf der Straße ...

Der Junker hatte sich in den letzten Junitagen nach Böhmen begeben, wahrscheinlich, um den Rückzugsweg genau zu erkunden. Auch wollte er wohl den Anschein erwecken, dass er außer Landes geflohen sei. Anfang Juli kehrte er heimlich nach Sachsen zurück und hielt sich in dem Schloss zu Kohren verborgen, ungefähr zwanzig Kilometer von Altenburg entfernt. Das Schloss gehörte einer Familie von Mockau, mit der er befreundet war. Hier erreichte ihn am 5. Juli eine Nachricht Hans Schwalbes: Der Küchenknecht teilte seinem Auftraggeber »in gelobter Treue« mit, dass die Residenz in der Nacht vom 7. zum 8. Juli voraussichtlich nur von einem Mann bewacht sein werde, und bat um

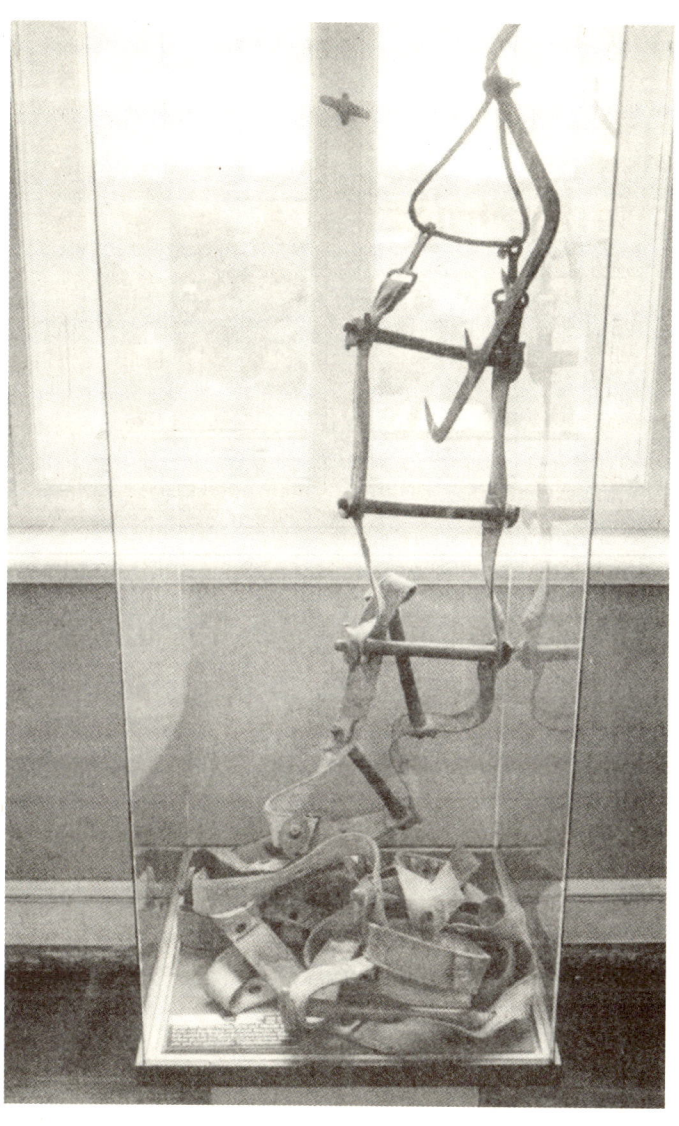

Die von Kunz von Kauffungen benutzte Strickleiter

Anweisungen. Es verblieben also noch zwei Tage. Kunz benutzte diese Frist, um seine Mitverschworenen zu benachrichtigen und einen weiteren Helfer in das Altenburger Schloss einzuschleusen. Die Wache ließ den Mann ohne Kontrolle passieren – nicht ahnend, dass sich in seinem Gepäck eine Strickleiter befand.

Am Abend des 7. Juli versammelten sich die Verschwörer in dem östlich von Altenburg gelegenen Leinawald. Das dichte Unterholz verbarg sie vor den Blicken Neugieriger. Nach Einbruch der Dunkelheit ritten sie los. Alles verlief genau so, wie es der Junker geplant hatte. Bevor die Überfallenen zur Besinnung kamen, waren die Entführer über alle Berge. Nach ein paar Stunden teilte sich die Schar. Kunz wandte sich mit der kleineren Gruppe, bei der sich Prinz Albrecht befand, nach Südosten. Sie wollten auf kürzestem Weg die »Wilde Ecke« erreichen, ein riesiges, fast menschenleeres Waldmassiv, das an die damals noch zu Böhmen gehörende Herrschaft Schwarzenberg grenzte. Wilhelm von Mosen und Wilhelm von Schönfels hatten sich für die Route über Hartenstein entschieden. Sie nahmen Prinz Ernst in die Mitte und sprengten mit ihren Knechten nach Süden davon. Die restlichen Berittenen sollten sich einzeln, zu zweit oder zu dritt durchzuschlagen versuchen. Kunz hoffte wohl, dass die Vielzahl der Spuren die Verfolger verwirren würde.

Erst um neun Uhr morgens raffte sich Herr von Haugwitz zu Maßnahmen auf – die Mutter der entführten Prinzen ließ ihm wahrscheinlich keine Ruhe. Im Namen des Kurfürsten befahl er allen »lieben Getreuen«, nach Kunz und seinen Helfern zu fahnden. Gleichzeitig ordnete er an, die Sturmglocken zu läuten. Doch der Vorsprung der Räuber betrug mittlerweile acht Stunden. Aller Voraussicht nach hatten sie bereits das dünn bevölkerte Grenzgebirge erreicht. Auch der waghalsigste Reiter konnte sie nicht mehr

Die Höhle, in der sich die Entführer mit Prinz Ernst versteckten, wurde
später zur Touristenattraktion (Lithografie von Pietro Annigoni, 1840)

einholen. Wenn es überhaupt noch eine Hoffnung gab, so
lag sie darin, dass der Schall schneller war als das schnellste
Pferd. Der Klang der Sturmglocken löste überall im Land
Alarm aus. Die Bürger schlossen die Stadttore, die Bauern
verstärkten ihre Dorfwachen, eilig zusammengerufene Aufgebote besetzten alle wichtigen Brücken, Furten, Straßen-
kreuzungen und Pässe. Vielleicht verfing sich Kunz in den
Maschen dieses Netzes ...

Die von dem Junker geführte Gruppe hatte inzwischen
die »Wilde Ecke« und damit das Grenzgebiet erreicht. Ob
ihre Stärke drei oder fünf Mann betrug, darüber gehen die
Meinungen auseinander. Die Grenzen waren damals nicht
so eindeutig gezogen wie heute. Grenzsteine standen nur an
den Straßen, nicht in den Wäldern. Wahrscheinlich glaubte
sich Kunz schon auf böhmischem Gebiet, während er sich
noch auf sächsischem befand, und befahl, eine Rast einzulegen. Der von dem langen Gewaltritt erschöpfte zwölfjährige

Albrecht konnte sich wohl nicht mehr im Sattel halten. Die Reiter saßen ab und führten ihre Pferde in den dichten Wald, der den Pfad durch das Tal des Oswaldbaches zu beiden Seiten begrenzte. Ungefähr dort, wo heute der Fürstenbrunnen steht, schlugen sie ihr Lager auf.

Über das, was nun geschah, gibt es mehrere Versionen, darunter eine, die zwar sehr romantisch, aber offensichtlich unwahr ist. Früher kannte jedes Kind in Sachsen die Geschichte von dem wackeren Köhler Turubell, der den Junker mit seiner Schürstange zu Boden »trillerte« und den Prinzen befreite – wofür ihm der Kurfürst neben einem Freigut in Eckersbach und dem Recht der unentgeltlichen Waldnutzung den Ehrennamen »Triller« verlieh. Die zeitgenössischen Urkunden wissen nichts von einem Köhler namens Turubell. Die Erzählung entstand erst achtzig bis neunzig Jahre nach dem Prinzenraub. Adam Ursinus, Verfasser der 1547 vollendeten Thüringischen Chronik, zeichnete sie als Erster auf.

Auch Friedrich der Sanftmütige nahm es in seiner Schilderung des Vorgangs mit der Wahrheit nicht so genau. Er

Gedenktafel am Fürstenbrunnen im Tal des Oswaldbaches
bei Schwarzenberg

behauptete, die kurz nach neun Uhr von Altenburg aufgebrochenen Verfolger hätten den Junker kurz vor der Grenze ereilt und gefangen genommen – ein Ding der Unmöglichkeit, wenn man bedenkt, dass der Vorsprung der Räuber acht Stunden betrug. Gewiss, die Gruppe musste größeren Ortschaften ausweichen, also Umwege machen, was natürlich Zeit kostete. Es fragt sich nur, ob die Jäger diese Zeitverluste der Gejagten für sich nutzen konnten. Schließlich war es nicht gerade einfach, einer Spur zu folgen, die durch Dickicht, Sumpf und Gebirge führte. Man musste schon ein sehr erfahrener Waldläufer sein, um unter solchen Bedingungen rascher voranzukommen als die Flüchtenden.

Nein, nicht die Altenburger Verfolgerschar, sondern der Klang der Sturmglocken holte Kunz von Kauffungen ein, und seine Festnahme war einem glücklichen Zufall zu verdanken. Wie die Altzeller Chronik berichtet, entdeckte »ein armer Mann« die im Wald Lagernden. Aussehen und Benehmen der Unbekannten kamen ihm aus Gründen, die wir nicht kennen, verdächtig vor. Ohne bemerkt zu werden, schlich er sich davon und benachrichtigte den Abt des etwa vier Kilometer entfernten Zisterzienserklosters Grünhain. Der geistliche Herr, Liborius mit Namen, wusste noch nicht, was sich in Altenburg ereignet hatte; ihm war nur klar, dass von irgendwoher Gefahr drohte. Warum läuteten sonst überall im Land die Glocken? Und nun trieben sich mehrere Bewaffnete im Grenzgebiet herum! Vielleicht waren sie böhmische Späher, vielleicht die Vorhut einer Raubschar, die in Sachsen Beute machen wollte. Man musste der Sache jedenfalls auf den Grund gehen. Die von ortskundigen Köhlern geführten Mannen des Klosters kreisten die Lagernden ein und zwangen sie, sich zu ergeben. Am Abend des 8. Juli saß Kunz von Kauffungen gefangen im Fuchsturm. Im Unterschied zu den meisten anderen

Fuchsturm im Kloster Grünhain

Grünhainer Klostergebäuden ist dieses ehemalige Torhaus erhalten geblieben.

Die größere Gruppe, bei der sich Prinz Ernst befand, hatte inzwischen einige böse Erfahrungen gemacht. In dem dichtbesiedelten Gebiet zwischen Glauchau und Chemnitz, das sie passieren mussten, wimmelte es von Aufgeboten. Die Maschen des Netzes erwiesen sich hier als so eng, dass ein unbemerktes Entkommen unmöglich war. Verzweifelt versuchten die Entführer, sich mit der Waffe in der Faust durchzuschlagen. Zu ihrem Pech begegneten sie kriegsgeübten Leuten. In einem wilden Handgemenge verloren sie sechs Knechte und fast alle Pferde. Die meisten Überlebenden suchten das Weite, ohne ihre Herren vorher um Erlaubnis zu fragen. Die Restgruppe, die nur noch aus Wilhelm von Mosen, Wilhelm von Schönfels, zwei Knechten und der Geisel bestand, erreichte am Abend des 8. Juli das Tal der Zwickauer Mulde. Die Entfernung bis zur böhmischen Grenze betrug etwa zwanzig Kilometer.

Die Räuber beschlossen, sich zu verstecken, bis die Aufregung im Land abgeklungen war. Einer von ihnen erinnerte sich daran, dass es ganz in der Nähe eine Höhle gab. Sie hieß im Volksmund das Teufelsloch und lag auf halber Höhe des Steilhangs, der das Muldetal im Osten begrenzte. Von hier aus konnte man die Umgebung beobachten, ohne selbst gesehen zu werden. Nur eines hatten die Strauchritter nicht bedacht: Falls die Aufgebote weiter nach dem verschwundenen Kurfürstensohn suchten, saßen sie in einer Falle. Ihre geringen Lebensmittelvorräte gingen zur Neige, auch die Beschaffung von Trinkwasser bereitete Schwierigkeiten. Hunger und Durst würden sie früher oder später zwingen, ihr Versteck zu verlassen. Die Zeit arbeitete nicht für, sondern gegen sie ...

Drei Tage hielten die Entführer aus. Am 11. Juli wagten sie einen verzweifelten Schritt. Einer der Knechte schlich sich an den Posten vorbei und überbrachte dem Schlossherrn von Hartenstein, Friedrich von Schönburg, einen Brief, der ein Ultimatum enthielt: Wenn sich der Kurfürst verpflichte, die Edlen von Mosen und von Schönfels nicht an Leib, Ehre und Gut zu strafen, würde man den Prinzen unversehrt ausliefern. Falls er jedoch fortfahre, ihnen nachzustellen, sei man fest entschlossen, den Vierzehnjährigen zu töten und sich bis zum letzten Atemzug zu wehren.

Friedrich von Schönburg, einer der mächtigsten Herren Sachsens, kannte die Entführer gut genug, um zu wissen, dass sie einer solchen Verzweiflungstat fähig waren, und handelte daher auf eigene Verantwortung: Er schwor bei seiner »adligen Ehre und Treue«, dass der Kurfürst in diesem besonderen Fall Gnade vor Recht ergehen lassen werde. Unter der Hand gab er den beiden Edlen wohl den Rat, nicht allzu vertrauensselig zu sein, sondern nach der Übergabe des Prinzen lieber so rasch wie möglich aus dem

Land zu verschwinden. Wilhelm von Mosen und Wilhelm von Schönfels folgten dieser Empfehlung: Nachdem sie ihre Geisel ausgeliefert hatten, machten sie, dass sie davonkamen. Den Posten war befohlen worden, sie nicht zu behelligen. Am 12. Juli überschritten sie die böhmische Grenze.

Kunz von Kauffungen stand zu dieser Zeit schon vor seinen Richtern. Kurfürst Friedrich hatte angeordnet, ihn in Freiberg abzuurteilen. Er wusste, dass er sich auf die Freiberger Schöffen verlassen konnte. Sie würden sich nicht damit aufhalten, die näheren Umstände des Falles langatmig zu erörtern, sondern dem adligen Strauchdieb nach summarischem Verfahren den Kopf vor die Füße legen. Die Anklage lautete auf Hochverrat und Landfriedensbruch. Das Gericht stellte sich auf den Standpunkt, dass es überflüssig sei, den Angeklagten eingehend zu vernehmen: Schließlich war er auf frischer Tat ertappt worden. Der Junker erhielt keine Gelegenheit, sich zu verteidigen. Das Urteil stand von vornherein fest. Am 14. Juli wurde Kunz von Kauffungen von den Stadtknechten zum Schafott auf dem Obermarkt geführt und dort mit dem Schwert hingerichtet.

Nach Recht und Gesetz war es in diesem Prozess nicht zugegangen. Schon die Wahl des Gerichtsortes gab den Juristen zu Bedenken Anlass. Es stand geschrieben, dass der Täter an der Stätte seiner Tat abgeurteilt werden musste – also in Altenburg, nicht in Freiberg. Warum hatten die Richter versäumt, den Angeklagten zu befragen, zum Beispiel nach der Ausdehnung der Verschwörung, nach Mitschuldigen oder Mitwissern? Schließlich handelte es sich um Hochverrat – und in solchen Fällen durfte man auch Adlige auf die Folterbank spannen. Was sollte man von der Weigerung der Schöffen halten, sich mit der Vorgeschichte der Entführung zu beschäftigen? Und kam nicht jedem

Beschuldigten das Recht zu, Entlastungsgründe anzuführen? Niemand zweifelte an der Schuld des Junkers, niemand hielt das Todesurteil für zu hart, aber auch ein Verbrecher wie Kunz von Kauffungen hatte Anspruch auf ein korrektes Gerichtsverfahren – wenigstens nach Meinung derer, die im Kurfürstentum Sachsen über die Einhaltung der Rechtsnormen wachten.

Der Kurfürst ließ sich von den Vorwürfen der Juristen nicht beeindrucken; es scheint, dass sie ihm sogar gelegen kamen. Sollte der Adel doch glauben, dass sich der Landesherr im Kampf um die Macht im Staat weder um Rechte noch um Gesetze scherte – um so eher würde er sich unterwerfen. Es konnte jedenfalls nichts schaden, wenn die Edlen begriffen, dass die Sanftmut Friedrichs ihre Grenzen hatte. Und damit sie es rasch begriffen, mussten noch einige andere ihr Verbrechen mit dem Leben büßen: Ein Vetter des Entführers, Dietrich von Kauffungen, Herr auf Callenberg bei Waldenburg, wurde wegen Mitwisserschaft geköpft, der bei Grünhain gefangene Hans von Schwencz gehängt, der Küchenknecht Hans Schwalbe mit glühenden Zangen gerissen und geviertelt. Den Hinrichtungen folgten wirtschaftliche Vergeltungsmaßnahmen: Der Kurfürst zwang alle Mitglieder der Familie Kauffungen, gleich, ob schuldig oder unschuldig, ihre Besitztümer zu veräußern und das Land für immer zu verlassen.

Dem niederen Adel fuhr der Schrecken ins Gebein. Einige Mitwisser des Komplotts entlarvten sich selbst, indem sie Hals über Kopf außer Landes flohen. Erst nach ein paar Jahren erlaubte ihnen der Kurfürst die Rückkehr – unter der Bedingung, dass sie sich unter Eid verpflichteten, nie wieder gegen ihn und seine Erben aufzubegehren. Die wegen erwiesener Schuld oder auf Verdacht Festgenommenen, unter ihnen der Bruder des hingerichteten Hans von Schwencz und der Vater des Wilhelm von Schönfels, wurden nach und

Ein Köhler rettet die Prinzen; Radierung von Bernhard Rode (1781)

nach aus der Haft entlassen. Auch sie mussten schwören, dass sie sich künftig wie gehorsame Untertanen verhalten würden. Die Namen der Mittäter Trebin, Rußwurm, Forst, Keilwein und Merckel sind in den Begnadigungsakten nicht zu finden: Sie bezahlten ihre Teilnahme an dem Prinzenraub wohl mit lebenslänglicher Verbannung.

Auf historischen Spuren

> ‣ Das **Residenzschloss Altenburg** mit seinem Schloss- und Spielkartenmuseum bietet viel Sehenswertes, darunter auch einen eigens zum Thema Prinzenraub eingerichteten Bereich.
> *Nähere Informationen: www.residenzschloss-altenburg.de*

> ‣ In **Grünheim-Beierfeld** kann man nicht nur das Kloster mit dem Fuchsturm besichtigen, in dem Kunz von Kauffungen eingesperrt war, sondern auch den Gedenkstein am Fürstenbrunnen, wo der Entführer gestellt wurde und heute ein Ausschank zum Verweilen einlädt.
> *Nähere Informationen: www.beierfeld.de, in der Rubrik »Tourismus und Kultur«*

Der Tod der Tapferen

Es ist ein grausiges Verlies, das Gefängnis im Südturm der Wartburg, und schon der Gedanke, dass ein Mensch viele Jahre seines Lebens in ihm zubringen musste, macht einen schaudern. Der Kerker hat weder Fenster noch Türen; der einzige Zugang, Angstloch genannt, befindet sich oben an der Decke. Die Wächter zwangen den Häftling, sich auf einen Holzknebel zu setzen, der an dem Ende eines Seils befestigt war, und ließen ihn dann mit Hilfe einer Winde in die Tiefe hinab. Dort unten herrschten ewige Nacht und eisige Kälte.

Nach allem, was wir wissen, ist das Lochgefängnis der Wartburg nur selten benutzt worden. Gefangene ritterlichen oder geistlichen Standes wurden gewöhnlich in der Vogtei untergebracht – Herr blieb Herr, auch hinter Gittern. Bürger kamen vor das Stadtgericht, Freiheitsstrafen verbüßten sie in einem Turm der Stadtmauer. Bauern urteilte der Amtsrichter ab: Wenn er nicht die Todesstrafe verhängte, begnügte er sich meist mit einer Geldbuße. Was nutzte ein Landmann, der im Kerker saß, statt zu pflügen, zu säen und zu ernten?

Der Gefangene, den die Wächter am 8. Dezember 1540 durch das Angstloch in das Verlies des Südturms abseilten,

Südturm der Wartburg

war nach Meinung des sächsischen Kurfürsten Johann Friedrich ein gefährlicher Staatsverbrecher, den man schon längst hätte hinrichten müssen, wie es das Reichsgesetz vom 23. April 1529 vorschrieb. Nicht alle teilten die Ansicht des hohen Herrn. Der Burghauptmann der Wartburg, Eberhard von der Tann, gab zu bedenken, dass der Arrestant »biß auff diese seine mißhandlunge Einen guten wandel gefurth und sich je und allewege billichs gehorsames gehalten«. Und der Landgraf Philipp von Hessen wies die Forderung des Kurfürsten, diesen Fritz Erbe und seine Gesinnungsgenossen dem Henker zu überantworten, schroff zurück, »aldieweil wir nit gewisse antzeige haben, das sie durch und beneben solichen irtumb uffrur suchen«.

Fritz Erbe war ein Täufer – und Johann Friedrich gehörte zu den Reichsfürsten, die bei diesem Wort rot sahen. Er hielt die Täufer für Sendboten des Satans, aus deren »verdampten lere ... entlich nichts anders dan aufrur volget«. Die Wittenberger Theologen, an ihrer Spitze der sonst so sanftmütige Philipp Melanchthon, stimmten ihm zu. Täufer, die sich nicht zur lutherischen Rechtgläubigkeit bekehren ließen, sondern auf ihrer Meinung beharrten, hatten im Kurfürstentum Sachsen keine Gnade zu erwarten. Ein Widerruf rettete sie zwar vor dem Schafott, aber nicht vor entehrenden Kirchenstrafen – und auch nicht davor, von nun an als Gezeichnete leben zu müssen, beargwöhnt von der weltlichen Obrigkeit und überwacht von engstirnigen Pastoren.

Die Täufer lehnten die Kindertaufe ab, weil sie, wie es in einem ihrer Glaubensartikel heißt, von der Heiligen Schrift nicht geboten und daher »den kindern widder nütz noch nötig« sei: »Darumb sol man die erwachsen und alten allein teufen.« Sie leugneten, dass Jesus Christus schon während seiner Erdentage göttliche Eigenschaften besessen habe, und verwarfen die lutherische Abendmahlslehre, also die mystische Verwandlung von Brot und Wein in Leib und Blut des Erlösers. Sie widersprachen auch der Behauptung, der Mensch werde allein durch den Glauben selig, und setzten ihr die These entgegen: »Der glaube an Jesum Christum allein on unserer eigenen werk und leiden mitverdienst machet für Gott niemand widder from noch selig.« Was im Klartext bedeutet: Ein Christ ist nur, wer es durch die Tat beweist.

Die Lehrsätze der Täufer forderten den schärfsten Widerspruch der Wittenberger heraus. Philipp Melanchthon schien es, als sei Thomas Müntzer von den Toten auferstanden und sammle von neuem seine Scharen. Die Täufer – und dies war der Hauptgrund, warum man sie mit so grimmigem Hass verfolgte – hielten die Hoffnung der bei Frankenhausen Geschlagenen wach, sie schürten den Funken, der noch immer unter der Asche glimmte. Magister Philippus warf ihnen vor, dass sie Aufstände vorbereiteten: »Denn der Teufel treibt die Bösewichter, daß sie nicht Ruhe halten können.« Sie wiesen diese Zwecklüge zurück und erklärten: Im Unterschied zu Müntzer, den wir als Propheten einer kommenden besseren Zeit verehren, erwarten wir nichts von den Menschen, sondern alles von Gott! Eines Tages wird er, der Allmächtige, zur Erde herabsteigen und das Unterste zuoberst kehren. Dann werden die Bösen weinen und die Guten lachen. Bis dahin, großmächtige Herren, lasst uns zufrieden: Wir wollen nichts mit euch und eurem Teufelswerk, das ihr Obrigkeit nennt, zu tun haben ...

Gewiss, das alles klingt bei weitem nicht so revolutionär wie Thomas Müntzers »Dran, dran, dieweil das Eisen heiß ist«. Aber nach der Katastrophe von Frankenhausen war es nicht mehr möglich, mit offenem Visier zu kämpfen, wie es die Aufständischen von 1525 getan hatten. Die Herren wollten, dass sich die Besiegten mit ihrem Los abfanden, dass sie ihre im ersten Anlauf errungenen Triumphe vergaßen und ihre Sehnsüchte begruben. Die Predigt der Täufer von der Erlösung der Auserwählten im zukünftigen Reich Gottes wirkte der Resignation entgegen, die sich nach jeder schweren Niederlage auszubreiten droht. Ein Rest des revolutionären Geistes blieb erhalten.

Noch etwas anderes bereitete den Behörden Verdruss: Diese verruchten Schwärmer und Rottengeister begnügten sich nicht mit Worten, sie lebten dem Volk vor, was sie ihm verkündeten. In ihren Gemeinschaften ging es wahrhaft christlich zu: Der Starke half dem Schwachen, der Furchtlose tröstete den Verzagten, einer trat für den anderen ein, niemand beanspruchte Vorrechte, alle verhielten sich so, wie es die Bibel vorschrieb. Sogar einer ihrer erbittertsten Gegner, Justus Menius, der Superintendent von Eisenach, musste bekennen, »das sie von sunden abstehen, weltliche gesellschaft meiden, nicht saufen, nicht fressen, kein hurerei treiben, nicht spielen, nicht fluchen, nicht schwören, nicht schelten noch lestern.« Und Landgraf Philipp von Hessen, kein Freund der Täufer, aber ein Fürst, der ihnen etwas mehr Gerechtigkeit widerfahren ließ als der unduldsame Johann Friedrich, schrieb 1530: »Ich sehe auch meher besserung bei den, di man schwermer heist, denn bei den, di lutherisch sein.« So wie er urteilten noch andere.

Fritz Erbe war ein Bauer aus Herda im Amt Hausbreitenbach – und mit diesem Amt hatte es seine besondere Bewandtnis: Es gehörte zu jenen Territorien im Heiligen Römischen Reich, welche von zwei Herren gemeinsam regiert wurden. Weder der Kurfürst von Sachsen noch sein Partner, der Landgraf von Hessen, konnten hier schalten und walten, wie es ihnen beliebte.

Verfügungen, die der eine erließ, Urteile, die er fällte, erlangten nur Gesetzeskraft, wenn der andere seine Zustimmung gab. Zwar bekannte sich auch der Landgraf zur reinen Lehre Luthers, aber nach Meinung der Wittenberger

Kurfürst Johann Friedrich I., gemalt von Lucas Cranach 1531

ließ sein Glaubenseifer viel zu wünschen übrig. Der hohe Herr weigerte sich, die Täufer als Gotteslästerer mit der Schärfe des Schwertes zu strafen. Wenn man ihm mit dem Gebot aus dem 3. Buch Mose kam: »Wer des Herrn Namen lästert, der soll des Todes sterben«, erhielt man von dem Bibelfesten ein Zitat aus dem Römerbrief des Apostels Paulus zur Antwort: »Du aber, was richtest du deinen Bruder? Oder, du anderer, was verachtest du deinen Bruder? ... So wird nun ein jeglicher für sich selbst Gott Rechenschaft geben.«

Nein, es war ein Skandal, wie wenig sich der Landgraf darum kümmerte, dass die ihm Anvertrauten der echten und rechten Lehre anhingen! Gott sei Dank hatte der Kurfürst von Sachsen eine strengere Auffassung von den Pflichten eines Herrschers. Er fiel seinen Pastoren und Richtern nicht in den Arm, wenn sie zur Täuferjagd auszogen, im Gegenteil, er spornte sie zu noch größerem Eifer an. Und sie fanden ihre Opfer: Im Winter 1529/30 zerschlugen sie die kleine Täufergemeinde in Reinhardsbrunn. Sechs der neun Verhafteten erklärten, sie wollten dem Beispiel Thomas Müntzers folgen und bei ihrem Glauben bleiben. Singend und betend gingen sie in den Tod. Die Menge, die sich um das Schafott drängte, war tief beeindruckt. Justus Menius gestand ein: »Yedermann meynet, darumb, das sie so gedultig litten, ir sach und Sect wer recht, und sie weren alleyn die Christen.« Das blutige Schauspiel hatte seine abschreckende Wirkung verfehlt ...

Um so notwendiger schien es, nun endlich das gefährliche Täufernest im Amt Hausbreitenbach zu liquidieren. Die dort tätigen Pastoren meldeten, dass immer mehr Menschen ihre Gottesdienste mieden und immer weniger Eltern die Kinder zur Taufe brachten. In Herda, hieß es, hing schon das halbe Dorf den Rottengeistern an. Das Feuer musste ausgetreten werden, bevor es weiter um sich griff. Der Landgraf erklärte sich nach einigem Hin und Her damit

Landgraf Philipp auf einem Kupferstich von Hans Brosamer (1546)

einverstanden, dass der Superintendent von Eisenach, zu dessen Sprengel das Amt gehörte, die des Täufertums Beschuldigten nach ihren Glaubensgrundsätzen befragte. Die kursächsischen Behörden legten diese Erlaubnis sehr großzügig aus: Anfang Oktober 1531 ließen sie alle Verdächtigen festnehmen und unter dem Vorwand, dass der Gewahrsam in Hausbreitenbach zu ihrer Unterbringung nicht ausreiche, nach Eisenach überführen. Einer der Verhafteten war der Bauer Fritz Erbe.

Nur wenige der Festgenommenen leugneten, dass sie Täufer waren, aber als Justus Menius, der das Verhör leitete, in sie drang, sie sollten gestehen, wer ihre Führer und Apostel seien, schwiegen sie oder gaben Antworten, die der Superintendent unverschämt fand. Eine solche Dreistigkeit musste bestraft werden. Das Verhörprotokoll sagt darüber aus: »Als sie auch unsers bedunckens frech gewest und nicht bekennen wollen, seyn sie durch eyn Meister peinlich befragt worden.« Mit anderen Worten: Die Widerspenstigen wurden bestialisch gefoltert – und auf der Folter entfuhren Fritz Erbe einige Worte, die Justus Menius aufhorchen ließen: »Item sey ... zu Breytenbach gewest. Doselbst er den Grecken funden ... hette ime von der widdertauff und der liebe gots geprediget.«

Hinter dem Decknamen »der Greck« verbarg sich der Täuferapostel Melchior Rinck, nach dem die kursächsischen Behörden seit 1525 fahndeten. Der ehemalige Humanist, Greck genannt, weil er fließend Griechisch sprach, hatte bei Frankenhausen an der Seite Thomas Müntzers gekämpft und war dem Gemetzel wie durch ein Wunder entronnen. Seitdem wanderte er ruhelos im Land umher, bald hier, bald dort auftauchend und überall verkündend, Gott habe ihm damals aus der Schlacht davongeholfen, damit er das Werk des von den Herren ermordeten Propheten fortsetzen könne. Für Justus Menius stand fest: Wer zu den Vertrauten

MELCHIOR

RINCK.

Der Täuferapostel Melchior Rinck
(Radierung von Christoffel von Sichem, 1677)

des Grecken gehörte, musste ein besonders gefährliches Individuum sein, das man nicht am Leben lassen durfte. Der Kurfürst pflichtete ihm bei. Im November 1531 forderte er den Landgrafen auf, der Hinrichtung dieses allem Anschein nach unverbesserlichen Täufers zuzustimmen.

Philipp von Hessen, verärgert über das eigenmächtige Vorgehen der Sachsen, lehnte ab und gab seinem Nachbarn zu verstehen, dass er es für unchristlich halte, einem Menschen allein um des Glaubens willen das Leben abzusprechen. Ja, wenn der Herr Superintendent diesem Fritz Erbe aktive Handlungen wider die Obrigkeit hätte nachweisen können! Aufrührer verdienten keine Gnade, für sie galt der Satz: »Denn wer das Schwert nimmt, der soll durchs Schwert umkommen.«

Nach diesem Prinzip hatte der Landgraf gehandelt, als er 1525 einige hundert gefangene Aufständische erbarmungslos hinrichten ließ. Aber der Angeklagte war doch, wie man hörte, ein stiller, frommer und friedfertiger Mann, dessen einziges Vergehen darin bestand, die Heilige Schrift anders auszulegen als die strenggläubigen Lutheraner. Solche Irrtümer wogen nach Philipps Meinung nicht so schwer, dass sie ein Todesurteil rechtfertigten. Es genügte, die Halsstarrigen mit einer hohen Geldbuße zu belegen und die Rädelsführer mit Landesverweisung, schlimmstenfalls mit lebenslänglicher Haft zu bestrafen.

Der Einspruch des Landgrafen bewirkte, dass die Sachsen nach ein paar Monaten klein beigaben. Der Kurfürst konnte es sich im Augenblick weniger denn je erlauben, seinen wichtigsten Alliierten vor den Kopf zu stoßen. Das Schutzbündnis, das die protestantischen Reichsstände 1531 zu Schmalkalden gegen den Kaiser und die katholischen Fürsten geschlossen hatten, stand und fiel mit Philipp von Hessen. Wenn er sich zurückzog, würden andere seinem Beispiel folgen – und der Vertrag war dann bloß noch ein Fetzen Papier. Zwar wetterte Justus Menius gegen jene großen Herren, »so des Evangelians sich rühmen und die irrthumb, so dem Evangelio offentlich entgegen, unverboten und ungestrafft gehen lassen«, aber diese Donnerworte waren nur ein Rückzugsgefecht. Der Kurfürst vertröstete ihn auf bessere Zeiten und wies ihn an, die im Amt Hausbreitenbach verhafteten Täufer auf freien Fuß zu setzen. Fritz Erbe und seine Gesinnungsgenossen kehrten in ihre Dörfer zurück.

Im Januar 1533 kam Justus Menius zu Ohren, dass sich Fritz Erbe geweigert hatte, sein neugeborenes Kind taufen zu lassen. Er erfuhr auch, dass in dem Haus des Bauern eine gewisse Margarete Kochs lebte, eine alte Garköchin, die wegen ihres Täuferglaubens schon aus Hersfeld und Vacha ausgewiesen worden war. Man musste endlich ein Exempel statuieren. Nur wenn die Häupter einiger bekannter Rottengeister fielen, bestand Aussicht, ein weiteres Umsichgreifen der täuferischen Irrlehre zu verhindern. Fritz Erbe wurde erneut verhaftet und nach Eisenach verschleppt. Die ebenfalls festgenommene Margarete Kochs blieb in dem Gefängnis zu Hausbreitenbach. Sie erwies sich als ebenso unbußfertig wie der Bauer. Die sie verhörenden Pastoren aus Berka und Gerstungen berichteten voller Empörung, dass sie »alle freuntliche bruderliche furmanunge … und uberweysunge aus der heiligen schrift in wint schlecht (schlägt) und verachtet, wil, wie sie bekennet, auf irem irsall beharren«.

Wieder begann das Hin und Her zwischen Hessen und Sachsen. Der Landgraf lehnte nach wie vor die von dem Kurfürsten geforderte Hinrichtung Fritz Erbes ab: »Da dieser Mann allein der Irrung halben der Wiedertaufe gefangen und berüchtigt ist, so wollen wir nicht bergen, daß wir bisher in solchen Fällen keinen Menschen um Sachen willen den Glauben belangend mit dem Schwert haben richten lassen.« Er schlug als äußerste Maßregel vor, den Bauern so lange gefangen zu halten, bis sein Täuferglaube

»verkühlte«. Im Unterschied zu dem Sachsen hatte Philipp von Hessen begriffen, dass blutige Gewaltakte, wie sie der Kurfürst verlangte, eine oppositionelle religiöse Bewegung nicht schwächten, sondern stärkten. Und die Ereignisse gaben ihm recht ...

Die Täufer in Herda waren bisher eine Minderheit: Jetzt, nach der willkürlichen Verhaftung Fritz Erbes und der alten Garköchin, sah es so aus, als ob sie zur Mehrheit würden. Die sächsischen Pastoren und Richter, die das Amt Hausbreitenbach im Juni 1533 überprüften, berichteten dem Kurfürsten mit Entsetzen, »das in E. Ch. G. ampt Hausbreittenbach zu Herda der beschwerlich, unchristlich und auffrhurisch irthum der widdertauffer, sind (seit) der zeit Fritz Erbe alhie zu Eissenach gefenglich enthalten, dermassen und so weytt eingerissen und umb sich geslochten (gegriffen) haben soll, das, wie uns glaubwirdige leuth angezeigt, und wie auch E. Ch. G. amptmann zu Wartburg, der Gestrenge und veste Eberhard von der Tann, ferner zu berichten wol wissen wird, gedachts dorffs zu Herda meher dann die helfte in solchen irthum vom christlichen glawben (Glauben) und Wandel abgetreten und sich dazu ohn alle schewh (Scheu) offentlich bekennen thut«. Es war also genau das eingetreten, was Philipp von Hessen befürchtet hatte: Die Verfolgungen führten den Täufern neue Anhänger zu.

Aber der Kurfürst und die Wittenberger Theologen ließen sich nicht belehren. Sie beantworteten das Wachstum der Täuferbewegung mit einer Verschärfung des Terrors. Während Fritz Erbe in einem Turm an der Stadtmauer von Eisenach auf seinen Prozess wartete, rollte eine neue Verhaftungs- und Hinrichtungswelle über die thüringischen Täufergemeinden hinweg. Spitzel und Denunzianten hatten gute Tage: In Mühlhausen erhielten sie den dritten Teil des Eigentums derer, die sie der Obrigkeit auslieferten. Es gab auch Lumpen, die unter dem Vorwand der Wachsamkeit alte Privatrechnungen beglichen. In Riethnordhausen am Kyffhäuser lebte zum Beispiel der Bauer Hans Schleier, ein frommer Mann, der nie von der reinen Lehre Martin Luthers abgewichen war. Der Ortspfarrer Franziskus Mecheler sah in ihm einen Hetzer. Oder wie sollte man es sonst nennen, wenn ein einfaches Gemeindemitglied den Herrn Pastor öffentlich einen Trunkenbold und Schürzenjäger schalt? Im Frühjahr 1535 erklärte Hans Schleier, er wolle sein neugeborenes Kind nicht von diesem alten Saufaus taufen lassen – von jedem anderen Pfarrer ja, von diesem aber auf keinen Fall! Mecheler denunzierte ihn als Täufer. Erst nach zehn Monaten Haft kam der Unschuldige frei.

Nicht alle Täufer hielten dem furchtbaren Druck stand. Manche retteten ihr Leben, indem sie vor versammeltem Volke Buße taten. Aber viele, sehr viele blieben unbeugsam – trotz der Folter, mit der die Richter ihren Bekennermut brechen wollten, und trotz der Versuchungen, die noch auf dem Weg zum Schafott an sie herantraten. Georg Knoblauch aus Sangerhausen flehte seine Frau Gretha auf Knien an, sie möge doch von ihrem Irrtum abstehen, damit sie ihm und den Kindern erhalten bleibe. Sie schüttelte den Kopf und ging in den Tod. Bevor der Henker sie packte, rief sie der Menge zu, sie sterbe allein um ihres Glaubens willen und freue sich, nun endlich mit ihrem Herrn Jesus Christus vereint zu sein. Ihre Unerschrockenheit bewirkte, dass sich ihr Mann und ihre Kinder zum Täufertum bekehrten. Und auch andere meinten: Wer das Schwerste so gelassen auf sich nimmt, muss die Wahrheit auf seiner Seite haben! Georg Knoblauch wurde zwei Jahre später ebenfalls als Täufer hingerichtet.

Im September 1535 kam die kleine Täufergemeinde in Riestedt an die Reihe. Ein Lockspitzel namens Hans Birkhan hatte sie den Behörden in Sangerhausen denunziert. Die Häscher machten einen guten Fang: Unter den Verhafteten waren auch die beiden Apostel Georg Möller und

Georg Köhler aus Halberstadt, die sich gerade auf einer Missionsreise befanden. In den letzten Septembertagen wurden sie enthauptet – zusammen mit einer Frau, von der nur der Vorname Margaretha überliefert ist. Die der Fahndung Entronnenen flohen in die dichten Wälder zwischen Riestedt und Emseloh. Das ganze Dorf wusste, wo sie sich verbargen, aber niemand verriet sie.

Noch mehr Aufsehen erregte die Verhaftung von sechzehn Täufern in der Mühle von Kleineutersdorf bei Kahla. Die Schergen überraschten sie bei einer Abendmahlsfeier. Den in das Haus Eindringenden tönte der Choral entgegen: »Nun bitten wir den Heiligen Geist um den rechten Glauben allermeist, dass er uns behüte an unserm Ende, wenn wir heimfahrn aus diesem Elende.« Dann sprachen sich die Festgenommenen gegenseitig Mut zu. Der Müller Hans Peißger ermahnte die Seinen, »in irem glauben vest und bestendig zu bleiben und ime balde nachzufolgen«. Der Amtmann der Leuchtenburg, der die Aktion leitete, hatte wohl gehofft, die Gefangenen ohne Aufsehen abtransportieren zu können. Aber die Täufer fuhren fort, laut zu beten und zu singen; sie riefen den am Straßenrand Stehenden zu: »Liebes volk, thut buß, denn des Hern tag ist nahe bei uns!«

Das Verhör der in Kleineutersdorf verhafteten Täufer leitete Philipp Melanchthon, der im Spätherbst 1535 vor der Pest aus Wittenberg nach Jena geflohen war. Der Rat der Stadt und Anton Musa, Pfarrer von St. Michael, hatten ihn um seine Hilfe gebeten: Ihm, dem Hochgelehrten, werde es doch ein leichtes sein, die Argumente der Schwärmer zu entkräften und die Irrenden auf den rechten Weg zurückzuführen. Einige Gefangene, vor allem jene, welche der Gemeinschaft erst seit ein paar Wochen angehörten, bekundeten Reue und retteten so ihr Leben, aber drei – Heinz Kraut, Jobst Müller und Hans Peißger – gaben, wie das Protokoll vermerkt, gar trotzige Antworten und fuhren dem Magister

Der Reformator Philipp Melanchthon
(Gemälde von Lucas Cranach, 1531)

bei jeder Gelegenheit in die Parade. Hans Peißger sagte ihm ins Gesicht: »Du kennest den Vater und den Sohn nicht, Du bist ein Henker.« Und als sich Melanchthon diese Bezeichnung verbat, denn nicht er fälle das Urteil, sondern die weltliche Obrigkeit, erhielt er zur Antwort: »Ei ja, Du willst die Hände waschen wie Pilatus ... Du hast mehr Menschen mit Deiner toten Schrift getötet denn der Henker mit seinem Schwert.« Das Schicksal der drei Tapferen war nach diesem Verhör besiegelt. Am 26. Januar 1536 schritten sie zur Richtstätte, um die sich Hunderte drängten. In der vorderen Reihe standen einige hohe Herren, die sich das Schauspiel einer Täuferhinrichtung nicht entgehen lassen wollten. Noch einmal forderte man die Verurteilten zum Widerruf auf. Sie erklärten, sie seien entschlossen, für ihren Glauben zu sterben. Das letzte Wort hatte Heinz Kraut. Er trat an den Rand des Schafotts, wies mit dem Finger auf die Herren und rief dem Volk den alten Bauernspruch zu: »Da Adam reute und Eva spann, wer war die Zeit ein Edelmann?« Dann machte sich der Scharfrichter an die Arbeit. Die Ergriffenheit vieler Zuschauer blieb Magister Philippus nicht verborgen. Er hielt es jedenfalls für geboten, diesen Armen im Geiste zu erklären, warum die Schwärmer so heldenmütig in den Tod gegangen waren: »Denn dieweil die Wiedertäufer ... so halsstarrig sind, ist solche Kühnheit nicht anders zu achten, denn eine schreckliche Verstockung vom Teufel.«

Am furchtbarsten wüteten die Ketzerrichter in Mühlhausen. Die Reichsstadt, einst Zentrum des thüringischen Bauernaufstands, hatte ihre Souveränität 1525 verloren. Sie stand unter der Vormundschaft der Sieger, und zwei von ihnen, der Kurfürst von Sachsen und Herzog Georg der Bärtige, Haupt der albertinischen Linie des sächsischen Herrscherhauses, waren erbitterte Feinde der Täuferbewegung. Herzog Georg fällte grundsätzlich nur Todesurteile. Er ließ nicht einmal jene Täufer, welche sich bekehrten, mit dem

Leben davonkommen: »... und ob gleich etzliche widerrufen wollen, werdet ir ihnen doch kain ander gnad erzaigen, noch darzu bewegen lassen, dann das ir sie beichten und durch die gaistlichkeit widerumb christlichen underweisen und, wie geburlich, absolucion entpfahen (empfangen) und alsdann an (ohne) alle gnade neben den andern ersaufen lasst.« Die Unbußfertigen sollten ohne geistlichen Beistand zur Hölle fahren. Der dritte Vormund der Stadt, Philipp von Hessen, versuchte vergeblich, die beiden Sachsen zur Mäßigung zu überreden.

Trotz aller Bemühungen der Fürsten, die Erinnerung an Thomas Müntzer auszulöschen – in Mühlhausen gingen seine Schriften noch immer von Hand zu Hand, und viele gedachten seiner als eines Mannes, der Großes gewollt hatte und darum von den Mächtigen ermordet worden war. Die Mühlhäuser Täufer sahen in ihm einen der ihren. Jakob Storger, von Beruf Büchsenmeister, sagte 1537 im Verhör aus: »Munzer sei auch der propheten einer gewest, die in der offenbarung Johannis verzeichent seint ... Munzers lere sei recht gewest und henget im an.« Hans Hentrock bekannte, er »halde viel von Munzers lere«. Apollonia Kaiser erwiderte auf die Frage, wie lange sie der Täufergemeinde schon angehöre: »... sieder (seither), das Munzer und Pfeiffer gepredigt.« Schon diese Geständnisse reichten zu einem Todesurteil aus, aber als dann noch die Schreckensnachricht eintraf, dass radikale Täufer sich der westfälischen Bischofsstadt Münster bemächtigt und dort ein »neues Jerusalem« errichtet hatten, gab es für die Verfolgungswut keine Grenzen mehr.

Hinrichtungen waren im Mittelalter nichts Ungewöhnliches. Die Todesstrafe wurde so häufig verhängt, dass sie den Charakter des Besonderen verlor – auch für die Chronisten, die sich in ihren Jahrbüchern meist mit der Feststellung begnügten, dass am Soundsovielten des Monats ein armer Sünder seinen verdienten Lohn empfangen habe.

Die Täuferexekutionen in Mühlhausen hingegen erregten so großes Aufsehen, dass es mehrere Zeitgenossen für angebracht hielten, der Nachwelt genaue Schilderungen des grausigen Schauspiels und seiner Begleitumstände zu überliefern.

Am 8. November 1537 wurden sechs Frauen und vier Männer in der Unstrut ertränkt – auf halbem Weg zwischen Mühlhausen und Ammern, an der Stelle, die »Zu den sieben Kreuzen« heißt. Unter den Verurteilten befanden sich auch Jakob Storger und Apollonia Kaiser. Ein Augenzeuge berichtet: »Item, als man die zehen obbeschriebene Person auf des ratß wagen zu der peinlichen straf des wassers gefurt, haben sie gemeiniglichen under sich geruefen: Thut buesse, thut buesse, ir verstockten leute der grossen menge, stehet abe von dem hundebade, sawbade und sodelbade der kinder taufe, kehrt und wendt euch zu uns wenigen haufen, dan ditz ist der rechte weg des glaubens. Folget und nehmet nit an die taubenkremer, den sie vorfüren euch.« Der anwesende Pastor zwang die Menge, einen Choral anzustimmen, der die letzten Worte der Todgeweihten übertönte – einen sehr langen Choral, weil es mehr als eine Stunde dauerte, bis der letzte hingerichtet war. Die Leichen wurden am Ufer der Unstrut verscharrt.

Am 17. Januar 1538 traten Hans Hentrock und die junge Ottilia Rüdiger ihren letzten Gang an. Das Mädchen, fast ein Kind noch, hatte in der Stadt viele Freunde. Sie bestürmten den Rat, in diesem Fall Gnade vor Recht ergehen zu lassen; einige boten sich sogar als Bürgen an. Und der Rat gab dem Druck nach: Er erklärte sich bereit, den Richterspruch zu mildern – unter der Voraussetzung, dass die Verurteilte sich von ihrem Glauben lossagte und vor versammelter Gemeinde Buße tat. Ottilia Rüdiger lehnte das Anerbieten ab.

Hans Hentrock wurde als Erster hingerichtet. Als er von dem Karren stieg, rief er der Menge zu: »Ir liebes volk, ir

Massenhinrichtung einer Täufergemeinde, dargestellt von Jan Luyken

gleubt und wist nit, das mein herz so voller freuden ist, darumb das ich umb des Herren willen leiden soll.« Die Knechte schleppten ihn zum Wasser. Er blickte sich noch einmal Abschied nehmend um: »Ei, welch schoner hauf ist das, das nur eins darunter wer, das auch selig wurde und den Hern erkent und zu uns trete.«

Dann kam Ottilia Rüdiger an die Reihe. Der Henker führte sie an das Ufer und legte ihr zwei breite Lederriemen um Leib und Beine. In diesem Augenblick drängte ein »lediger gesell, Hans Starke genannt«, die in der vorderen Reihe stehenden Amtspersonen beiseite, trat neben die Todgeweihte und erklärte mit lauter Stimme, er werde dieses Mädchen auf der Stelle heiraten, falls es sich von seinem Irrglauben abwende. Es war ein letzter verzweifelter Versuch, die Unglückliche zu retten. Ottilia Rüdiger schüttelte den Kopf. Der junge Mann, nach dem Zeugnis des Chronisten

76

»kein burger oder burgerssan zu Molhausen«, bat sie drei-
mal, ihm ihr Jawort zu geben. Sie blieb bei ihrem Nein. Der
Henker stieß sie in den Fluss.

Die Dinge entwickelten sich nicht so, wie es die Obrigkeit erhofft hatte. Der maßlose Terror bewirkte, dass der
Tod seine Schrecken verlor. Die Verzagenden richteten
sich an dem Beispiel der Märtyrer auf. Immer mehr Menschen kamen zu der Erkenntnis, dass die protestantischen
Ketzerrichter mindestens ebenso engstirnig und grausam
waren wie einst die katholischen Inquisitoren. Was blieb
denn von der Freiheit eines Christenmenschen, was von
dem allgemeinen Priestertum aller Gläubigen, wenn schon
geringfügige und bei dem herrschenden Glaubenswirrwarr
nicht verwunderliche Abweichungen von der reinen Lehre
Luthers den Kopf kosteten? Wenn es so weiterging, kam es
noch dahin, dass jeder, der dem Gebot der Nächstenliebe
folgte, ein christliches Leben führte und wider die gottlosen
Sitten der Zeit redete, von den Herren Pastoren als Täufer
verdächtigt wurde.

Auch Justus Menius bekam zu spüren, dass ihm seine
Schäflein nicht mehr so bedingungslos folgten wie früher –
und daran war nur dieser Fritz Erbe schuld, der nun schon
seit vier Jahren im Storchenturm saß und trotzdem seinem
Glauben treu blieb. Die Ketzer sahen in ihm einen Märtyrer
der göttlichen Wahrheit und benahmen sich frecher denn
je. Täufer aus der Umgebung von Eisenach schlichen sich
nachts an den Turm und sprachen dem Gefangenen Mut zu.
Im November 1537 gelang es, zwei von ihnen zu überraschen
und festzunehmen. Der eine, Hans Köhler mit Namen, kam
aus Beyerode, der andere, Hans Scheffer, aus Hastrungsfeld.
Justus Menius verhörte die beiden. Sie blieben standhaft
auch auf der Folter, die der Superintendent mit Erlaubnis
des Wittenberger Hofgerichts über sie verhängte. Im Januar
1538 wurden sie hingerichtet.

Storchenturm an der Eisenacher Stadtmauer

Das blutige Schauspiel verfehlte seine Wirkung. Immer wieder drangen Täufer zu dem Gefangenen vor, um, wie es heißt, »einander im Glauben zu stärken«. Und was noch schlimmer war: Die Wachen, obwohl zur Strenge ermahnt, drückten offenbar beide Augen zu. Auch in der Bürgerschaft regte sich Widerstand. Der Superintendent hörte Meinungen, die ihn entsetzten: Wenn man Leute, die lediglich im Glauben geirrt haben, ohne alle Gnade verdamme und abschlachte, so handele man im Grunde nicht anders als die Päpste und Bischöfe. Es nutzte Menius nicht viel, dass er 1538 eine höchst gelehrte Schrift mit dem Titel »Wie ein iglicher Christ gegen allerley lere, gut und böse, nach Gottes befehl sich gebürlich halten soll« erscheinen ließ, in der er der Geistlichkeit das Recht zusprach, alle Ungläubigen »nur frisch und getrost dem Teufel zu eigen« zu geben. Die Leute meinten nach wie vor, dass die Täuferhinrichtungen wider das Gebot der Nächstenliebe seien ...

Der Rat sah sich mit Unbehagen zwischen Baum und Borke. Der Eiferer Justus Menius warf ihm Laschheit vor, mangelnde Entschlossenheit bei der Verteidigung der reinen Lehre – und hinter dem Superintendenten stand der Kurfürst, dem die Stadtobrigkeit Gehorsam schuldete. Die Bürgerschaft hingegen war der Bluturteile leid. Sie begann zu murren und hätte es wohl am liebsten gesehen, wenn der Gefangene in das Amt Hausbreitenbach zurückgeschickt worden wäre. Warum belastete der Kurfürst die Stadt mit einer Angelegenheit, die sie im Grunde überhaupt nichts anging? Wenn er es für notwendig hielt, diesen unverbesserlichen alten Täufer sicher zu verwahren, sollte er ihn doch auf die Wartburg bringen lassen. Der Rat griff diesen Vorschlag auf. Er bekam die Antwort, dass es genüge, den Gefangenen in dem fensterlosen unteren Stockwerk des Storchenturms einzuquartieren. Die Eisenacher Ratsherren weigerten sich, diesen grausamen Befehl auszuführen. Sie machten den Kurfürsten in aller Untertänigkeit darauf aufmerksam, »das sich ein Mensch ... dorinn nit erhalten kann«. Das hieß mit anderen Worten: Wenn unser Gebieter diesen Unglücklichen umbringen will, dann soll er selbst die Verantwortung dafür übernehmen.

Erst im Dezember 1540 gab der Kurfürst nach. Es blieb ihm nichts anderes übrig: Die Lage in Eisenach drohte, außer Kontrolle zu geraten. Die Täufer rotteten sich nun schon am helllichten Tag zusammen, sie schoben die Wachen beiseite und drangen in die verbotene Zone an der Stadtmauer ein. Die Kühnsten forderten sogar, dass man ihnen den Storchenturm öffne, damit sie Fritz Erbe Gesellschaft leisten könnten. Hatte es in Münster anno 1534 nicht ganz ähnlich angefangen? Wer garantierte, dass sich die thüringischen Täufer auch weiterhin so friedlich verhielten wie bisher? Dass die Radikalen unter ihnen nicht eines Tages die Oberhand gewannen? Nein, es war höchste Zeit, den Gefangenen fortzuschaffen. Im Verlies der Wartburg würde ihm das Predigen und Prophezeien schon vergehen.

Der Burghauptmann der Wartburg, Eberhard von der Tann, empfand Mitleid, als er Fritz Erbe sah. Der Gefangene war »wegen seins alters und disses langwirigen gefengknus vast unvormoglich (sehr hinfällig) und doruber etwas hart mit dem schwindel am heubt (Kopf) ... beladen«. Der Befehl des Kurfürsten ließ Herrn Eberhard keine Wahl: Er musste diesen armen Schächer von seinen Knechten dorthin bringen lassen, wo Kälte und Finsternis herrschten. Es mag sein, dass dem bibelfesten alten Haudegen in diesem Augenblick zwei Verse aus dem Jakobusbrief in den Sinn kamen: »Liebe Brüder, wenn jemand unter euch irren würde von der Wahrheit und jemand bekehrte ihn, so wisset, dass, wer den Sünder bekehrt hat von dem Irrtum seines Weges, der wird dessen Seele vom Tode erretten.« Vielleicht nicht nur die Seele, sondern auch den Leib ...

Nicht alle Eisenacher Pastoren gingen mit den Täufern so brutal um wie Justus Menius, der seine Bekehrungserfolge mehr der Folter als der Überzeugungskraft seiner Argumente verdankte. Nikolaus Euander, Prediger am ehemaligen Franziskanerkloster, das nun als Pfarrkirche diente, war dafür bekannt, dass er die Gefangenen freundlich behandelte und auch dann nicht die Geduld verlor, wenn sie sich widerspenstig zeigten. Mit ihm verabredete Eberhard von der Tann folgenden Plan: Fritz Erbe sollte wieder nach Eisenach gebracht und für etwa vier Wochen bei dem Pfarrer einquartiert werden – in einem warmen Raum, bei guter Verpflegung und natürlich ohne Ketten, die dem Kranken große Pein bereiteten. Der Hauptmann und der Pastor hatten dabei wohl den Hintergedanken, dass die Annehmlichkeiten, die den Gefangenen erwarteten, die Worte des Predigers wirkungsvoll unterstützen würden.

Dergleichen ließ sich nur mit Erlaubnis des Kurfürsten durchführen – und dieser machte seinem Burghauptmann einen dicken Strich durch die Rechnung.

Zwar genehmigte er den Bekehrungsversuch, aber zugleich ordnete er an, dass Fritz Erbe im Klostergefängnis untergebracht und dort mit starken Ketten an die Wand gefesselt werden sollte, da ihm »trotz seiner Leibesschwäche nicht zu trauen« sei. Damit war das Vorhaben gescheitert. Nikolaus Euander gab sich alle Mühe, durch Beredsamkeit wiedergutzumachen, was der Kurfürst verdorben hatte: Der Gefangene erklärte, er werde seinem Glauben unter allen Umständen treu bleiben. Im März 1541 brachte man ihn auf die Wartburg zurück.

Jahre gingen ins Land. Justus Menius glaubte schon, die Täuferbewegung endgültig unterdrückt zu haben, als er im März 1543 die Nachricht erhielt, dass sich die Rottengeister wieder zu regen begannen – natürlich im Amt Hausbreitenbach, wo er leider nicht so schalten und walten konnte, wie er es für notwendig hielt. Die Hessen, an die er die Spitzelrapporte weiterleitete, machten wieder einmal Schwierigkeiten. Sie billigten nur seinen Vorschlag, die des Täufertums Beschuldigten zu verhören. Eine Bestrafung derer, die nicht widerriefen, lehnten sie ab. Sechzehn Personen wurden dem Superintendenten am 7. und 8. Januar 1544 vorgeführt. Unter ihnen befand sich auch die Frau Fritz Erbes. Sie gab Justus Menius die trotzige Antwort, »daß sie bey solcher tauff undt lere der secten bestendig bleiben wyll und wogen (wagen), was ir gott derhalb zuschicken mochte«. Die Hessen ließen sie und die anderen laufen.

Der Superintendent sah voraus, dass sich die Schwärmer in ihrem Irrglauben bestärkt fühlen würden. Aber was im Dezember 1544 geschah, übertraf seine schlimmsten Befürchtungen. Die Täufer zeigten sich »viel frecher, freidiger (kühner) und trutziger, dann sie vormals je gethan«, und gingen auf die Straße. Menius übermittelte dem Kurfürsten sofort eine genaue Schilderung der skandalösen Vorfälle: »Dann da sie bis anher von gemeinem kirchgang sich allein

Täuferapostel bei der Taufe im Münsterland
(Federzeichnung eines unbekannten niederländischen Künstlers)

abgesondert und ir wesen fur sich im verborgen gehabt, ander leut ... des iren haben wartten lassen, so unterstehen sie sich nue, die leute, wenn sie in kirchen das heilige gotliche wort angehort und die heiligen Sacramenta entpfangen haben, uff den gassen derwegen anzuschreien und zu spotten, lassen sich horen, sie seyen gleichwal irer meinung noch unuberwunden und grecht (gerecht), und man müsse sie dan noch bleiben lassen.«

Der Kurfürst reagierte, wie es sein Superintendent erwartet hatte: Er forderte den Landgrafen von neuem auf, die Täufer im Amt Hausbreitenbach mit Feuer und Schwert zu vertilgen. In seiner Antwort gab Philipp dem Sachsen zu verstehen, dass er ihn für einen miserablen Politiker hielt, der mit seinen Bluturteilen das genaue Gegenteil von dem bewirkt hatte, was er erreichen wollte: »... und gibt also ein hingerichte person, welche bestendig bleibt, wal zwantzig andern personen ursach und nachdencken, seine Opinion (Meinung) beytzufallen.« Der Brief schloss mit der spöttischen Frage: »Dann sollte man alle die jhenigen hinrichten, so nicht unsers glaubens sein, wie wolt es dan den Papisten, desgleichen den Juden ergehen, welche desfals ye so hoch und höcher dann die wiederteuffer irren?« Nein, mit diesem Philipp war nicht zu reden ...

Ob Fritz Erbe erfuhr, dass die Sache, für die er litt, noch lebte? Dass die thüringischen Täufergemeinden in ihm fast einen Heiligen sahen? Nur ein Ereignis aus seinen letzten Lebensjahren ist überliefert: Am 8. Juni 1544, zwei Stunden vor Mitternacht, setzte ein Blitzschlag den Südturm der Burg in Brand. Der Gefangene schlug so lange Lärm, bis endlich einige Knechte aufwachten und das Feuer erstickten. Wie es heißt, wurde ihm zum Dank eine Pritsche in das Lochgefängnis gestellt. Vier Jahre später erlöste ihn der Tod. Sein Leichnam ruht in der Nähe des Elisabethhospitals am Fuß der Wartburg.

Die Täuferbewegung überlebte Fritz Erbe. Erst 1584, fast sechzig Jahre nach der Schlacht bei Frankenhausen, wurde der letzte thüringische Täuferapostel, Hans Dohns, ein Schafknecht aus Lauterbach vor dem Hainich, in Mühlhausen hingerichtet.

Auf historischen Spuren

> Die **Wartburg** bei Eisenach, wo der Täufer Fritz Erbe im »Angstloch« inhaftiert war, ist als historische Stätte mit großer Bedeutung für die deutsche Geschichte immer eine Reise wert. *Nähere Informationen: wartburg-eisenach.de*

> Ein ganzes **Museumsdorf mit Täufermuseum** befindet sich in Niedersulz in der Schweiz. Über das »zweite Jerusalem«, das die Täufer errichten wollten, informiert das **Stadtmuseum Münster**. *Nähere Informationen: www.stadt-muenster.de/museum museumsdorf.wordpress.com/category/taufermuseum/*

Die Hexe muss brennen

Aus dem Hexenkeller in der Alten Burg zu Penzlin kam keine Angeschuldigte mit heilen Gliedern heraus, es sei denn, sie legte freiwillig ein Geständnis ab. Ihr Leben rettete sie damit nicht, aber vielleicht übte der Richter Gnade, indem er ihr einen raschen Tod gewährte. Hexen mussten brennen, so stand es schon in dem Sachsenspiegel des Eike von Repgow und auch in der Peinlichen Halsgerichtsordnung Kaiser Karls V. von 1532, aber wer aus freien Stücken bekannt und seine Untaten bereut hatte, durfte vor dem Anzünden des Scheiterhaufens erdrosselt werden.

Doch wehe der Frau, welche die Behauptung der Denunzianten, sie sei eine Teufelsbuhlerin, als boshafte Lüge zurückwies! Sie wurde zunächst »terriert«, das heißt, der Henker schreckte sie, indem er ihr den Gebrauch der Folterwerkzeuge erklärte. Blieb sie dabei, dass sie unschuldig war, so ordnete der Richter an, die offensichtlich Unbußfertige »gelinde zu torquieren«. Der Henker spannte ihre Finger in den Stock und schraubte ihn langsam zu. Schon nach einer Umdrehung schoss das Blut hervor, nach zweien oder dreien zersplitterten die Knochen. Die meisten sagten nun aus, was die Herren hören wollten; sie

Hexenkeller in der Alten Burg Penzlin

beschuldigten sich der absurdesten Missetaten, nur um weiterer Qualen zu entgehen.

Wer die »gelinde« Folter überstand, ohne zu bekennen, wurde auf Geheiß des Richters noch grausamer gepeinigt. Zuerst kam das Schnüren mit den Banden, bei dem die hin- und hergezogenen Stricke das Fleisch von den Armen rissen, dann die Streckfolter, die »den hartnäckigen Inquisiten also auseinander zog, daß man durch seinen Bauch ein Licht scheinen sieht, das hinter ihn gehalten wird«, als Drittes die Spanischen Stiefel, deren Druck die Knochen des Unterschenkels zerbrach, schließlich die entsetzliche Feuerfolter, das Brennen mit der Fackel oder mit dem Schwefelfaden, sozusagen eine Vorwegnahme des Scheiterhaufens.

Es war ein grausiger Anblick, wenn die so Gemarterten zur Richtstätte wankten: »Oft sind alle Gliedmaßen von den Torturen zerrissen, die Brüste zerfetzt, der einen hängt ein Arm auseinander, einer anderen ist das Knie gebrochen wie dem Schächer am Kreuz, sie können nicht mehr gehen und stehen, denn die Beine sind zerquetscht, werden dann angebunden an den Brandpfahl, heulen und jammern ob all der erlittenen Qualen; diese ruft Gott an und die Strafgerechtigkeit Gottes mit lauter Stimme, eine andere im Widerteil ruft den Teufel an, flucht und schwört noch im Angesicht des Todes; das Volk aber, vornehm und gering, alt und jung, schaut dem allen zu, spottet, höhnt oftmals und lästert die armseligen Opfer«, heißt es in dem Bericht eines Zeitgenossen.

Im 13. und 14. Jahrhundert waren Hexenprozesse noch eine Seltenheit. Zwar hatte der von Papst Gregor IX. mit umfassenden Vollmachten ausgestattete Generalinquisitor für Deutschland, Konrad von Marburg, versucht, die Zuständigkeit der Glaubensgerichte auch auf das Verbrechen der Zauberei auszudehnen, aber als er zu erkennen gab, dass er nicht einmal den Hochadel mit seinen unsinnigen Anklagen zu verschonen gedachte, setzten sich die Bedrohten zur Wehr: 1233 verschworen sie sich wider den Verhassten, lockten ihn in eine Falle und brachten ihn um. König Heinrich VII. aus dem Haus der Staufer billigte die Tat. Die Mörder, Gefolgsleute rheinischer Grafen, gingen straffrei aus.

Erst im späten 15. Jahrhundert stieg die Zahl der Hexenprozesse sprunghaft an. 1484 gab Innozenz VIII. die Jagd frei, indem er vom päpstlichen Stuhl herab verkündete, »dass in einigen Teilen Oberdeutschlands ... sehr viele Personen beiderlei Geschlechts, ihrer eigenen Seligkeit vergessend und vom katholischen Glauben abfallend, mit Teufeln, die sich als Inkubi (oben liegend, als Mann) und Sukkubi (unten liegend, als Frau) mit ihnen vermischen, Missbrauch treiben« und den guten Christen »mit ihren Verzauberungen, Liedern und Beschwörungen sowie anderen abscheulichen Handlungen« schweren Schaden zufügen. Der Papst forderte die Glaubensrichter auf, »wider alle Personen, gleich welchen Standes und Ranges sie auch sein mögen, das Amt

Konrad von Marburg, Generalinquisitor für Deutschland,
war einer der unerbittlichsten Hexenjäger

der Inquisition zu vollziehen und die Person selbst, welche
sie der vorstehend bezeichneten Dinge schuldig befinden,
in Haft zu nehmen und an Leib und Vermögen zu strafen«.

Die katholische Kirche war damals bei weitem nicht
mehr so stark wie ehedem. Die mit jedem Jahr mächtiger
werdende Opposition hatte sie in die Defensive gedrängt.
Der Klerus wich Schritt für Schritt vor jenen zurück, welche ihn der moralischen Verwahrlosung, des Machtmiss-
brauchs, der Geldgier und des Verrats an den Idealen des
Christentums anklagten. Jede Niederlage kostete ihn ein
Quentchen seiner Autorität. Auch die Drohung, alle Zweifler der ewigen Verdammnis zu überantworten, schreckte
nur noch die Einfältigen. Die Flut stieg weiter, und schon
bemerkte man, dass sich in den Dämmen Risse zeigten. Es
war an der Zeit, alle Rücksicht fahren zu lassen und das

letzte Mittel anzuwenden. Die Frechen spotteten ihrer Mutter, der Kirche? Sie verhöhnten die Auserwählten, welche die heiligen Sakramente spendeten? Das Lachen würde ihnen schon vergehen, wenn sie erst die Zuchtrute spürten.

Drei Jahre nach dem Sendschreiben des Papstes veröffentlichten Heinrich Institoris, Prior des Dominikanerklosters zu Schlettstedt im Elsass, und sein Ordensbruder Jakob Sprenger den »Hexenhammer«, eine Anleitung für geistliche und weltliche Richter, an welchen Merkmalen oder Handlungen Hexen zu erkennen seien und wie der Prozess gegen sie geführt werden solle. Das von den beiden Dominikanern empfohlene Verfahren nahm der Angeschuldigten jede Möglichkeit der Verteidigung. Sie erfuhr nicht einmal, wer sie als Hexe denunziert hatte. Im Unterschied zu der sonst üblichen Gerichtspraxis waren sogar aus der Kirche Ausgestoßene, offenkundige Kriminelle und schon früher wegen Meineids Verurteilte als Belastungszeugen zugelassen. Falschaussagen wurden nicht bestraft, im Gegenteil, der Richter versicherte allen, die sich bereit erklärten, ihn in seinem schweren Kampf gegen die Teufelsbuhlerinnen zu unterstützen, dass sie nichts zu befürchten brauchten, auch wenn sich ihre Anschuldigungen im Verlauf des Prozesses als Verleumdungen erwiesen. Eine von zwei Denunzianten belastete Frau galt als überführt, falls die Tatbestandsschilderungen im Wesen der Sache, also zum Beispiel im Vorwurf der Zauberei, übereinstimmten.

Nun fehlte nur noch eines, um die angebliche Hexe auf den Scheiterhaufen schicken zu können: Sie musste zugeben, dass sie schuldig war. Das mittelalterliche Recht schrieb zwingend vor: Kein Urteil ohne Geständnis! Wenn sich die Angeklagte weigerte, die vorliegenden Beweise anzuerkennen und so ihr eigenes Todesurteil zu unterzeichnen, durfte sie gefoltert werden, aber nur einmal: Das Gesetz verbot, die Tortur zu wiederholen. Die Verfasser des

»Hexenhammers« umgingen diese Bestimmung, indem sie spitzfindig zwischen Wiederholung und Fortsetzung unterschieden. Die Richter sollten folgendermaßen argumentieren: »Wir wollen die Folter nicht wiederholen, denn das sei fern von uns, daß wir dieses ohne neue und wichtige Ursachen tun, sondern wir wollen dieselbe auf einen anderen Tag erstrecken. Wir wissen wohl, daß es wider Recht und Vernunft wäre, die peinliche Frage zu wiederholen; behüte uns Gott, daß wir so unmenschlich und grausam sein sollten; wir wollen dieselbe allein auf ein andermal erstrecken.«

Es lag nun im Belieben des Gerichts, wie oft es die Marter fortzusetzen befahl. Oft zog sie sich über Wochen, manchmal sogar über Monate hin. Maria Hollin, die Kronenwirtin zu Nördlingen, überstand sechsundfünfzig Folterungen. Sie leugnete das ihr zur Last gelegte Verbrechen der Teufelsbuhlschaft, so dass sie schließlich freigelassen werden musste. Aber die Kronenwirtin war eine Ausnahme. Als Regel galt, was der Jesuit Friedrich Spee später in die Worte fasste: »Wehe der Armen, welche einmal ihren Fuß in die Folterkammer gesetzt hat! Sie wird ihn nicht wieder herausziehen, als bis sie alles nur Denkbare gestanden hat.«

Trotz dieser sorgfältigen juristischen Vorbereitung des Kreuzzuges wider die Hexen kamen die Inquisitoren nicht so gut voran, wie sie anfangs gehofft hatten. Nur im südlichen Schwaben und in einigen Orten des Rheinlands gelang es ihnen, eine Art Massenhysterie zu erzeugen. Achtundvierzig verbrannte Hexen in Konstanz und Ravensburg, dreißig in Boppard, elf im Clevischen, drei in Frankfurt, zwei in Mainz – die Ergebnisse blieben weit hinter den Erwartungen zurück. Mit solchen Zahlen ließ sich um so weniger Staat machen, als den Erfolgen auch Niederlagen gegenüberstanden. In Innsbruck wurden die von Heinrich Institoris angeklagten Verdächtigen, sieben an der Zahl, unter dem Druck des Volkes freigesprochen, und der Bischof

Die Teufelsbuhlschaft im Holzschnitt:
»Von den Unholden« von Ulrich Molitor (1489)

von Brixen gab dem Inquisitor danach den dringenden Rat, schleunigst aus Tirol zu verschwinden. Auch in Sachsen, Thüringen und Hessen, in Holstein, Mecklenburg und Pommern zeigten die Gläubigen wenig Eifer im Kampf gegen die Teufelsbrut. Weder in Penzlin noch in den anderen Städten und Städtchen der norddeutschen Tiefebene sind damals Hexen mit dem Feuer bestraft worden. Pranger, Staupenschlag, Landesverweisung oder öffentliche Abbitte – härtere Bußen hielten die Richter meist nicht für notwendig.

Fast schien es, als ob die Reformation dem Spuk ein Ende machen wurde. Luther glaubte an die leibhaftige Existenz des Teufels, er nannte ihn den »Henker Gottes, durch welchen er seine Strafe und Zorn ausrichtet«, aber er fürchtete ihn nicht und empfahl, den »gefallenen Buben« derb abzufertigen: »Der Teufel ist ein stolzer, hochmütiger Geist, aber er hat kein Recht, stolz zu sein, denn er ist von Gott verstoßen ... Mit Verachtung müssen wir ihm begegnen, dies verträgt sein Stolz nicht, und so flieht er am schnellsten von uns.« Der Reformator räumte auch ein, dass es Menschen gäbe, welche die Kunst der Zauberei beherrschten. Alles andere, zum Beispiel die Satansbündnisse, die Teufelsbuhlschaften und die Fahrten zum Blocksberg, Hauptanklagepunkte fast jedes Hexenprozesses, erklärte er für »lauter falschen Wahn und starke Einbildung« – es sei eines Christenmenschen unwürdig, diesen Unsinn zu glauben. Die vier Frauen, die anno 1540, also noch zu Lebzeiten des Reformators, in Wittenberg verbrannt wurden, waren Giftmischerinnen, keine Hexen.

Gewiss, Luther ging nicht so weit wie der Straßburger Prediger Martin Butzer, der die meisten Todesurteile als Justizmorde bezeichnete und die Richter aufforderte, in Hexenprozessen mit äußerster Vorsicht zu verfahren, oder wie der Schwabe Johannes Brenz, der die angeblichen Zauberkunststücke der Unholdinnen auf natürliche Ursachen zurückzuführen versuchte. Aber schon die Tatsache, dass er den Teufel nicht mehr für unüberwindlich hielt und wesentliche Bestandteile der wider die Hexen erhobenen Anklagen für Ammenmärchen erklärte, gab zu Hoffnung Anlass. Die weitere Entwicklung hing nun davon ab, welche Fraktion im ideologischen Streit um das Erbe Luthers die Oberhand gewann: jene, welche die Botschaft der Bibel auf vernünftige und humane Weise auslegte, oder die andere, die strenggläubige, die in jeder Abweichung vom Wortlaut der Heiligen Schrift eine Todsünde sah.

Trotz dieser verheißungsvollen Zeichen flammten die Hexenbrände von neuem auf – in katholischen wie in protestantischen Gebieten und in beiden schrecklicher denn je. Zunächst sah es so aus, als ob es sich nur um einzelne Krankheitsherde handelte. Aber schon gegen Ende des 16. Jahrhunderts nahmen die Verfolgungen den Charakter einer Volksseuche an: Kinder denunzierten ihre Eltern, Verlobte ihre Bräute, Knechte ihre Herren, Schuldner ihre Gläubiger, Untergebene ihre Vorgesetzten, so dass schließlich niemand mehr davor sicher war, verhaftet, angeklagt, verurteilt und hingerichtet zu werden. Es ist müßig, die Anteile der rivalisierenden Glaubensrichtungen gegeneinander aufzurechnen. Beide trifft schwere Schuld. »Wenn unsere Väter in dieser Frage irrten«, schrieb ein englischer Kirchenhistoriker, »so irrten sie in gleichem Maße. Katholiken und Protestanten stritten sich über den Himmel; was die Hölle betrifft, so waren sie fast einer Meinung.«

Nicht einmal Minderjährige wurden von den Hexenrichtern verschont. In dem »Verzeichniss der Hexen-Leut, so zu Würzburg Anno 1629 verbrannt worden«, sind siebenundzwanzig Personen aufgeführt, die sich noch im Kindesalter befanden, darunter »Ein klein Mägdelein von neun oder zehn Jahren«, »Ein geringeres, ihr Schwesterlein«, »Ein blind Mägdlein« und »Ein Knab von zehn Jahren«. Noch etwas anderes fällt beim Lesen dieser Liste aus einem katholischen Gebiet auf: Nicht nur Handwerker, Kleinhändler, Tagelöhner und arme alte Weiber, sondern auch Geistliche, Ratsherren, Kaufleute, Ärzte, Apotheker und Studenten starben in den Flammen. Jeder dritte Hingerichtete gehörte zu den Wohlhabenden oder zu denen, die eine überdurchschnittliche Bildung besaßen. Diese Urteile dienten offensichtlich der Einschüchterung: Zweifel, die sich besonders unter den Intellektuellen regten, sollten im Keim erstickt, Rechtgläubigkeit und Wohlverhalten durch Terror erzwungen, heimliche Protestanten ausgerottet werden. Auch Geldgier spielte eine Rolle. Die Hexenprozesse waren für viele der »Brocken, davon sie fette Suppen essen wollten«. Hexenrichter verdienten bis zu 1000 Gulden im Jahr, je nachdem, wie viele Menschen sie verbrannten. Einige dieser Ehrenmänner wurden später gehängt – nicht wegen ihrer Untaten, sondern weil sie allzu unverschämt in die eigene Tasche gewirtschaftet hatten.

Tausende fielen der Jagd zum Opfer. Der Fürstbischof von Würzburg, Philipp Adolph von Ehrenberg, rühmte sich, dass er von 1625 bis 1630 mehr als neunhundert Hexen und Zauberer habe »rechtfertigen« lassen. In Bamberg war der Weihbischof Friedrich Forner die treibende Kraft: Hier wurden in sieben Jahren sechshundert Menschen verbrannt. Ein Massenprozess in den beiden mainzischen Orten Großkotzenburg und Burgel endete mit dreihundert Todesurteilen. Die Besitztümer der Hingerichteten fielen den Denunzianten zu. Im Erzbistum Trier blieben nach der großen Verfolgungswelle von 1589 bis 1593 in zwei Dörfern nur zwei Frauen übrig. Chroniken berichten, dass die Äcker und Weinberge aus Mangel an Arbeitskräften verödeten. In Ellingen, einer kleinen Stadt in Franken, die dem Deutschen Ritterorden gehörte, erpressten die »Malefizmeister« einundsiebzig Geständnisse, in Westerstetten bei Ellwangen

Der Hexenprozess als Exzess männlicher Gewalt gegen Frauen
(Darstellung aus dem 19. Jahrhundert)

rotteten sie 1612 fast alle Dorfbewohner aus. Im Stift Fulda wütete der Hexenrichter Balthasar Roß, der dafür bekannt war, dass er seinen Opfern nur die Wahl zwischen dem Scheiterhaufen und dem Tod auf der Folterbank ließ. Die Liste derer, die er von 1603 bis 1605 zur Feuerstrafe verdammte, enthält zweihundertfünf Namen.

Die strenggläubigen und bibelfesten Protestanten eiferten den Katholiken nach. Denn so stand es geschrieben im 3. Buch Mose, Kapitel 20, Vers 27: »Wenn ein Mann oder eine Frau Geister beschwören oder Zeichen deuten kann, so sollen sie des Todes sterben.« Nur in der Auswahl der Opfer wichen die beiden Konfessionen voneinander ab. Wohlhabende und Gebildete blieben in den protestantischen Ländern gewöhnlich unbehelligt. Im Unterschied zu den katholischen Gebieten richtete sich der Terror hier fast ausschließlich gegen die unteren Bevölkerungsschichten.

Nahezu alle Verbrannten waren arme Leute, die aus irgendwelchen Gründen das Missfallen der Behörden erregt hatten. Sonst stimmten die feindlichen Brüder überein. Ob Soutane oder Talar – das Hexengeschmeiß musste vertilgt werden.

Einer der grausamsten protestantischen Hexenjäger war Herzog Heinrich Julius von Braunschweig-Wolfenbüttel. Die in Wernigerode verhafteten Verdächtigen flehten die Behörden an, man möge sie doch nicht nach Wolfenbüttel ausliefern, »sintemal der Herzog viel armen Leuten zu wehe thäte«. Am Lechelnholz vor den Toren der Residenz standen die Brandpfähle so dicht, dass sie von weitem wie ein kleiner Wald aussahen. Unter den Hunderten, die hier ihr Leben verloren, befand sich auch »eine Greisin, was 106 Jahre alt, welche eine Zeitlang geschleift und darnach auch verbrannt worden«. Der Halberstädter Amtmann Peregrinus Hühnerkopf ließ den Gefangenen, die auf der Folter nicht bekennen wollten, ein »Arcanum« einflößen, wahrscheinlich ein mit Betäubungsmitteln versetztes alkoholisches Getränk. So brachte er sie dazu, sich selbst der absurdesten Untaten zu bezichtigen. Eine Frau aus Westerburg gestand, sie habe »ihrem Ehemann eine Schar Teufel in den Bart gezaubert«. Der Schöppenstuhl zu Magdeburg entschied, sie müsse dieses Verbrechen mit dem Leben büßen. In dem kleinen thüringischen Amt Georgenthal schickte der Schösser Benedikt Leo, ein Scheusal, dem Fuldaer Balthasar Roß durchaus ebenbürtig, etwa hundert Frauen in den Tod – und dies noch im späten 17. Jahrhundert, als die Hexenbrände in anderen deutschen Ländern bereits erloschen waren.

Auch Mecklenburg wurde gegen Ende des 16. Jahrhunderts von der Seuche ergriffen. Wenn sie hier nicht ganz so schlimm wütete wie in anderen deutschen Fürstentümern, so hatte dies seine Gründe. Die mecklenburgischen

Landesgesetze schrieben zum Beispiel vor, dass jeder Denunziant eine Kaution hinterlegen musste. Stellte sich heraus, dass die Angeklagte unschuldig war, so zog das Gericht die Summe zur Deckung seiner Kosten ein. Haltlose Verdächtigungen konnten also ins Geld gehen. Auch durften die Hexenrichter nicht nach ihrer Willkür verfahren. Die Hohe Juristische Fakultät zu Rostock, oberste Instanz in allen Kriminalangelegenheiten, wachte darüber, dass sie sich an die Prozessordnung hielten. In einigen Fällen hoben die Rostocker wider das Recht und Gesetz gefällte Urteile auf, so 1594 in Teterow und 1606 in Lübz: Die Angeklagten, die sich schon verloren glaubten, kamen mit dem Leben davon. In anderen Fällen weigerte sich die Fakultät, der Anwendung der Folter zuzustimmen, weil sie die vorliegenden Beweise nicht für ausreichend hielt. Sie verfügte stattdessen, dass sich die Beschuldigte durch einen Eid von dem Verdacht der Hexerei reinigen solle.

Massenhinrichtungen wie in Würzburg oder Wolfenbüttel waren in Mecklenburg selten. 1584 wurden in Rostock sechzehn Hexen verbrannt, 1666 in Kröpelin fünfzehn. In der Regel begnügten sich die Hexenjäger mit zwei, drei oder vier Opfern. Die Prozesse liefen immer nach demselben Schema ab: Der Verhaftung folgte das »gütliche Verhör«, diesem die »peinliche Befragung«. Bekannte sich die Angeklagte schuldig, so harrten ihrer neue Qualen. Der Richter wollte nun wissen, ob sie auf dem Blocksberg Bekannte getroffen hatte, zum Beispiel Frauen aus der Nachbarschaft, vorwiegend solche, die schon seit langem als verdächtig galten. Antwortete sie mit Nein, so bedeutete dies, dass sie ihre Komplizinnen zu decken versuchte. Der Henker drehte die Schrauben fester zu. In ihrer Not nannte die Gepeinigte schließlich einen Namen. Sie wurde losgebunden, vor die Folterkammer geführt und aufgefordert, ihre Beschuldigung »aus freiwilligem Gemüthe« zu wiederholen. Die

Der Blocksberg in der Darstellung von Johannes Praetorius (1668)

meisten taten dies, weil sie wussten, dass der Richter die Tortur sonst fortsetzen ließ. Nur wenige Frauen waren so heldenmütig wie die von ihrer eigenen Mutter der Hexerei beschuldigte junge Ilse Mittag aus Gnoien, die lieber auf der Folter starb, als andere in ihr Unglück hineinzuziehen.

Manchmal mussten sich die Richter in Geduld üben, wie wir aus einem Brief erfahren, den der Rat von Teterow am 29. Oktober 1593 an seinen »ehren festen, achtbaren, hoch- und wohlgeborenen großgünstigen Herrn«, den Herzog von Mecklenburg-Güstrow, richtete. Anno 1585 waren in Teterow zwei Frauen, »die Kofalsche und die Pipersche genant«, als Teufelsbuhlerinnen mit dem Feuer vom Leben zum Tode gerichtet worden. Sie hatten, peinlich befragt, ihre Nachbarinnen, die Wilsnacksche und die Teschesche, sowie einen Mann namens Chim Schmidt als Mitschuldige angegeben. Mit Chim Schmidt machten die Richter kurzen Prozess: Er wurde gefoltert und »nach gethanen bekenntnus« verbrannt. Die beiden Frauen schienen glimpflicher davonzukommen: Ihre Brüder und Freunde setzten sich für sie ein und erwirkten schließlich die Order, sie gegen Kaution freizulassen. Nach Meinung des Hofgerichts in Güstrow reichten die vorliegenden Beweise nicht aus, um mit »den Weibern erkanter massen zu procediren«, das heißt, um über sie die Tortur zu verhängen.

Acht Jahre gingen ins Land. Die Frauen glaubten sich schon sicher. Sie ahnten nicht, dass die Richter nur auf eine günstige Gelegenheit warteten, um von neuem Anklage zu erheben. Im Sommer 1593 sagten zwei in der Nachbarschaft wegen Zauberei verhaftete Männer, Claus Burmester und Hans Raadtke, auf der Folter aus, sie hätten die Teschesche »auf dem Blocksberg tanzen gesehen«. Wie sie dazu kamen, gerade diesen Namen zu nennen, lässt sich nicht mehr ermitteln. Wahrscheinlich ist er ihnen von den Hexenjägern in den Mund gelegt worden. Die Teschesche wehrte sich verzweifelt: Sie beharrte »mit aller Ungestümigkeit auf ihrem Nein«. Es nutzte ihr nichts: Sie wurde verhaftet und zunächst gütlich, dann peinlich befragt. Nach ein paar Tagen gestand sie alles, was die Herren hören wollten. Als ihre Mitschuldigen nannte sie die Wilsnacksche und eine »schon etliche Jahr hier wegen Zauberei berüchtigte« Anna Griwank. Das Todesurteil schien ihr gewiss.

Wider Erwarten kam die Teschesche auch diesmal mit dem Leben davon. Die übereifrigen Teterower Richter hatten sie foltern lassen, ohne zuvor die Erlaubnis der Rostocker Fakultät einzuholen – und die Rostocker, von den Verwandten der Angeklagten über diese Gesetzwidrigkeit informiert, entschieden »von Rechts wegen«, dass das erpresste Geständnis ungültig sei. Die Teschesche wurde noch einmal gütlich verhört: Sie widerrief ihre früheren Aussagen. Die Fakultät weigerte sich, einer zweiten peinlichen Befragung zuzustimmen, und verfügte die Freilassung der Verhafteten, diesmal ohne Kaution. Die Unglückliche kehrte, an Leib und Seele gebrochen, zu ihrer Familie zurück. Was mit der Wilsnackschen geschah, liegt im Dunkeln. Anna Griwank blieb mehrere Jahre lang in Haft. Erst 1601 entschieden die Behörden, dass sie »mit mäßiger scharfer Frage zur Erkundigung der Wahrheit« belegt werden solle.

Anna Griwank überstand die Folter, ohne ein Schuldbekenntnis zu unterzeichnen; sie musste aus dem Gefängnis entlassen werden. Aber die Hexenrichter behielten sie ebenso im Auge wie einst die Wilsnacksche und die Teschesche. Wenn es ihnen trotz aller Anstrengungen nicht gelang, sie der Teufelsbuhlschaft zu überführen, so lag dies wohl vor allem daran, dass die Verdächtige einen mächtigen Beschützer gefunden hatte: Der fürstliche Stadtvogt war, wie es in einem Bericht aus dem Jahr 1609 heißt, »mit der eingezogenen Person sehr nahe befreundet«. Aber es gab ja noch andere Verdächtige, mit denen man keine Umstände zu machen brauchte, zum Beispiel die alte Hertichsche, die ihre Schuld schon während der ersten peinlichen Befragung bekannte und als bußfertige Sünderin vor ihrem Flammentod noch die heiligen Sakramente empfing.

In einer Hinsicht scheint sich Teterow von anderen mecklenburgischen Landstädten unterschieden zu haben: Die Hexenjagd war nicht so allgemein, die Massenhysterie nahm nicht so fürchterliche Ausmaße an wie etwa in Crivitz, Ribnitz oder Lübz. Offensichtlich gab es unter den Teterower Bürgern einige Besonnene, die sich einen kühlen Kopf bewahrten – wahrscheinlich weil sie die Folgen des um sich greifenden Denunziationsfiebers mehr fürchteten als die, alles in allem genommen, doch recht harmlosen Zauberkunststücke der Teufelsbräute. Schon wagten sich die Denunzianten auch an die Besitzenden heran: 1613 bezichtigte eine als bösartige Verleumderin bekannte Frau namens Liesebeth Grieß den Ratsherrn Bartholomäus Siemiken des Bündnisses mit dem Satan. Zwar wurde die Klage abgewiesen und die Klägerin zu einer hohen Geldbuße verurteilt, aber irgendetwas blieb doch immer hängen – mochte es auch bloß ein vager Verdacht sein. Nein, die Schmutzflut musste eingedämmt werden, bevor sie die ganze Stadt überschwemmte.

Auch in Rostock regte sich Widerstand. 1584 hielt der Professor der Rechte Johann Georg Gödelmann öffentliche Vorlesungen über das Hexenwesen, in denen er für eine abgestufte und mildere Behandlung der Beschuldigten eintrat. Der Professor, ein strenggläubiger Lutheraner, der nicht daran zweifelte, dass der Satan den Menschen manchmal leibhaftig erschien, sprach sich dafür aus, die Todesstrafe nur noch gegen jene Hexen anzuwenden, welche ihren Mitmenschen nachweislich Schaden an Leib und Leben zugefügt hatten. Das Argument, die Hexen buhlten mit dem Teufel und zeugten mit ihm Wechselbälge, wertete er als Unsinn.

Frauen, die sich selbst der fleischlichen Vermischung mit dem Bösen bezichtigten, solle man nicht strafen, sondern mit Gottes Wort besser unterrichten oder »billiger zum Arzt denn zum Feuer führen«. Auch das Teufelsbündnis stufte Gödelmann anders ein als die meisten seiner Zeitgenossen: Nicht das Verbrechen, das kaum beweisbar sei, sondern der Mangel an Gottvertrauen müsse bestraft werden mit Staupenschlag, Verbannung oder bei tätiger Reue auch nur mit einer Geldbuße.

Besonders hart ging der Professor mit jenen ins Gericht, welche schon auf bloßen Verdacht oder auf ein Gerücht hin Haftbefehle ausstellten: »Wie widerrechtlich, freventlich und tyrannisch handeln doch diejenigen Richter, welche aftermals unschuldige Frauen oder andere Personen, nur von wegen einer boshaftigen Vettel oder leichtfertigen Gesellen falschem Wahn und Verleumbdung, nach altem Mißgebrauch in so schändliche, grausame Thürm, welche billig nicht Menschengefängnisse, sondern des Teufels Marterbänke möchten genennet werden, hinabwerfen. Da liegen die elenden blöden Weiber im Finstern, da der Engel der Finsterniß lieber und mächtiger ist, dann anderswo; machet sie ihm da mit dem Schrecken mehr unterthänig und zu eigen, dann sie zuvor waren, oder daß sie sich im Kerker (welches die Obrigkeit bei dem allerhöchsten Richter zu verantworten hat) selbst entleiben.«

Selbstmord war für viele der letzte Ausweg. Jede Verhaftete wusste, was ihr bevorstand. Manche griff in ihrer Verzweiflung zum Strick oder rannte sich an den Mauern ihres Gefängnisses den Schädel ein. Dann hieß es, sie sei vom Teufel geholt worden. In Grabow nahmen die Richter 1602 eine alte Magd namens Sanna Jalasch fest: Um der Folter zu entgehen, hungerte sie sich zu Tode. Das Protokoll vermerkt, sie habe »von dem 20. biß auf den 28. dieses, da sie gestorben, nich vor einen heller broth zu sich genummen«.

Foltermethoden (Holzschnitt, 1590)

Andere suchten ihr Heil in der Flucht, sobald sie erfuhren, dass gegen sie Anklage erhoben werden sollte. Die meisten von ihnen wurden schon nach kurzer Zeit aufgespürt und den Behörden ausgeliefert – manchmal sogar von ihren eigenen Verwandten, bei denen sie Schutz gesucht hatten. Nur sehr selten fand eine als Hexe verrufene Frau einen mitleidigen Menschen, der sie vor den Häschern verbarg oder ihr wenigstens etwas zu essen gab. Und es war nicht allein die Furcht vor der Obrigkeit, die Regungen der Barmherzigkeit erstickte.

Die von Richtern und Pastoren geschürte Hexenangst führte dazu, dass die Menschen jedes Unglück, das sie traf, jeden Unfall, den sie erlitten, jeden Hagelschlag, der ihre Felder verwüstete, dem Wirken übernatürlicher Kräfte zuschrieben. Viehseuchen und Missernten ließen die Zahl der Hexenprozesse emporschnellen. In Brüz, einem Dorf in der Nähe von Goldberg, lebte 1614 Katharina Ziegeler, die, wie es in den Urkunden heißt, schon seit langem »für eine öffentliche Zauberin geachtet und gehalten« wurde. Zu ihrem Unglück hatten die Bauern von Brüz »etzliche Jahr vielen Schaden an ihrem Vieh gehabt und gelitten« – und daran konnten doch nur die geheimen Künste dieses Weibes schuld sein. Die Gemeinde beschloss, sich die gefährliche Person vom Hals zu schaffen. Es kam vor, dass ein Dorf die vom Denunzianten gesetzlich geforderte Kaution nicht aufzubringen vermochte. Solches geschah in Wangelin. Hier griff der Pfarrer ein: Er forderte die Gläubigen seines Kirchspiels von der Kanzel herab auf, das notwendige und gottgefällige Werk der Hexenvertilgung durch Spenden zu unterstützen.

Fast jede Frau konnte in den Verdacht geraten, eine Hexe zu sein. Besonders gefährdet waren Personen, von denen man glaubte, dass sie über geheime Kenntnisse oder über magische Kräfte verfügten. So manche arme Witwe verdiente sich ihr Brot mit der Zubereitung von Heiltränken: Sie tat gut daran, sich häufig in der Kirche sehen zu lassen. So manche verstand sich auf das Kochen von Liebesmixturen aus Pimpinellen, Salbei und Wildem Thymian: Wehe ihr, wenn sich statt zärtlicher Gefühle Durchfall einstellte! Krankheiten wie Epilepsie, Diabetes und Tuberkulose galten in der Volksmedizin nicht als Folge natürlicher Ursachen. Man glaubte, der an ihnen Leidende werde von Dämonen geplagt. Was lag näher, als das Übersinnliche mit übersinnlichen Mitteln zu bekämpfen? Das Böten, das heißt das Besprechen der Erkrankten, erfreute sich bei Jung und Alt so großer Beliebtheit, dass es wohl kaum ein mecklenburgisches Dorf gab, in dem es nicht betrieben wurde. Jahrhundertelang hatte das Böten nicht als Hexenwerk gegolten: Nun setzte sich die Auffassung durch, dass alle, die sich darauf verstanden, mit dem Teufel im Bunde waren.

Auch der Schadenzauber, meist ähnlich harmlos wie der Heil- und Liebeszauber, wurde verteufelt. Viele Arme bedienten sich seiner, um sich der Anmaßung der Besitzenden zu erwehren, so dass man ihn mit einigem Recht als

Notwehrmittel des Volkes bezeichnen kann. 1584 musste Gerstin Brandes, die Frau des Rostocker Hundevogts, in den Flammen sterben. Die Anklage warf ihr unter anderem vor, den Bürger Martin Kron »aus Ursach, daß er sie eine alte Hur und Zaubersche gescholten«, verquint, also mit einem Zaubermittel verhext zu haben. Nach der ersten peinlichen Befragung bekannte sich die Frau schuldig: Sie hatte in der Tat eine scheußliche Brühe zusammengerührt und sie heimlich in des Teufels Namen vor der Haustür des ungehobelten Patrons ausgegossen. Die Verquinung mit einem Gebräu, dem man die Kraft zuschrieb, Krankheiten zu erregen, scheint im Norden sehr beliebt gewesen zu sein, wie sich aus der Vielzahl der in den Hexenakten erwähnten Fälle ergibt. In Woldegk war der offenbar bei den Armen verhasste Bürgermeister Joachim Vischer das Opfer: Die Witwe Anna Krickow schüttete ihm »einen gifftigen guss von Egedietzen (Eidechsen), gifftigen Poggen (Kröten) und bösen Spinnen« vor die Tür, und zwar »an einem Donnerstage, welches tages sie des Satans stets mechtig«. Die für Woldegk zuständige Hohe Fakultät in Greifswald entschied am 29. April 1588, dass sie für ihr Verbrechen »mit dem feur vom leben zum Tode woll magk gerichtet werden«.

Wie tief der Glaube an Zaubermittel und Hexenkünste im Volk verwurzelt war, belegt ein Vorfall, der sich 1659 in Röbel ereignete. Der Hirt Jürgen Zimmermann wehrte den Angriff eines Wolfes auf seine Herde ab, indem er mit dem Beil nach ihm warf. In diesem Augenblick »schießet es ihm ins Leib, daß er zur Erde niederfällt, und also krank wird, daß dessen Hausfrau ihn zu Hause holen lassen muß«. Kein Zweifel, irgendjemand hatte ihm den Teufel in den Leib gehext. Die Obrigkeit befragte den von Schmerzen Gepeinigten, wen er einer solchen Tat für fähig halte. Der Hirt nannte zwei Namen: Katharina Zimars, »welche sich der Böterei für allerhand Krankheiten zu Schäden bei Menschen und Vieh sehr gebraucht«, und Trine Albrecht, »so Bademutter auf der Altstadt ist«. Katharina Zimars gelang die Flucht. Trine Albrecht wurde verhaftet und gefoltert. Sie gab eine gewisse Elisabeth Karauks und noch fünf andere Frauen, darunter ihre eigene Tochter, als Mitschuldige an. Elisabeth Karauks und eine weitere Angeklagte verübten Selbstmord. Was mit den übrigen vier geschah, geht aus den Akten nicht hervor. Trine Albrecht starb auf dem Scheiterhaufen – »anderen zum abscheulichen Exempel und ihr selbst zur wohlverdienten Strafe«, wie es in der Urteilsbegründung heißt. Drei Menschen mussten ihr Leben lassen, weil sich ein Hirt bei einer heftigen Bewegung das Kreuz verrenkt hatte.

Böten, Verquinen und Verwünschen galten in den Hexenprozessen als unwiderlegliche Indizien für ein Bündnis mit dem Teufel. Wenn dieser Punkt zur Sprache kam, begnügten sich die Richter nicht mit einem summarischen Geständnis der Angeklagten: Sie wollten es ganz genau wissen. In welcher Gestalt hatte sich Satanas der Hexe genähert? Wie war er gekleidet? Wie fühlte er sich an? Roch er nach Schwefel oder nach einer anderen üblen Substanz? Welchen Namen benutzte er im Umgang mit den Menschen? Gehörte er zu den Spendablen oder zu denen, die um jeden Groschen feilschten? Was verlangte er als Gegenleistung für seine Dienste? Wenn die Antworten auf diese Fragen der Wahrheit entsprächen, wüssten wir über den Herrn der Hölle besser Bescheid als über alle Heiligen des christlichen Kalenders.

Die schon erwähnte Gerstin Brandes aus Rostock sagte auf der Folter aus, ihr Teufel habe Beelzebub geheißen und »sich sehen lassen als ein schwarzer Kerl«. Des Teufels Großmutter beschrieb sie als eine Frau, »welche schwarz angekleidet, deren Hände schwarz und kalt und wie Gänsefüße gewesen wären«. Sie hatte die Dame angeblich auf dem mecklenburgischen Blocksberg, einem Sandhügel in der Nähe von Röbel, kennengelernt. Die meisten anderen

Angeklagten zeichneten ein etwas freundlicheres Bild von dem Gottseibeiuns. Der Teufel der Anna Krickow hieß zum Beispiel Bhuell Konningk, und die Witwe rühmte ihm nach, er sei stets »in schöner, wollgestaffirter gestaldt zu ihr kamen«. Maria Domes aus Wesenberg, die 1612 hingerichtet wurde, bekannte sich des Umgangs mit drei Sendboten des Höllenfürsten schuldig: Der erste nannte sich Joachim, der zweite Heinrich, der dritte Christoffer – und dieser hatte im Unterschied zu den beiden anderen, die schwarze oder graue Gewänder bevorzugten, »blaue Kleider ann und einen blauen Huet mit blauen feddern uff«. Der 1590 verbrannten Margarethe Schorsow aus Wüstenfelde bei Stralsund stellte sich der Satan als Simon Balebuck vor. Die achtzehnjährige Lucie Bertitsch gestand, ihr Lieblingsteufel habe auf den Namen Hans gehört, und »dieser Geist wäre allezeit in einem bunten Sammtschen Rocke von weiß, roth und schwartzen Streiffen, mit grauen Strumpffen, schwartzen an beiden Seiten auffgeschwäntzten Huthe mit einem seydenen schwartzen Bande zu ihr gekommen«. In dieser Aussage verriet sich offenbar ein Mädchentraum …

Fast alle Gefolterten gaben an, sie hätten das Bündnis mit dem Teufel aus Not geschlossen – und in dieser Beziehung darf man ihren Angaben Glauben schenken: Nicht eine von ihnen besaß mehr, als sie zur Fristung ihres Lebens brauchte, und viele litten Hunger. Aber der Böse war ein Geizhals. Er versprach seinen Opfern das Blaue vom Himmel und speiste sie dann mit ein paar armseligen Brocken ab. Der Gerstin Brandes brachte er lediglich einen Gulden, den er bei »der Hinzeschen, der Bäckerschen«, die am Hopfenmarkt wohnte, entwendet hatte. Anna Krickow erhielt von ihm einen Scheffel Roggen, Margarethe Schorsow zehn Eier. Maria Domes kam bei dem Handel etwas besser weg: Sie verkaufte ihre Seele für fünf Scheffel Roggen, einen Scheffel Gerste, einen Scheffel Erbsen und etwa zwanzig Lübecker Schillinge. Eine

1651 verbrannte achtzehnjährige Magd aus Marlow wurde dagegen regelrecht geprellt: Die ihr vom Teufel geschenkte Walnuss, die bewirken sollte, dass es ihr nie an Geld mangelte, war bar jeder Zauberkraft, so dass das enttäuschte Mädchen sie kurzerhand in einen Brunnen warf – was ihr der Leibhaftige so übelnahm, dass er sie »an die Arme gefaßt und dermaaßen geschüttelt, daß sie wohl Zeterjo ausgerufen«. Nicht alle Frauen ließen sich solche Misshandlungen gefallen: Gerstin Brandes und Margarethe Schorsow sagten übereinstimmend aus, der Teufel hätte nicht sie, sondern sie hätten den Teufel grün und blau geprügelt. Die Schläge nutzten nicht viel: Meister Urian blieb ein säumiger Zahler, der seine Schutzbefohlenen darben ließ.

Das Teufelsbündnis war sozusagen die Vorstufe der Teufelsbuhlschaft – und was diesen Punkt betraf, so wollten die Richter vor allem erfahren, wie sich der Fürst der Finsternis angefühlt habe, als er zu seiner Geliebten, der Hexe, ins Bett kroch. Es gab wohl kaum eine Angeklagte, die nicht wusste, welche Antwort die Herren von ihr erwarteten. Luther hatte verkündet, der Teufel besäße keinen Körper, sei aber imstande, mit Gottes Erlaubnis leibliche Gestalt anzunehmen. Die nachlutherischen Orthodoxen, die der Erforschung der Hölle oft ebenso viel Zeit widmeten wie der Deutung der christlichen Heilsbotschaft, schmückten diesen Lehrsatz aus: Sie behaupteten, der Geist Luzifers schlüpfe in die Kadaver von Hingerichteten oder Selbstmördern und erfülle sie für kurze Zeit scheinbar mit Leben. Von der Kanzel herab drang diese Afterweisheit ins Volk. Fast alle Gefolterten bezeugten daher, der Leib des Satans sei eiskalt gewesen und habe sich starr wie der einer Leiche angefühlt. Da diese Aussage mit den Erkenntnissen der Theologen übereinstimmte, galt die Teufelsbuhlschaft als erwiesen.

Nach diesem Geständnis hätte die peinliche Befragung beendet werden können. Die Beweise reichten für ein

Todesurteil aus. Aber kaum ein Richter ließ sich die Gelegenheit entgehen, die Hexe nach den näheren Umständen ihrer Teufelsbuhlschaft zu fragen, nach dem Wann, Wo und Wie ihrer fleischlichen Vermischung mit dem Höllenfürsten. Die von fürchterlichen Schmerzen Geplagten bemühten sich, die auf Enthüllungen begierigen Herren auch in dieser Hinsicht zufriedenzustellen. Einige Angeklagte gaben an, sie seien mit ihrem Liebhaber »ufm bönen«, das heißt auf den Heuboden, geklettert. Gerstin Brandes fand, dass ihr Galan vor Schmutz stank, und bekannte, dass sie ihn »auf den Donnerstag gebadet und das Wasser dazu gefüllt habe in des Teufels Namen gegen den Strom«: Erst danach »hätte er sich machen können, wie er gewollt«. Nur eine, die wahrscheinlich geistesgestörte Lucie Bertitsch, stellte den Abgesandten Luzifers ein gutes Zeugnis aus: Sie gestand, »daß sie mit allen den drei von den gottlosen Lehrmeistern als Bräutigam gegebenen Geistern viele Male den Beischlaf geübt, offenbar mit solchem Ergötzen, daß sie selbst dann, als sie vor den Richter gebracht und auf seine Fragen zu antworten aufgefordert wurde, kaum ohne einiges Gefühl der Freude sich dessen erinnern konnte«. Als Frucht dieser Vermischung stellte sich nach neun Monaten ein »schwarzter rauher Windwurm« ein, »den sie auf ihres Geistes anraten bay einem kleinen gemachten Feur zu Pulver verbrand«.

Es waren die Qualen des Gefängnisses und der Folter, welche die angeklagten Frauen zu solchen absurden Bekenntnissen brachten. Solange sie redeten, ließ sie der Henker in Ruhe. Sobald sie sich widerspenstig zeigten, machte er sich von neuem an die Arbeit. Zudem wussten alle Beschuldigten, dass von einem bestimmten Zeitpunkt an Leugnen nichts mehr nutzte: Hatten sie erst einmal zugegeben, mit dem Teufel im Bunde zu sein, so stand das Todesurteil fest – was auch immer sie über ihre Beziehungen zu ihm sagten. Oft ergibt sich aus den Protokollen, dass die

Verhörenden ihren Opfern die Antworten in den Mund legten – etwa in der Art: Willst du bestreiten, dass du dieser oder jener Verdächtigen auf dem Blocksberg begegnet bist? Besinne dich – und du, Angstmann; zieh schärfer an! Die Prozessordnung verbot den Richtern, solche Suggestivfragen zu stellen, aber die Zahl derer, die sich daran hielten, war allem Anschein nach sehr gering. Nur wenige verzichteten auf diese Möglichkeit, den Prozess in eine ihnen genehme Richtung zu lenken. Wie viele alte Privatrechnungen so beglichen wurden, lässt sich nur ahnen. Wehe dem, unter dessen Feinden sich ein Hexenjäger befand! Er tat gut daran, sich beizeiten davonzumachen.

Die wenigen Vernünftigen, die den blutigen Wahnsinn mit theologischen, juristischen und moralischen Argumenten zu bekämpfen versuchten, hatten einen schweren Stand. Die Strenggläubigen beider Konfessionen warfen ihnen Lauheit im Glauben vor, die Richter erklärten sie für Verbündete des Satans, die im Hexenwahn Befangenen wollten sie brennen sehen. Trotzdem gaben sie nicht auf. Schon 1563 veröffentlichte Johannes Wier, Leibarzt des Herzogs Wilhelm IV. von Cleve, seine Streitschrift »Über die Blendwerke der Dämonen, Zaubereien und Giftmischereien«, in der es hieß, die Hexenprozesse hätten »einen stinkenden Schandfleck über das christliche Europa gebracht«. Die Theologen der sich befehdenden Glaubensrichtungen waren gleichermaßen empört. Die Katholiken verdächtigten den Arzt, ein heimlicher Protestant zu sein, während ihn die Protestanten für einen heimlichen Katholiken hielten. Der Herzog schützte den Tapferen, so dass sich die Justiz nicht an ihn heranwagte.

Was Johannes Wier begonnen hatte, setzte der Jesuitenpater Friedrich Spee fort. Der Geistliche, zu dessen Aufgabe es gehörte, verurteilten Hexen die Beichte abzunehmen, kam, von Gewissensnot gepeinigt, zu der Schlussfolgerung:

»Ich schwöre feierlich, von den vielen, welche ich wegen angeblicher Hexerei zum Scheiterhaufen begleitete, war keine
einzige, von der man, alles genau erwogen, hätte sagen können, daß sie schuldig gewesen wäre.« 1631 erschien sein Werk
»Rechtliches Bedenken, das ist ein Buch über die Prozesse
gegen Hexen«, besser bekannt unter dem lateinischen Titel »Cautio criminalis«. Der Pater ging mit den geistlichen
und weltlichen Obrigkeiten, die dergleichen Gräuel nicht
nur duldeten, sondern sogar begünstigten, hart ins Gericht;
er geißelte auch die Gehässigkeit der Menge, die sich johlend um die Brandstätten drängte und die letzten Schreie
der Gemarterten mit Hohngelächter übertönte. Friedrich
Spee, Schützling des Mainzer Kurfürsten Johann Philipp von
Schönborn, starb 1653 an der Pest.

Viel richteten die beiden Streiter nicht aus. Es wurde weiter verhaftet, gefoltert und verbrannt. Erst an der Wende
vom 17. zum 18. Jahrhundert änderte sich die Situation. Den
Hexenjägern blies nun der Wind ins Gesicht. Der Absolutis-
mus, der nach einer Zusammenfassung aller Machtmittel
des Staates strebte, brauchte sie nicht mehr. Sie waren ihm
lästig, weil sie mit ihren willkürlichen Verfahrensweisen die
Zentralisation der Justiz und die Durchsetzung allgemein-
gültiger Rechtsnormen behinderten. Die spätgeborenen
Kritiker der Hexenprozesse, der Niederländer Balthasar
Bekker und der Deutsche Christian Thomasius, hatten es
daher leichter als ihre Vorgänger: Sie stießen um, was schon
stürzte. 1721 befahl Friedrich Wilhelm I. von Preußen, alle
Bestimmungen, die sich auf das Verbrechen der Zauberei
bezogen, aus den Gesetzbüchern zu streichen. Die Gerichte
sollten künftig nur noch Nachweisbares ahnden.

In Mecklenburg nahm die Entwicklung einen ähnlichen
Verlauf wie in den meisten anderen deutschen Staaten. Herzog Christian Ludwig I., der in Schwerin residierte, ordnete
schon 1688 an, »Zauberische« nicht mehr mit dem Feuer

zu strafen, »zumahlen das Land durch das viele Hexen-Brennen mehr denn zuviel beschrien ist«. Der hohe Herr hatte in den Niederlanden studiert – und dort glaubte man nicht mehr alles, was die orthodoxen Theologen für wahr hielten. Chroniken berichten, dass Christian Ludwig allen Hexen, die vor seinen Augen auf einem Besenstiel durch die Luft reiten oder durch den Kamin fahren würden, nicht nur das Leben versprach, sondern auch eine ansehnliche Belohnung bot. Sein Vetter Gustav Adolph von Mecklenburg-Güstrow war da ganz anderer Meinung: Er sah es als erwiesen an, dass die Hexen geheime Künste beherrschten und den Menschen schweren Schaden zufügten, ja, er wollte sogar den Nikolaus, Vorbote des Christkindes, als teuflischen Unfug und papistische Abgötterei aus dem Land verbannt wissen. Im Güstrowschen brannten die Feuer länger als im Schwerinschen. Noch 1703 mussten zwei Frauen in den Flammen sterben – in Penzlin, wo der Hexenkeller die Erinnerung an dieses entsetzliche Kapitel der deutschen Geschichte wachhält.

Auf historischen Spuren

› Die **Alte Burg Penzlin** bietet ein »Kulturhistorisches Museum für Alltagsmagie und Hexenverfolgungen in Mecklenburg«; auch der 1560 eingerichtete Hexenkeller kann besichtigt werden. *Nähere Informationen: alte-burg.amt-penzliner-land.de*

Glanz und Elend
des Verschwörers
Johann Reinhold von Patkul

Am 6. April 1707, kurz vor Mitternacht, reitet ein Trupp schwedischer Dragoner zum Tor der Festung Königstein hinauf. Der Anführer lässt sich beim Kommandanten melden und ersucht ihn um die Auslieferung eines Gefangenen. Der Häftling, ein mittelgroßer, untersetzter Mann, wird vorgeführt und trotz seines Protestes den Soldaten übergeben. Damit alles seine Richtigkeit hat, stellt der Dragoneroffizier eine Quittung aus: »Ich Endesbenannter bescheinige, daß mir der Herr General-Adjutant Arenstädt den Arrestanten Johann Reinhold Patkul den 6. April Glocke 12 in der Nacht wohl abgeliefert, welches hiermit attestire.« Die Schweden legen den Gefangenen in Ketten, zwingen ihn, einen Wagen zu besteigen, sitzen auf und galoppieren davon.

Der Häftling weiß, dass ihn jetzt nur noch ein Wunder retten könnte. Er ist in die Hände seiner Todfeinde gefallen. Seit dreizehn Jahren herrscht zwischen ihm und der Krone Schweden Krieg. Das Sondergericht Karls XI. hatte ihn schon 1694 zum Tode verurteilt, und es besteht nicht der geringste Zweifel, dass der Sohn Karls XI., der erbarmungslose Karl XII., das Urteil vollstrecken lassen wird. Wenn Patkul den Offizier betrachtet, der neben seinem Wagen reitet,

Auf der Plattform der Festung Königstein
(aus: Bunte Bilder aus dem Sachsenlande, 1902)

kann er ein Gefühl der Bitterkeit nicht unterdrücken. Der Rittmeister trägt zwar schwedische Uniform, aber schon sein Name verrät, dass er nicht aus Schonen oder Blekinge, sondern aus Livland stammt. Vielleicht ist dieser Herr von Vietinghoff sogar ein entfernter Vetter von ihm. Und für solche wie den da, für Kreaturen, welche die schwedische Knechtschaft der goldenen livländischen Adelsfreiheit vorzogen, hat er sein Leben aufs Spiel gesetzt ...

Er erinnert sich gut an den Augenblick, als er zum ersten Mal Karl XI. gegenübergetreten war, diesem kleinen, hässlichen Mann mit dem struppigen Haar und dem unsteten Blick. Damals glaubte er noch, dass die livländische Ritterschaft geschlossen hinter ihm stand. Die Herren hatten ihn beauftragt, gegen die Willkürmaßnahmen der Krone Schweden Protest einzulegen, und er entledigte sich dieser Mission, indem er den König mit wenig respektvollen Worten an seine verfassungsmäßigen Pflichten erinnerte.

In Schweden mochte Karl XI. tun, was ihm beliebte. Wenn er es für richtig hielt, die Lehnsgüter des Adels entschädigungslos zu enteignen und unzählige alte Familien an den Bettelstab zu bringen – nun gut, das ging nur ihn selbst und die Betroffenen etwas an. In Livland jedoch galt nach wie vor die Verfassung von 1678 – und dieses vom König beschworene Grundgesetz verbot, die Privilegien und den Besitzstand der baltischen Barone anzutasten.

Karl XI. hatte ihn schweigend angehört und dann in Gnaden verabschiedet. Er ist zuversichtlich gewesen, als er das Schloss von Stockholm verließ. Die Güter seiner Standesgenossen schienen gerettet zu sein. Wie konnte er ahnen, dass der bei seinen Worten so still gewordene König nicht über Eid und Pflicht, sondern darüber nachdachte, welche Strafe dieser aufsässige livländische Edelmann Johann Reinhold von Patkul verdiente! Ein Glück, dass ihn jemand gerade noch rechtzeitig warnte. Sonst wäre sein Kopf wohl schon damals in den Sand gerollt. Bei Nacht und Nebel floh er in einem Fischerboot über die Ostsee und rettete sich in das Herzogtum Kurland, das staatsrechtlich zur Krone Polen gehörte. Die Stockholmer Richter, die ihn am 12. Dezember 1694 wegen des Verbrechens der Majestätsbeleidigung verurteilten, sprachen ihm nicht nur das Leben ab, sondern verfügten auch die Beschlagnahme seines gesamten Besitzes und verboten allen schwedischen Untertanen, mit ihm in Verbindung zu treten. Seitdem war er ein Flüchtling, der auf der Suche nach einem sicheren Asyl von Land zu Land zog. Doch wer nahm schon einen Mann in Dienst, der von einer Großmacht steckbrieflich gesucht wurde?

Nur acht Tage nach dem Stockholmer Urteil, am 20. Dezember 1694, hob Karl XI. die livländische Verfassung auf und setzte die Sonderrechte der Barone außer Kraft. Die Enteignung der Lehnsgüter ging weiter. Der König schreckte nicht einmal davor zurück, auch solche Güter zu

Johann Reinhold Patkul, um 1700

beschlagnahmen, die sich seit mehr als zweihundert Jahren im Besitz der Familien befanden. Und um zum Schaden auch noch den Spott zu fügen, ordnete er an, dass die nach seiner Meinung Vertrauenswürdigen auf ihren Edelhöfen bleiben durften als Pächter, nicht als Eigentümer. Der Reichtum der livländischen Herren füllte nun die schwedische Staatskasse. Würden sich die in ihrer Existenz Bedrohten jetzt endlich ermannen und Gewalt mit Gewalt beantworten? Nichts dergleichen geschah: Als Karl XI. seine Peitsche knallen ließ, duckten sie sich wie geprügelte Hunde. Der schwedische Generalgouverneur berichtete nach Stockholm, im Landtag zu Riga herrsche »furchtsames Stillschweigen« und der livländische Adel habe sich nunmehr »einzig und allein der gnädigsten Vorsorge Eurer Majestät« überantwortet. Damals war er, der Heimatlose, davon überzeugt, dass die Barone jeden willkommen heißen würden, der sie vom Joch der Schweden befreite. Heute weiß er es besser …

Ja, wären die Buxhövden, Üxküll, Osten-Sacken, Mengden und Budberg ähnlich veranlagt gewesen wie die Patkul – dann hätte es vielleicht gelingen können. Wenn die Patkul glaubten, in ihrem Recht verletzt worden zu sein, bemühten sie nicht die Justiz, nein, sie schnallten sich den Degen um, sattelten ihr Pferd und halfen sich selbst. Seine Mutter, die wilde Frau Gertrud, war einem Gutsnachbarn, von dem sie sich betrogen wähnte, höchstpersönlich auf den Leib gerückt, hoch zu Ross, die Pistole in der Faust – und da sie trefflich mit dem Schießeisen umzugehen verstand, zog es ihr Gegner vor, das Weite zu suchen. Die wilde Gertrud fluchte, soff, schoss und focht wie ein kampferprobter Kavalleriewachtmeister. Er mochte sie nicht sonderlich, die alte Dame, aber er kann nicht leugnen, dass er ihr charakterlich sehr ähnelt. Nur ihre Vorliebe für Pistolen teilt er nicht, er bevorzugt feinere Waffen.

Der Flucht folgten vier schwere Jahre. Er denkt nicht gern an sie zurück. Es war kein Vergnügen, in Vorzimmern herumzusitzen und dann wie ein lästiger Bittsteller mit ein paar nichtssagenden Worten abgefertigt zu werden. Gewiss, manchmal hörte man ihm aufmerksam zu, wenn er berichtete, wie die Schweden den Adel seines Landes misshandelt hatten, aber am Ende stand stets ein bedauerndes Schulterzucken: Sie müssen begreifen, mein Lieber, dass in der Politik Macht vor Recht geht und niemand sich Ihretwegen mit einem Staat überwerfen wird, den die Mächte Europas entweder als Verbündeten schätzen oder als Gegner fürchten. Gelegentlich deutete man ihm an, dass er als Livländer in zivilisierten Gegenden nicht auf Sympathie rechnen dürfe. Dieser oder jener stellte ihm zum Beispiel die Frage: Stimmt es, Monsieur von Patkul, dass Ihre Landsleute unbotmäßige Leibeigene verstümmeln oder blenden lassen? Zwecklos, sich etwas vorzumachen: Diese wüste Menschenschinderei hatte den livländischen Adel in Verruf gebracht selbst bei jenen, die ebenfalls davon lebten, dass sie abhängige Bauern ausbeuteten.

Nur eines konnte er nach diesen vier Jahren auf der Habenseite verbuchen: Die Schweden nahmen ihn nun viel ernster als 1694. Jeder schwedische Diplomat im Ausland kannte seine Personenbeschreibung: »Eß ist vorgedt: Capit: Patkul ein Mann von Mittelmäßiger Statur, ohngefähr 40 Jahre alt, etwas mehr alß von ordinairer längde, stark von Halß, völlig und fest von angesicht und hat schwartz Braune augenbrauen, fähig und mächtig unterschiedener auch der Schwedischen Sprache.« Jeder Botschafter war angewiesen worden, sofort Stockholm zu benachrichtigen, wenn er in irgendeiner Hauptstadt auftauchte. Spione hefteten sich an seine Fersen, seine Briefe wurden abgefangen und erbrochen, verdächtige Individuen machten sich an seine Bekannten heran und versuchten sie zu bestechen. Das kostete natürlich Geld – und irgendwann musste jemand in Schweden auf den Gedanken kommen, dass sich diese Summen zweckdienlicher verwenden ließen, zum Beispiel dafür, einen Banditen zu dingen, der das Problem Patkul mit einem Dolchstoß ein für allemal aus der Welt schaffte. Ja, schon damals stand er mit dem Tod auf du und du ...

Und dann die plötzliche, nicht mehr erwartete Wende! Im Herbst 1698 war er bei seinem Freund Otto Arnold von Paykul zu Gast. Paykul, Sohn eines vor Jahrzehnten ausgewanderten Livländers, lebte im Brandenburgischen, in Haselberg, ein paar Meilen östlich von Berlin, und sein Gut grenzte an die Besitzungen des Feldmarschalls Heinrich Heino von Flemming, der in Buckow residierte. Flemming stand schon hoch in den Sechzigern, aber er sah es gern, wenn ihm jüngere Leute Gesellschaft leisteten, am liebsten Leute mit einer interessanten Vergangenheit. So hatte auch er, der nun schon fast berüchtigte Schwedenfeind und Verschwörer, eines Tages eine Einladung erhalten. Er fuhr nach Buckow hinüber – und traf dort den Mann, der sein Leben von Grund auf verändern sollte: Jakob Heinrich von Flemming, Günstling des Kurfürsten Friedrich August I. von Sachsen, der ein Jahr zuvor als August II. zum König von Polen gewählt worden war.

Man muss es diesem Fuchs lassen: Er beherrschte die Kunst, jemanden zum Sprechen zu bringen, ohne etwas von seinen eigenen Gedanken preiszugeben. Heute kann er sich gut vorstellen, was in Flemmings Kopf vorgegangen war: Wenn nur die Hälfte von dem stimmte, was dieser Mann da behauptete, dann lohnte es sich, ihn in das große Spiel einzubeziehen. Auf alle Fälle musste man ihn sich warmhalten, indem man Anteilnahme heuchelte und ihm in halben Wendungen Erleichterung seines Schicksals versprach. Kein Wunder, dass er, der Herumgetriebene, sich von diesem gewiegten Menschenkenner hatte betören lassen. Von nun an glaubte er, in König August den Souverän gefunden zu haben, den er zur Verwirklichung seiner Pläne brauchte.

Nach ein paar Wochen kam die ersehnte Einladung. Im Dezember 1698 fuhr er im Schlitten durch das winterliche Polen. Am Neujahrstag 1699 wurde er von König August empfangen – nicht in Warschau, wo es von Spionen wimmelte, sondern in dem kleinen Grodno am Njemen, das man verhältnismäßig leicht gegen fremde Agenten abschirmen konnte. Der König war eine imponierende Erscheinung; was das Körperliche betraf, trug er den Beinamen »der Starke« zu Recht, und er gab sich wie jemand, der genau wusste, was er wollte. Er hatte rundheraus gefragt, wie die Chancen eines Krieges gegen Schweden zu beurteilen wären, und dann sehr aufmerksam zugehört. Nach fast zwei Stunden beendete er das Gespräch mit der gnädigen Bemerkung, der Herr möge doch die Freundlichkeit haben, seine Gedanken in schriftlicher Form zusammenzufassen. Schon am nächsten Tag erhielt August das Memorandum »Unmaßgebliches Bedenken über das dessein, Schweden zu bekriegen«.

Heute, nach acht Jahren, ist es leicht, diesen Entwurf als Fantasterei abzutun. Jawohl, er hat dieses schreckliche Schweden unterschätzt, sonst säße er nicht in dieser rüttelnden Kutsche, klirrende Ketten an Armen und Beinen. Aber damals meinte alle Welt, dass es mit der skandinavischen Großmacht zu Ende ginge. Karl XI. weilte nicht mehr unter den Lebenden. Seit 1697 regierte ein junger Mann das Reich, und nichts, aber auch gar nichts deutete darauf hin, dass in diesem Halbwüchsigen, der nachts johlend durch die Straßen von Stockholm ritt und den Bürgern die Fenster einschlug, militärische Talente schlummerten. Ein geschwächter Staat mit einem schwachen König – so urteilten damals alle, die sich in europäischer Politik auskannten.

Immerhin, er hat nie zu denen gehört, die an einen militärischen Spaziergang glaubten. Er war schließlich einmal schwedischer Offizier gewesen, Hauptmann im Estnischen Infanterieregiment, um ganz genau zu sein, und er wusste, dass sich die schwedische Armee schlagen würde, auch auf das Risiko hin, eine vernichtende Niederlage zu erleiden. Ohne starke Verbündete ließ sich da nichts ausrichten. Aber wenn die Dänen von Westen, die Russen von Osten, die Sachsen von Süden angriffen, wenn dazu noch in Livland ein Adelsaufstand aufflammte, dann, so meinte er, könnte der Streich gelingen. Mit Dänemark war König August so gut wie im Reinen. Zar Peter I. von Russland wollte sich ebenfalls an der Aktion beteiligen, doch bisher gab es nur eine lose Absprache, die vor Kriegsbeginn in ein festes Bündnis verwandelt werden musste. Er hatte sich geehrt gefühlt, als August gerade ihn dazu ausersah, nach Moskau zu reisen und mit dem Zaren zu verhandeln.

Seit Mitte 1699 trug er den Titel eines kursächsischen Geheimrats und galt – inoffiziell natürlich – als Gesandter der livländischen Ritterschaft am polnisch-sächsischen Hof. König August hatte sich mit ihm ausführlich über das künftige Schicksal Livlands unterhalten und beifällig genickt, als er ihm seine Pläne auseinandersetzte: Das von Karl XI. aufgehobene alte Recht sollte wiederhergestellt, der Einfluss des schwedenfreundlichen Bürgertums zurückgedrängt, die Herzogskrone einem Sachsen übertragen und das Herzogtum wieder mit Polen vereinigt werden – in der gleichen Form wie vor 1621, also nicht als Provinz, sondern als nahezu selbständiger Staat, dessen Regenten dem König von Polen lediglich den Lehnseid leisteten. Welch ein Triumph, als sich August bereit erklärte, mit ihm auf dieser Basis einen Vertrag zu schließen! Er hätte wissen müssen, dass der König Verträge nur so lange hielt, wie sie ihm Nutzen brachten.

Auch in Moskau war das Hochgefühl, das er empfand, nicht gedämpft worden, ganz im Gegenteil, der Abschluss des Bündnisses mit Russland gab ihm neue Nahrung. Viele

Tage und Nächte lang hatte er, der einstige Flüchtling, dem mächtigen Herrscher aller Reußen gegenübergesessen und mit ihm die schwierigsten Probleme erörtert. Die Verhandlungen fanden nicht im Kreml statt, sondern im Haus des Grafen Gawril Iwanowitsch Golowkin, der als Kenner der europäischen Außenpolitik galt und das Vertrauen des Zaren genoss. Er erinnert sich nicht mehr an alles, was damals besprochen wurde, aber eines weiß er noch genau: Der baumlange junge Mann, über den man sich im übrigen Europa die wunderlichsten Dinge erzählte, gab sich nie mit vagen Erklärungen zufrieden, er bestand darauf, dass sein Partner offen redete und Fakten auf den Tisch legte. Der biedere sächsische General Georg Carl von Carlowitz, der als Militärfachmann mit nach Moskau gereist war, kam da mehrmals ins Stottern, aber er, der besser Unterrichtete, zeigte sich der Situation gewachsen – was den Zaren beeindruckt zu haben schien. Oder wie sollte er es sonst deuten, dass Peter plötzlich davon zu sprechen begann, wie sehr er kluge Ausländer schätzte? Sein Aufenthalt in Moskau endete auf recht abenteuerliche Weise. Er glaubte, von einem Offizier, der an der schwedischen Gesandtschaft Dienst tat, erkannt worden zu sein, und teilte seinen Verdacht dem Zaren mit. Peter befahl, dass er sofort in aller Stille abreisen solle. Damit er einen Vorsprung gewann, wurde die Diplomatenpost ein paar Tage lang zurückgehalten. Wahrscheinlich hatte ihm damals seine Fantasie einen Streich gespielt. Wenigstens gab es kein Anzeichen dafür, dass die Regierung in Stockholm von ihrem Moskauer Geschäftsträger gewarnt worden war.

In Polen erwarteten ihn einige unangenehme Überraschungen. Er eilte sofort zu den sächsischen Truppen, die sich entlang der livländischen Grenze zum Angriff bereitstellten, aber er fand dort weder den König noch den Oberkommandierenden vor. August hielt sich noch in Dresden auf und gab, wie es hieß, rauschende Feste zu Ehren seiner

Zar Peter I. (Gemälde von Paul Delaroch, 1838)

neuen Geliebten, der Lubomirska. Flemming lag ebenfalls in Amors Banden: Er feierte Hochzeit mit einer Prinzessin Sapieha und ließ sich dabei durch etwas so Unwichtiges wie einen nahe bevorstehenden Krieg nicht stören. Vergeblich alles Bitten und Flehen, vergeblich der Hinweis, dass der Überraschungseffekt verloren zu gehen drohte: Erst im Februar traf Flemming bei der Armee ein. Der König ließ sich noch mehr Zeit ...

Es kam, wie es kommen musste. Als die Sachsen am 12. Februar 1700 die Grenze überschritten, standen die Schweden zu ihrem Empfang bereit. Der Kommandant von Riga lachte nur, als ihn Flemming zur Kapitulation aufforderte. Die sächsischen Truppen schlugen sich achtbar. Sie drängten die im Vorfeld von Riga kämpfenden schwedischen Abteilungen zurück und eroberten einige kleine Festungen, von denen König August, voreilig wie immer, eine in Augustusburg umtaufen ließ. Aber es war niemand da, der diese Erfolge ausnutzte. Die Strategie der Sachsen erschöpfte sich in einem planlosen Hin und Her, das die Infanterie ermüdete und die Pferde der Kavallerie zugrunde richtete. Die Wochen verrannen, und mit jedem Tag wuchs die Gefahr eines schwedischen Gegenangriffs. Wie Späher berichteten, hatten die estnischen und finnischen Regimenter schon Wolmar erreicht. Wolmar lag nur ein paar Dutzend Meilen von Riga entfernt.

Um ganz ehrlich zu sein: Es war nicht nur die Leichtfertigkeit der Sachsen, die ihn noch heute mit einem Gefühl der Beklemmung an das Jahr 1700 zurückdenken lässt. Viel schwerer hatte ihn getroffen, dass sich seine Prophezeiungen als falsch erwiesen. Der livländische Adel machte keinerlei Anstalten, zu den Waffen zu greifen und für die alte Freiheit ins Feld zu ziehen. Wohin er kam und mit wem er sprach, er begegnete zähneklappernder Angst – nicht allein vor den Schweden, die jeden über die Klinge springen lassen würden, der mit dem Hochverräter Patkul paktierte, sondern auch, nein, vor allem vor den lettischen Leibeigenen, die sich erhoben, die Herrenhöfe in Brand steckten und alle Barone, deren sie habhaft wurden, mitleidlos erschlugen. In das Donnern der Kanonen und das Knattern der Gewehre mischte sich das Gebrüll stürmender Bauernhaufen.

Nein, das hatte er nicht voraussehen können. Es nutzte ihm nicht viel, dass er gefangene Aufständische an den nächsten Baum hängen ließ: Seine Landsleute machten ihn trotzdem für die Katastrophe verantwortlich. Und da die sächsische Armee viel zu schwach war, um sie vor ihren Untertanen zu schützen, flohen sie in Scharen hinter die Wälle von Riga. Nur verschwindend wenige, insgesamt nicht mehr als ein Dutzend, erklärten sich für König August.

Wie demütigend war das alles doch gewesen! Es gab Barone, die ins Bett krochen und den Kranken spielten, nur um nicht mit ihm sprechen zu müssen. Andere versteckten sich vor ihm in einer Mädchenkammer. Im sächsischen Hauptquartier mehrten sich die Stimmen derer, die ihn der Unfähigkeit oder der bewussten Täuschung bezichtigten – nicht offen, versteht sich, aber doch so deutlich, dass er es auf die Dauer nicht überhören konnte. Auch der König war ihm nicht mehr so gewogen wie früher. Zwar machte er ihm keine Vorwürfe, aber die spöttische Frage, wo denn das versprochene livländische Adelsaufgebot bliebe, ging ihm doch sehr leicht über die Lippen. Wenn es damals noch nicht zum Bruch kam, so lag dies allein daran, dass Karl XII. seinen Gegnern einige unangenehme Überraschungen bereitete.

Er sieht vor sich, wie fassungslos die sächsischen Herren waren, als im August die Nachricht eintraf, der Siebzehnjährige habe an der Spitze eines Heeres den Sund überquert und Dänemark in einem kurzen Feldzug zur Kapitulation gezwungen. Das Dreierbündnis hatte die Waffenprobe nicht

Die Schlacht bei Narwa (Gemälde von Alexander von Kotzebue, 1700)

bestanden. Doch es kam noch schlimmer. Im Oktober landete der Schwedenkönig in Estland. Am 20. November griff er die etwa 40 000 Mann starke Armee des Zaren an. Die Schlacht bei Narwa endete mit einer vernichtenden Niederlage der Russen. Die Sieger erbeuteten 145 Kanonen und 171 Feldzeichen. Fast alle russischen Generale, darunter der von Peter eingesetzte Oberbefehlshaber, gerieten in Gefangenschaft. Niemand zweifelte daran: Die Sachsen würden als Nächste an die Reihe kommen.

Die sächsischen Herren hatten jetzt Wichtigeres zu tun, als sich an ihm, dem Livländer, zu reiben. König August versuchte verzweifelt, sich aus der Schlinge herauszuwinden, bevor sie sich zuzog. Seit damals weiß er, wie wenig feierlich beschworene Bündnisverträge im politischen Spiel bedeuten. Offensichtlich trug sich August mit dem Gedanken, seinen russischen Bundesgenossen im Stich zu lassen – natürlich nur unter der Voraussetzung, dass ihm sein schwedischer Vetter ein akzeptables Angebot machte. Aber der nordische Starrkopf lehnte Verhandlungen ab: Er erklärte, über einen Frieden könne man erst reden, nachdem der König von Polen für seinen feigen Überfall gezüchtigt worden sei. So blieb August nur übrig, sich von neuem mit dem Zaren zu verbünden.

Er hat die beiden Herrscher sehr aufmerksam beobachtet, damals, Ende Februar 1701, als sie sich im kurländischen Birsen gegenübersaßen. Kein Zweifel, Peter war der bedeutendere Politiker. Obwohl er sich in einer verzweifelten Lage befand, ein Monarch ohne Armee und fast ohne jede Siegeschance, blieb er gelassen und spielte seine wenigen Trümpfe sehr geschickt aus. Mit diesem Mann ließ sich vermutlich besser zusammenarbeiten als mit dem unsteten August, bei dem man nie wusste, ob er nicht im nächsten Augenblick das genaue Gegenteil von dem tun würde, was die Lage erforderte. Es konnte jedenfalls nicht schaden, sich die Russen zu verpflichten, indem man König August riet, die recht großzügigen Bedingungen Peters anzunehmen und den Krieg an der Seite Russlands fortzusetzen. Der russische Botschafter in Warschau, Fürst Wassili Lukitsch Dolgoruki, versicherte ihm, der Zar werde sich seiner guten Dienste stets mit Dankbarkeit erinnern.

Seine Stellung am sächsisch-polnischen Hof hatte dies nicht gefestigt. Im Gegenteil, da er nun als Befürworter des Bündnisses mit Russland galt, vermehrte sich die Zahl seiner Feinde noch um jene, welche andere Allianzen, zum Beispiel mit Frankreich, für vorteilhafter hielten. Man stellte ihm Fallen – und in eine von ihnen war er wie ein dummer Junge hineingetappt! Warum musste er sich auch mit diesem windigen Franzosen anlegen, mit diesem Abenteurer von dunkler Herkunft, der sich Marquis de St. Paul nannte? Er verstand es doch sonst so gut, provozierende Reden zu überhören. Stattdessen hatte er den Frechling mit Ohrfeigen und Stockschlägen traktiert. König August verabscheute solche Skandale und ordnete an, dem Verprügelten Genugtuung zu geben. Das Duell ging übel aus. Der Marquis, jünger und gewandter als er, versetzte ihm zwei Stiche in die Brust und in den Unterleib. Ein Wunder, dass er mit dem Leben davonkam! Doch stärker als der Schmerz quälte ihn das Bewusstsein, eine riesengroße Torheit begangen zu haben.

Ein paar gute Freunde hielten ihn während seiner Genesung auf dem Laufenden, aber was sie berichteten, war wenig tröstlich. Der König äußerte sich sehr abfällig über ihn, die Minister hieben in die gleiche Kerbe, und sogar sein alter Gönner Flemming erklärte sich außerstande, ihm zu helfen. Zu allem Unglück traf auch noch die Nachricht ein, dass Karl XII. die Sachsen am 19. Juli angegriffen und geschlagen hatte – nicht so vernichtend wie die Russen bei Narwa, aber doch so schwer, dass sie Livland und Kurland räumen mussten. Natürlich fanden sich Leute, die dem König einredeten, der Livländer sei an diesem Debakel schuld – und wie es schien, machte sich August den Gedanken zu eigen, von ihm hintergangen worden zu sein. Unter solchen Umständen war es nutzlos, vielleicht sogar gefährlich, sich an seinen Posten zu klammern. Im September 1701 bat er um seinen Abschied und zog sich ins Privatleben zurück, mittellos wie früher, doch um viele Erfahrungen reicher.

Nur einer ließ ihn damals nicht im Stich: Fürst Dolgoruki berichtete sofort nach Moskau, Patkul sei jetzt frei und stünde zur Verfügung. Es vergingen zwei Monate, bevor die Antwort des Zaren eintraf. Sie war so günstig, wie er es nie zu hoffen gewagt hatte. Peter forderte ihn auf, sofort nach Moskau zu kommen, und versicherte ihm im Voraus, er werde seine Wünsche nach Möglichkeit zu erfüllen versuchen. Als die Warschauer Hofclique von dieser ehrenvollen Berufung erfuhr, rätselte sie hin und her, was das Ganze wohl zu bedeuten habe – er muss heute noch lachen, wenn er an ihre verzweifelten Bemühungen denkt, ihn auszuhorchen. Sogar der König schenkte ihm nun wieder Beachtung, aber bei allem Respekt: Auch Seine Majestät speiste er mit ein paar nichtssagenden Redewendungen ab. Da er selbst noch nicht wusste, was ihn in Russland erwartete, fiel es ihm leicht, den großen Schweiger zu spielen.

Peter empfing ihn nicht wie einen Bittsteller, sondern wie einen hochwillkommenen Staatsgast. Und er machte ihm ein Angebot, das ihn verblüffte: Wie wäre es, wenn er als außerordentlicher Gesandter des Zaren nach Warschau zurückkehrte, versehen mit allen Vollmachten, die diese Stellung erforderte? Er habe schließlich lange am sächsisch-polnischen Hof gelebt und wisse über verschiedene Dinge viel besser Bescheid als jeder andere. Sein offizieller Auftrag würde darin bestehen, die Verbindung zwischen dem Zaren und seinem Alliierten aufrechtzuerhalten, sein inoffizieller, mit allen diplomatischen Mitteln zu verhindern, dass der schon bedenklich kriegsmüde König August hinter dem Rücken Russlands mit Schweden Frieden schloss. Gewiss, das sei eine diffizile und möglicherweise nicht ungefährliche Mission, aber gerade darum würdig eines Mannes, der sowohl Mut als auch Verstand besaß.

Dann hatte ihm der Zar viele Fragen gestellt – und jede von ihnen bewies, dass er seinem Bundesgenossen nicht über den Weg traute. Warum wurde die sächsische Armee geschlagen, obwohl sie doch weit besser ausgerüstet war als die russische? Lag es an den Mannschaften oder an den Offizieren? Konnte man dem König Glauben schenken, wenn er versicherte, die Stimmung in Polen sei gut, die in Sachsen sogar ausgezeichnet? Traf es zu, dass ein nicht unbeträchtlicher Teil der russischen Hilfsgelder in die Taschen der Lubomirska floss oder für Kinkerlitzchen ausgegeben wurde?

Es war ihm nicht schwergefallen, diese Fragen zu beantworten. Ja, es stimmte, mit dem Geld, das der König für seine Liebhabereien verschwendete, hätte man mehrere neue Regimenter aufstellen können. Nein, die Stimmung in

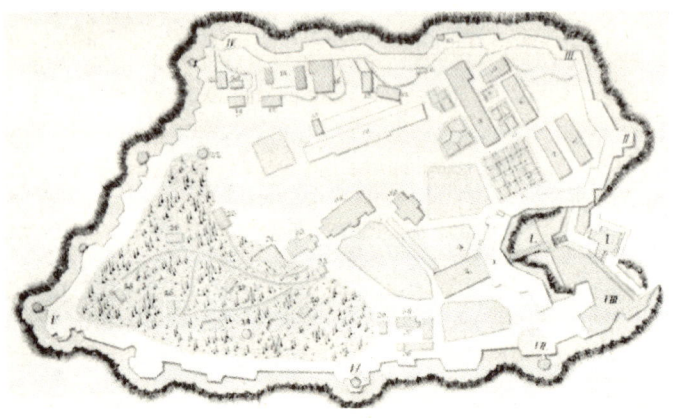

Plan der Festung Königstein nach einer Zeichnung von 1760

Polen war schlecht, und Sachsen stöhnte unter einer Steuerlast, die mit jedem Monat drückender wurde. Wenn die sächsische Armee Schlachten verlor, so lag dies wahrlich nicht an den Mannschaften, sondern an der Generalität, die, von wenigen Ausnahmen abgesehen, aus unfähigen alten Männern bestand, deren taktisches Ungeschick die Katastrophe geradezu herausforderte.

Natürlich nahm er den Vorschlag des Zaren an. Er erinnert sich noch gut der Gefühle, die ihn damals bewegten. Jetzt, kurz vor seinem Tod, der mit jeder Umdrehung der Räder näher rückt, will er sich nichts mehr vormachen: Neben der Freude, sich anerkannt zu sehen, empfand er Genugtuung darüber, dass er seinen vielen Feinden am sächsisch-polnischen Hof die erlittenen Demütigungen heimzahlen konnte. Diese Kreaturen sollten merken, wie gefährlich es war, mit einem Patkul anzubinden. Auch den König würde er spüren lassen, dass er ihm misstraute. Und es bestand ja schließlich Grund zum Misstrauen ...

Als er nach Polen zurückkehrte, war die Lage kritischer als je zuvor. Im Mai 1702 rückten die Schweden in Warschau ein, im Juli schlugen sie das sächsisch-polnische Heer bei Klissow, zwei Wochen später eroberten sie Krakau. August zog mit den Resten seiner Armee im Land umher, Karl XII. setzte ihm nach, der Krieg nahm den Charakter eines Katz-und-Maus-Spiels an – und die Rolle der Maus gefiel dem stolzen Sachsen ganz und gar nicht. Schon damals äußerte er zu seinen Vertrauten, »er wollte lieber ein edelmann auf dem Lande als in solch verdriesslichkeit länger König seyn« – was dem Gesandten des Zaren selbstverständlich sofort zugetragen wurde.

Nein, er hat kein Mitleid mit dem gejagten König gehabt. Der alte Groll saß zu tief, und die Tatsache, dass August den Zaren zu bewegen versuchte, einen anderen, weniger unbequemen außerordentlichen Gesandten zu ernennen, trug nicht dazu bei, ihn zu besänftigen. Kein Zweifel, der König wünschte ihn zum Teufel, aber da er die russischen Hilfsgelder in Höhe von 300 000 Rubel im Jahr dringend brauchte, durfte er es nicht wagen, den Zaren zu verstimmen. Welch ein Triumph, als Peter ihn, den am sächsisch-polnischen Hof Unbeliebten, im Juli 1703 außer der Reihe zum Wirklichen Geheimen Rat beförderte. An dem Titel lag ihm nicht viel, desto mehr dagegen an dem Beweis, dass der Zar mit seinen Diensten zufrieden war.

Würde er nicht in dieser schwedischen Kutsche sitzen, wenn er sich weniger rabiat in die inneren Angelegenheiten des Verbündeten eingemischt hätte? Ja, er ist in der Wahl seiner Mittel nicht gerade zimperlich gewesen, aber an den Fürstenhöfen gilt nun einmal die Regel, dass nicht der Ehrenhafteste, sondern der Bedenkenloseste den Sieg davonträgt. Wer etwas erreichen will, darf keine Skrupel haben. Der sächsische Premierminister Wolf Dietrich von Beichlingen war ein erbitterter Gegner des Bündnisses mit Russland. Das Interesse des Zaren gebot, ihn durch einen Mann zu ersetzen, der mehr Vertrauen verdiente. Damals hat er sich die Hände schmutzig gemacht, indem er das von Flemming und anderen beschaffte belastende Material auf Umwegen dem König zuschob, der Beichlingen daraufhin verhaften und auf den Königstein bringen ließ. Dort ist er dem Gestürzten vor ein paar Monaten wieder begegnet. Grausame Ironie: Der ehemalige Premierminister schläft friedlich in seiner Zelle, während er, der Gesandte des Zaren, seinem Tod entgegenfährt.

Auch den König hat er nicht geschont, wenn er glaubte, dem Zaren damit zu nutzen. Natürlich war er so vorsichtig, sich in Moskau Rückendeckung zu verschaffen, bevor er August im Dezember 1703 die Verfügungsgewalt über die russischen Hilfsgelder aus der Hand nahm. Bis dahin hatte der König die schönen goldenen Rubelchen nach Belieben ausgeben dürfen. Niemand redete ihm herein, wenn er sie für weniger grobe Dinge als Gewehre und Kanonen verwendete. Von nun an bestand der Zar auf genauer Abrechnung, und sein außerordentlicher Gesandter erhielt die Befugnis, den Geldhahn zuzudrehen, falls sich der Verdacht bestätigte, August wolle nicht den Kriegsgott Mars, sondern die Göttin der Liebe, die holde Venus, bescheren. Der Sachse raste vor Zorn, als er davon erfuhr, aber er musste sich dem Machtspruch des großen Peter fügen.

Nein, sehr klug hat er sich damals nicht verhalten. Natürlich musste ein so unzuverlässiger Verbündeter wie August überwacht werden, aber nicht auf eine Art, die sein Selbstgefühl verletzte. Es war unnötig, ihn bei jeder Gelegenheit daran zu erinnern, dass nicht er, sondern der mit jedem Jahr mächtiger werdende Zar die Linie der Politik bestimmte. Und es hätte sich auch vermeiden lassen, ihm in aller Öffentlichkeit Vorwürfe zu machen, wenn seine Handlungen den Verdacht mangelnder Bündnistreue erweckten. Ein Diplomat muss darauf bedacht sein, sich mit dem Herrscher, bei dem er akkreditiert ist, gut zu stellen – sonst erhalten seine Gegner Gelegenheit, ihn selbst und die Sache, die er vertritt, zu verunglimpfen. Der kluge Dolgoruki hatte ihm dringend geraten, sein cholerisches Temperament zu zügeln, aber er wollte davon nichts hören …

Im Herbst 1704 war er dem König wieder einmal auf die Schliche gekommen. Die Sachsen hatten im Sommer einen schwedischen General namens Arved von Horn gefangen genommen. August gab ihm Urlaub auf Ehrenwort. Herr von Horn fuhr in das Hauptquartier Karls XII., um sich dort, wie es hieß, für seine Niederlage zu verantworten, und kehrte pünktlich zurück. Die Reisen wiederholten sich – und man musste schon ein Narr sein, um nicht zu erkennen, was hier gespielt wurde. Dem König stand das Wasser bis zum Hals, er hatte es satt, sich zum Gespött der Welt von einem Winkel Polens in den anderen jagen zu lassen, und bemühte sich, aus der Bedrängnis herauszukommen, indem er hinter dem Rücken seines Bundesgenossen mit dem Feind verhandelte. Für Russland bedeutete das höchste Gefahr: Angenommen, es gelänge August, sich mit Karl XII. zu verständigen, so würde der Zar bald das zweifelhafte Vergnügen haben, sich mit der bisher in Polen gebundenen Hauptmacht der Schweden auseinandersetzen zu müssen.

Dolgoruki teilte seine Einschätzung der Lage. Auch er, der sonst so Vorsichtige, hielt es diesmal für geboten, sich des Mittels der Spionage zu bedienen. König August bezahlte seine Sekretäre und Schreiber nicht gerade üppig. Es fiel daher nicht schwer, einen Mann zu finden, der für Geld zu allem bereit war. Nach ein paar Wochen lagen die Beweise, dass der Sachse heimlich mit den Schweden verhandelte, auf dem Tisch der russischen Botschaft. Zwar schwor der König bei seiner Ehre, dass er nie daran gedacht habe, seinen Verbündeten im Stich zu lassen, aber niemand glaubte ihm, im Gegenteil, alle Welt nahm an, dass er nur darum so unverfroren log, weil er noch mehr zu verbergen hatte.

Nein, der Gedanke, dass sich der so schwer Kompromittierte an ihm, dem Urheber der Blamage, rächen würde, hat ihn damals nicht beunruhigt. Er wusste seit langem, dass er von allen möglichen Leuten bespitzelt wurde, darunter auch von seinen eigenen Domestiken, die sich auf diese Weise einen hübschen Zuschuss verdienten. Nie vertraute er einen seiner Briefe der Post an, nie diktierte er etwas, nie gab er die Chiffriertabelle aus der Hand, mit deren Hilfe er seine Depeschen nach Moskau verschlüsselte. Vor Ärgerem als vor Briefdieben und Spionen schützte ihn, so hat er geglaubt, seine diplomatische Immunität. Nur die barbarischen Türken vergriffen sich an Gesandten. Im zivilisierten Europa war es seit mehr als einem Jahrhundert nicht mehr vorgekommen, dass sich ein Herrscher über das geltende Völkerrecht hinwegsetzte, indem er den Botschafter einer fremden Macht verhaften ließ.

Er hätte August besser kennen müssen. Jetzt rächt es sich, dass er ihn unterschätzt hat. Wie fein war die Intrige doch eingefädelt worden, so fein, dass er die Falle erst bemerkte, als sie zuschnappte. Damals, im Winter 1704/05, befanden sich etwa sechstausend russische Soldaten in Sachsen. Es gehörte zu seinen Pflichten, sich um sie zu kümmern. Als er sie in ihren Quartieren besuchte, sah er mit Entsetzen, dass die sächsischen Behörden diesen verlorenen Haufen buchstäblich verhungern ließen. Die Leute lebten in ungeheizten Erdhütten und ernährten sich von gefrorenen Kartoffeln und Rüben, die sie von den nicht abgeernteten Feldern stahlen. Die Offiziere versetzten ihre letzte Habe, um sich ein Stück Brot kaufen zu können. Das Elend schrie zum Himmel, aber die Sachsen erklärten kühl, dass sie dies alles nichts anginge. Auch der König, den er sofort daran erinnerte, dass das Kurfürstentum nach dem Wortlaut des Bündnisvertrags verpflichtet war, die russischen Hilfstruppen zu besolden und zu ernähren, stellte sich taub.

Er ist auch heute noch der Meinung, dass er damals richtig gehandelt hat. Wenn König August mit den russischen Regimentern nichts Besseres anzufangen wusste, als sie in Dreck und Elend verkommen zu lassen, dann musste man die Soldaten dorthin schicken, wo sie nicht nur bezahlt, verpflegt und neu eingekleidet wurden, sondern darüber hinaus dem Zaren einen politischen Nutzen brachten. Der Kaiser des Heiligen Römischen Reiches führte Krieg gegen Frankreich. Er benötigte dringend Ersatz für die vielen Tausende, die am Rhein, an der Donau und in Oberitalien gefallen waren. Der kaiserliche Gesandte in Dresden erklärte sich sofort mit den Bedingungen einverstanden: Die Regimenter sollten der kaiserlichen Armee einverleibt werden – aber nur für die Dauer eines Feldzugs und gegen Zahlung einer hohen Entschädigungssumme. Auf dieser Basis kam das Geschäft zustande. Es brachte Peter bares Geld ein und verbesserte seine Beziehungen zum Haus Habsburg.

Damals ist ihm ein grober Fehler unterlaufen: Er hätte den Zaren rechtzeitig unterrichten müssen – nicht erst im Nachhinein, als der Vertrag mit dem Kaiser schon unter Dach und Fach war. Wie dumm, sich eine solche Blöße zu geben! Es fiel August nicht schwer, den ahnungslosen Peter zu übertölpeln. Scheinbar beiläufig stellte er ihm die Frage, ob beabsichtigt sei, die in Sachsen stationierten russischen Hilfstruppen einem anderen Kommando als dem seinen anzuvertrauen? Der Zar verneinte dies – und lieferte damit ihn, den Gesandten, ans Messer. Denn nun war ja erwiesen, dass dieser arrogante, mit jedem Tag unverschämter werdende Herr von Patkul auf eigene Faust Politik trieb – zu wessen Nutzen, musste man sich da doch fragen, und die Antwort konnte nur lauten: Auf alle Fälle nicht zum Nutzen des Bündnisses zwischen Sachsen und Russland. Oh, man war in Dresden wieder sehr bündnistreu ...

Seltsam, dass ihn die steigende Flut der Verdächtigungen und Verleumdungen nicht aufgeschreckt hat! Zwar war er es gewohnt, mit Unrat beworfen zu werden, aber was man nun in Dresden und anderswo über ihn verbreitete, ging doch weit über das Übliche hinaus. Besonders hartnäckig hielt sich das Gerücht, er sei ein schwedischer Agent und von Karl XII. damit beauftragt, König August vom polnischen Thron zu stoßen – ausgerechnet er, der von den Schweden mehr gehasst wurde als jeder andere Politiker. Das Ganze war so absurd, dass er ihm keine Beachtung schenkte. Aber vielleicht hätten sich die Fäden des Netzes, das sich um ihn legte, im Spätherbst 1705 noch zerreißen lassen.

Wie kurz ist doch manchmal der Weg vom höchsten Glück zur tiefsten Verzweiflung! Als ihm die schöne Witwe Anna von Einsiedel, eine der reichsten Erbinnen Sachsens, um die er leidenschaftlich geworben hatte, im Dezember ihr Jawort gab, war das der Tropfen, der das Fass zum Überlaufen brachte. Die Dresdner Herren, allesamt Gegner des Bündnisses mit Russland und somit seine geschworenen Feinde, schäumten vor Wut: Was, dieser Livländer wollte sich hier für immer einnisten? Bildete sich der hergelaufene Abenteurer etwa ein, der sächsische Adel werde ihn mit offenen Armen willkommen heißen, ihm Sitz und Stimme im Landtag einräumen? Höchste Zeit, sich dieses Individuum ein für alle Mal vom Hals zu schaffen. Es fehlte an Beweisen für hochverräterische Beziehungen, und auch die Genehmigung des Königs stand noch aus? Die Beweise würden sich schon finden, wenn der Bursche erst hinter Schloss und Riegel saß. Und der König hatte ja bereits mehrfach deutlich genug zu erkennen gegeben, dass er den Gesandten am liebsten in der Hölle sähe.

Und dann kam die Nacht vom 19. zum 20. Dezember. Alles war sehr schnell gegangen, die Offiziere, die ihn verhafteten, verstanden ihr Handwerk, sie zuckten mit den

Festung Sonnenstein (Radierung, 1830)

Schultern, als er gegen den Völkerrechtsbruch protestierte, und ehe er sich's versah, saß er in einer Kutsche – fast so wie heute, nur mit dem Unterschied, dass er damals noch die Hoffnung hegte, sein Herr und Gebieter, der Zar, werde ihn bald befreien. Der Wagen brachte ihn auf die Festung Sonnenstein bei Pirna. Der Kommandant bekam Befehl, ihn in strengster Einzelhaft zu halten. Vor allem sollte verhindert werden, dass er Briefe aus dem Gefängnis schmuggelte oder sich auf andere Weise mit der Außenwelt in Verbindung setzte. Man bewachte ihn schärfer als einen Mörder.

Woche um Woche verstrich, ohne dass sich etwas rührte. Trotz der über ihn verhängten Isolationshaft erfuhr er von einigen Offizieren, was in Dresden vor sich ging. Die sächsischen Minister suchten in seinen Papieren nach Beweisen, mit denen sie seine Verhaftung nachträglich rechtfertigen konnten, aber sie fanden keine. Auf Anordnung des Königs durchstöberten sie seine Korrespondenz mit dem Zaren, sie erbrachen sogar die Truhe, in der er die geheimsten Dokumente aufbewahrte – und sie entdeckten nicht einen einzigen Fetzen, der sich gegen ihn verwenden ließ. Dem König muss in jenen Tagen recht bänglich zumute gewesen sein: Der Zar verlangte die Auslieferung seines Gesandten, damit er sich persönlich von dessen angeblicher Schuld überzeugen könne, und fast alle europäischen Höfe protestierten gegen die Verletzung der diplomatischen Immunität. London und Wien drohten sogar mit der Abberufung ihrer Botschafter.

Kein Wunder, dass er in den ersten Wochen seiner Haft recht optimistisch in die Zukunft geblickt hat! König August würde sich dem Druck schließlich beugen müssen. Es blieb ihm gar nichts anderes übrig, wenn er seinen mächtigen Alliierten nicht brüskieren wollte. Wie hätte er, der Gefangene, ahnen können, dass ihm genau zu dieser Zeit Karl XII. einen dicken Strich durch seine Rechnung machte? Ihm fiel nur auf, dass die Offiziere und Soldaten der Festungsgarnison bedrückt aussahen. Schließlich flüsterte ihm ein Wachposten zu: Die letzte sächsische Armee war am 3. Februar von den Schweden vernichtet worden – bei Fraustadt, das nur ein paar Tagesmärsche von der sächsischen Grenze entfernt lag. Lediglich dreitausend Mann entrannen dem Gemetzel. Sechzehntausend Soldaten lagen in Massengräbern oder befanden sich in schwedischer Gefangenschaft. Panik breitete sich aus, die Reichen bereiteten ihre Flucht vor, die Armen versteckten ihr bisschen Habe in den Wäldern. Das bisher vom Krieg verschonte Sachsen lebte in der Erwartung einer schwedischen Invasion.

In jenen Februartagen ist ihm zum ersten Mal der Gedanke gekommen, dass er der Hilfe des Zaren nicht mehr so sicher sein durfte wie früher. Es lag schließlich auf der Hand, dass Peter seinen Bundesgenossen nun mit besonderer Vorsicht behandeln musste. Das russische Staatsinteresse gebot, den erschöpften, kriegsmüden und nach dem neuerlichen Debakel tief verzweifelten König von Polen so lange wie möglich bei der Stange zu halten. Und wenn dieses Ziel nur erreicht werden konnte, indem man einen treuen Diener opferte – nun, es war ja bekannt, dass Menschenleben dem Selbstherrscher aller Reußen nicht viel bedeuteten. Vergeblich hat er sich damals einzureden versucht, es werde so schlimm nicht kommen. Der Zar protestierte nach Fraustadt nur noch mit gedämpfter Stimme, und was die geforderte Auslieferung betraf, so ließ er sich immer williger auf bessere Zeiten vertrösten.

Im August machte Karl XII. Ernst: Das schwedische Heer rückte in Sachsen ein. Nirgends regte sich Widerstand: Die Reste der regulären sächsischen Armee flohen außer Landes, die Milizsoldaten warfen ihre Gewehre weg und gingen nach Hause, die Festungen kapitulierten, ohne einen Schuss abzufeuern. In Altranstädt, einem Vorort von Leipzig, diktierte Karl XII. dem Besiegten seine Bedingungen: König August musste für immer auf die polnische Krone verzichten, sein Bündnis mit Russland kündigen, eine hohe Kriegsentschädigung zahlen, alle Kriegsgefangenen freilassen und »alle Überläufer und Verräther, so in Sachsen gefunden werden, es mögen gleich Schweden oder auß den Schwedischen Landen gebürtig seyn«, ausliefern – »unter denselben nahmentlich Johannes Reinholdus Patkul, welcher biß zur Übergabe in scharffer Verwahrung gehalten werden soll«.

Am 9. September holte man ihn aus seiner Zelle. Die Offiziere des Sonnensteins schworen bei allen Heiligen, er werde nicht den Schweden ausgeliefert – noch nicht, hätten sie besser sagen sollen –, sondern nur zu seiner Sicherheit auf den Königstein gebracht. Als die Kutsche das Festungstor passierte, sah er eine Chance: Vielleicht ließ man ihn unterwegs entwischen! Aber seine Begleiter lieferten ihn am Bestimmungsort ab. Als er den dunklen Gang hinaufschritt, eskortiert von Soldaten mit schussbereiten Gewehren, als er bemerkte, wie mitleidig ihn die anderen Gefangenen betrachteten, da wusste er, dass es keine

Todesstrafe durch Rädern (Holzschnitt)

Hoffnung mehr gab. Es blieb ihm nur übrig, sein Schicksal mit Würde zu tragen.

Eines hat ihn damals überrascht: Keiner der Mitgefangenen versuchte, an ihm sein Mütchen zu kühlen. Sogar Beichlingen, der doch von ihm gestürzt worden war, rührte nicht an die alten Geschichten, im Gegenteil, er erwies ihm manche Gefälligkeit. Ähnlich verhielten sich die beiden Prinzen Sobieski, Jakub und Konstantin – obwohl sie wussten, dass er, der Gesandte des Zaren, bei ihrer rechtswidrigen Entführung im Frühjahr 1704 seine Hand im Spiel gehabt hatte. Am besten kam er mit einem jungen Mann aus, von dem es hieß, dass er Gold zu machen verstünde. Goldmacher lebten gefährlich, meist wurden sie als Betrüger gehängt, aber dieser Johann Friedrich Böttger glaubte fest an seine Berufung und versicherte allen Ernstes, dass er einem großen Geheimnis auf der Spur sei – welchem, darüber gab er keine Auskunft. Schade um den sympathischen Alchimisten: Ob er nun Erfolg hat oder nicht – die Freiheit wird er nie wiedersehen.

Das Ergebnis seines Lebens sieht nicht gut aus: Er, Johann Reinhold von Patkul, Diplomat von Beruf, Verschwörer aus Passion, Widersacher des Königs von Schweden, der ihm nun den Kopf vor die Füße legen wird, hat nichts von dem erreicht, was er erreichen wollte. Wer mit großen Herren aus einer Schüssel essen will, muss einen langen Löffel haben. Und seiner ist entschieden zu kurz gewesen! Der Wagen rollt durch die Nacht ...

Am 10. Oktober 1707 wurde Johann Reinhold von Patkul in der kleinen polnischen Stadt Kazimierz hingerichtet. Karl XII. hatte befohlen, ihn zu rädern. Nach dem Bericht eines schwedischen Pastors, der der Exekution beiwohnte, ging es dabei »jämmerlich und langsam« zu. Patkul litt furchtbar, bevor ihn endlich der Tod erlöste.

Auf historischen Spuren

> ‣ Die **Bergfestung Königstein** liegt in der Sächsischen Schweiz nicht nur landschaftlich ausgesprochen reizvoll, sondern präsentiert sich als 9,5 Hektar großes Freilichtmuseum mit über fünfzig historischen Militärbauten und zahlreichen Ausstellungen. Auch übernachten kann man in den historischen Mauern.
> *Nähere Informationen: www.festung-königstein.de*

Tödliche Freundschaft

Am 25. Oktober 1730 betraten sechzehn preußische Offiziere das zu dieser Zeit nur noch gelegentlich bewohnte Schloss in Köpenick. Der Kastellan geleitete sie hinauf in den Wappensaal, in dessen Mitte ein langer Tisch stand, auf dem Aktenbündel gestapelt waren. Die Herren fühlten sich gar nicht wohl in ihrer Haut, doch was half es: Der Befehl Friedrich Wilhelms I. ließ ihnen keine Wahl ...

Am Kopfende des Tisches saß der alte Generalleutnant Achaz von der Schulenburg, den der König vor allem wegen seiner Charakterfestigkeit und Frömmigkeit schätzte. Dann folgten drei Generalmajore, unter ihnen Kurt Christoph von Schwerin, der sich schon als Zwanzigjähriger 1704 bei Höchstädt unter dem Kommando des Herzogs von Marlborough mit Bravour geschlagen hatte. Auch unter den drei Obersten befand sich ein Haudegen, über dessen Verwegenheit die Fama Fabelhaftes zu berichten wusste: Der Glücksstern dieses Christoph Reinhold von Derschau war 1709 bei Malplaquet aufgegangen, als er einen verwundeten General aus dem mörderischen Feuer schleppte und so vor der Gefangennahme rettete. Seitdem gehörte er zu den Vertrauten des Königs, der in dieser Schlacht, der blutigsten

Das Köpenicker Schloss, in dem die preußischen Offiziere über den Kronprinzen richten sollten (Darstellung von J. D. Schleusen d. Ä., 1752)

des Spanischen Erbfolgekrieges, zum ersten Mal die Kugeln hatte pfeifen hören. Die Oberstleutnante, Majore und Hauptleute trugen ebenfalls berühmte Namen: Itzenplitz, Podewils, Jeetze, Einsiedel, Lestwitz, Lüderitz – diese Märkischen von Adel waren dafür bekannt, dass sie weder Tod noch Teufel fürchteten.

Aber hier in Köpenick ging es nicht darum, Batterien zu stürmen und wankende Regimenter von neuem ins Feuer zu führen. Der König verlangte von den Offizieren, sie sollten über fünf ihrer Kameraden zu Gericht sitzen, denen die Anklage Fahnenflucht und Hochverrat vorwarf. Und der Hauptangeklagte in diesem Prozess war der Erbe des Thrones, Kronprinz Friedrich von Preußen.

Die Verlesung der Verhörprotokolle nahm zwei volle Tage in Anspruch. Obwohl der Kronprinz trotz strenger Ermahnungen kein Geständnis abgelegt hatte, sondern nur dann mit der Wahrheit herausgerückt war, wenn ihm aufgrund des vorliegenden Beweismaterials nichts anderes übrigblieb, ergab sich doch aus den Aussagen der

Mitangeklagten, besonders aus denen des Leutnants Hans Hermann von Katte vom Regiment Gens d'armes, dass der Vorwurf der versuchten Fahnenflucht zu Recht bestand. Der dritte Beschuldigte, der Leutnant Peter Karl Christoph von Keith, war schon im August, kurz nach der Verhaftung des Kronprinzen, aus seiner Garnison Wesel zunächst nach Holland, dann mit Hilfe des englischen Gesandten in Den Haag, Lord Chesterfield, nach England geflohen. Gegen ihn wurde in Abwesenheit verhandelt. Den beiden Leutnanten von Spaen und von Ingersleben warf die Anklage Mitwisserschaft und Verletzung der Anzeigepflicht vor. Es bestand Aussicht, dass sie glimpflich davonkamen.

Die Untersuchungsrichter hatten gute Arbeit geleistet und das Geflecht der Verschwörung fast vollständig entwirrt. Es stimmte, dass der Kronprinz seit 1729 fest entschlossen war, bei der ersten sich bietenden Gelegenheit außer Landes zu flüchten. Auch an der Mitschuld der übrigen Angeklagten gab es nichts zu drehen und zu deuteln. Aber jeder der in Köpenick versammelten sechzehn Offiziere wusste, dass die Protokolle nicht die ganze Wahrheit sagten. Der alte Derschau erinnerte sich nur mit Abscheu an die Szene im kursächsischen Lager von Zeithain, als Friedrich Wilhelm I. seinen Ältesten vor versammelter Generalität ohrfeigte, an den Haaren zerrte und dann zwang, in diesem zerzausten Zustand die Parade abzunehmen. Mehrere Generale hatten im Dezember 1729 mit ansehen müssen, wie der König den Thronerben mit Schlägen und Tritten dazu brachte, ihn für irgendein kleines Vergehen kniefällig um Verzeihung zu bitten. Gewiss, der Kronprinz war Offizier und somit verpflichtet, seinem obersten Kriegsherrn die Treue zu halten, aber gebot nicht die Offiziersehre, sich gegen solche Misshandlungen zur Wehr zu setzen, am besten, indem man dem Despoten den Degen vor die Füße warf? Keiner der zu Richtern berufenen märkischen Junker hätte sich gefallen lassen, was Friedrich seit mehreren Jahren erdulden musste.

Friedrich Wilhelm I. war ein harter Mann, der von sich selbst sagte: »Ich bin ein böser Mensch, und wenn ich einen Tag gut bin, so bin ich doch gleich hernach wieder böse.« Die meisten europäischen Höfe hielten ihn für einen halbverrückten Sonderling, der sein Vergnügen auf dem Exerzierplatz suchte und am liebsten alle seine Untertanen in Uniform gesteckt hätte. Auch unter denen, die seinen praktischen Verstand schätzten, gab es nur wenige, die ihn sympathisch fanden. Wo er erschien, verbreitete er Furcht. In Rheinsberg fiel ein Prediger vor Schreck in Ohnmacht, als der König während des Gottesdienstes unvermutet die Kirche betrat.

Friedrich Wilhelm prügelte säumige Beamte höchstpersönlich aus ihren Betten, aber das Vergnügen derer, die Zeugen dieser lobenswerten Schnelljustiz waren, wurde dadurch getrübt, dass jeder sich fragte, ob er nicht als Nächster an die Reihe kommen würde.

Kronprinz Friedrich hingegen war in allem das genaue Gegenteil seines Vaters – ein manierlicher junger Mann, der sich mehr für die angenehmen Seiten des Lebens als für so profane Dinge wie Finanzwirtschaft und Militärwesen interessierte, ein Schöngeist, der französische Romane las, heimlich Gedichte schrieb, virtuos die Querflöte spielte und geistreich zu plaudern verstand. Manche fanden, dass er die Freigeisterei etwas zu weit trieb, sie rieten ihm dringend, sein loses Mundwerk im Zaum zu halten, vor allem dort, wo die Wände Ohren hatten, aber der sehr selbstbewusste Jüngling schlug ihre Warnungen in den Wind und benahm sich weiter so ungeniert, als ob er niemanden zu fürchten brauchte.

Darüber stand nichts in den Protokollen, die in Köpenick verlesen wurden. Aber alle, die der monotonen Stimme des Schreibers lauschten, wussten Bescheid. Und einige

Generale, insbesondere jene, welche zum Freundeskreis des Staatsministers Friedrich Wilhelm von Grumbkow gehörten, kannten sogar die tieferen Ursachen, die dazu geführt hatten, dass der Vater seinen Sohn ebenso hasste wie der Sohn seinen Vater. Mochte die Welt ruhig glauben, dass der Kronprinz das Opfer eines brutalen Tyrannen war – die Schulenberg, Derschau und Schwerin hielten den jungen Herrn nicht für ein Unschuldslamm. Sie dankten Gott, dass sie ihr Wissen für sich behalten durften, und fürchteten nur, dass der misstrauische König schließlich doch noch dahinterkam.

Im Grunde hatte die Familientragödie damit begonnen, dass Friedrich Wilhelm 1706 die falsche Frau heiratete. Sophie Dorothea, Tochter König Georgs I. von England und Schwester des Prinzen von Wales, war eine stolze Dame, die sich am preußischen Hof höchst unwohl fühlte. Sie hielt ihren vierschrötigen Ehemann für einen Tölpel, der nicht wusste, was sich gehörte: Er genierte sich ja nicht einmal, sie vor versammeltem Hofstaat mit »Fiekchen« anzureden. Auch zeigte sich der Herr Gemahl wenig spendabel: Er verlangte von ihr allen Ernstes, dass sie mit 80 000 Talern im Jahr auskommen sollte – ein kümmerliches Nadelgeld, gemessen an den Summen, die ihre englischen Verwandten verschwendeten. Die Essgewohnheiten Friedrich Wilhelms ließen ebenfalls viel zu wünschen übrig: Ein knuspriger Gänse- oder Schweinebraten schmeckte ihm besser als alle Delikatessen, die sonst auf den Tafeln der Könige standen, und wenn er fand, dass die Küche zu viel Geld kostete, traktierte er seine bedauernswerte Familie sogar mit so ekligen Speisen wie Sauerkraut, Erbsbrei und Dickbein.

Und dann diese Sommeraufenthalte in Königs Wusterhausen! Friedrich Wilhelm war ein leidenschaftlicher Jäger, der von morgens bis abends durch die Wälder streifte, meist zu Pferd, manchmal im Jagdwagen, selten zu Fuß. Seine

Schloss Königs Wusterhausen (Postkarte von 1913)

Familie saß unterdessen in den kahlen Räumen des alten Renaissanceschlosses und langweilte sich fürchterlich. Wilhelmine, Lieblingstocher der Königin, dachte später nur mit Schaudern an diese Zeit zurück: »Meine Schwester Charlotte und ich hatten für uns und unser ganzes Gefolge nur zwei Zimmer oder vielmehr zwei Dachstübchen. Wie auch das Wetter sein mochte, wir aßen zu Mittag immer im Freien unter einem Zelte, das unter einer großen Linde aufgeschlagen war. Bei starkem Regen saßen wir bis an die Waden im Wasser, da der Platz vertieft war. Wir waren immer vierundzwanzig Personen zu Tisch, von denen drei Viertel jederzeit fasteten, denn es wurden nie mehr als sechs Schüsseln aufgetragen, und diese waren so schmal zugeschnitten, daß ein nur halbwegs hungriger Mensch sie mit vieler Bequemlichkeit allein aufzehren konnte ... In Berlin hatte ich das Fegefeuer, in Wusterhausen aber die Hölle zu erdulden.« Man darf der jungen Dame nicht alles glauben: Sie nahm es mit der Wahrheit nie sehr genau. Hunger hat sie in Königs Wusterhausen bestimmt nicht gelitten. Aber ihr Bericht verrät doch, wie sehr die Familie die wenig noblen Passionen des Königs verabscheute.

Möglicherweise hätte Sophie Dorothea dies alles hingenommen, wenn dafür ihr politischer Ehrgeiz befriedigt worden wäre. Aber auch in dieser Beziehung hielt Friedrich Wilhelm seine Gemahlin knapp. Es kam so gut wie nie vor, dass er auf ihre Ratschläge hörte – weniger aus Misstrauen als vielmehr aus der Überzeugung, dass es den Frauen besser anstünde, sich um die Führung des Haushalts und die Erziehung der Kleinkinder als um Staatsangelegenheiten zu kümmern. Das war zu viel! Die tiefgekränkte Königin beschloss, auf eigene Faust Politik zu treiben – ein lebensgefährliches Unterfangen in einem Staat, dessen Herrscher schon die geringste Widerspenstigkeit mit drakonischen Strafen bedrohte: »Sie sollen nach meiner Pfeife tanzen oder der Teufel hole mir, ich lasse hängen und braten wie der Zar und traktiere sie wie Rebeller.«

Preußen befand sich damals in einer schwierigen Lage. Es sah so aus, als sollte der Kampf um die Vorherrschaft in Europa binnen kurzem von neuem aufflammen. Die Großmächte – England und Frankreich auf der einen, Österreich und Spanien auf der anderen Seite – bemühten sich, den jungen Militärstaat als Verbündeten zu gewinnen. Friedrich Wilhelm hatte sich zunächst der antiösterreichischen Koalition angeschlossen, aber rasch bemerkt, dass ihn England und Frankreich nur ausnutzen wollten. So trennte er sich von seinen Partnern und näherte sich den Österreichern, die ihm in ihrer Bedrängnis das Blaue vom Himmel versprachen. Wien schickte einen seiner geschicktesten Diplomaten, den Reichsgrafen Friedrich Heinrich von Seckendorff, nach Berlin, und diesem gelang es mit Unterstützung des Staatsministers Friedrich Wilhelm von Grumbkow, den König zum Abschluss eines Vertrages zu bewegen, der, alles in allem genommen, Österreich mehr Vorteile brachte als Preußen.

Königin Sophie Dorothea
(Gemälde von Georg Wenzeslaus Knobelsdorff, 1737)

Sophie Dorothea hatte sich nie als Preußin, sondern stets als Sachwalterin der englischen Interessen am preußischen Hof gefühlt. Sie bemühte sich daher nach Kräften, die Politik ihres Gatten zu durchkreuzen, und als ihr dies dank der Wachsamkeit der österreichfreundlichen Fraktion nicht gelang, verstrickte sie sich in Intrigen, die das Gesetz als Hochverrat klassifizierte. Der französische Gesandte, Graf Konrad Alexander von Rothenburg, staunte nicht schlecht, als ihm die Königin ihre geheimsten Gedanken, und Sehnsüchte anvertraute, unter anderem auch, was sie zu tun gedenke, »falls der König in Geistesumnachtung stürbe«. Friedrich Wilhelm litt zuweilen an krankhafter Melancholie. Dann zog er sich nach Königs Wusterhausen oder in das noch abgelegenere Schloss Kossenblatt bei Beeskow zurück, brütete vor sich hin und ließ die Zügel der Regierung schleifen. Wie schön wäre es doch, wenn er nie zurückkäme! Rothenburg riet der Geschwätzigen dringend, dergleichen »zwecklose und gefährliche« Ansichten künftig für sich zu behalten.

Noch enger gestalteten sich die Beziehungen der Königin zu den beiden Geschäftsträgern des englischen Hofes, Sir Charles Hotharn und Guy Dickens. Sophie Dorothea war in ihrer Verzweiflung etwas typisch Weibliches eingefallen: Sie wollte das verhasste preußisch-österreichische Bündnis sprengen, indem sie ihren ältesten Sohn, Kronprinz Friedrich, mit der englischen Prinzessin Amalie und ihre Lieblingstochter Wilhelmine mit dem Prinzen von Wales verheiratete. Zur Überraschung aller lehnte Friedrich Wilhelm dieses Projekt nicht von vornherein ab. Nur von einem neuerlichen Bündnis mit England wollte er nichts wissen. Man sollte doch, gab er den Engländern zu verstehen, Familienangelegenheiten und Politik auseinanderhalten. Die Königin, die sich schon am Ziel ihrer Wünsche glaubte, fühlte sich betrogen, aber sie kapitulierte noch nicht. Hotharn und

Dickens versorgten sie mit guten Ratschlägen – und auch mit solchen, die sich in der Folge als weniger gut erwiesen.

Der Kronprinz und seine drei Jahre ältere Schwester Wilhelmine waren seit langem in alle Machenschaften der Mutter eingeweiht. Sie unterstützten ihre Bemühungen, indem sie höchst riskante Aufträge übernahmen. Schon am 25. Mai 1726 berichtete Rothenburg nach Versailles: »Der Kronprinz überhäuft mich mit Höflichkeiten. Obwohl ich mich ihm gegenüber nie im geringsten ausgelassen habe, sagte er mir vor ein paar Tagen, er wüßte, wie sehr ich die Partei seines Großvaters, des Königs, nähme, und er wollte mir genau über alles berichten, was sein Vater sagte ... Ich hüte mich, irgendwelche Eröffnungen zu machen, so frühreif und verstellt der junge Prinz auch ist.« Der in dem Brief erwähnte Großvater war Georg I. von England, damals Frankreichs treuester Verbündeter. Das Früchtchen, das sich hier einer auswärtigen Macht als Spion gegen den eigenen Vater anbot, hatte gerade das vierzehnte Lebensjahr vollendet.

Graf Rothenburg beobachtete den Prinzen und kam zu dem Schluss, dass sich Frankreich hier eine große Chance bot. Sein Bericht vom 12. November 1726 enthält konkrete Vorschläge, wie die Situation ausgenutzt werden sollte: »Der König ist bei allen Ständen seines Landes gleichmäßig verhaßt. Um den Vater zu entwaffnen, müßte man dem Kronprinzen eine Partei schaffen und eine Anzahl von Offizieren auf seine Seite bringen ... Ich glaube, das würde gelingen. Jedenfalls müßte man den jungen Prinzen in einer für Frankreich günstigen Gesinnung erziehen.« Aber ein Agent bringt nur Nutzen, wenn seine Tätigkeit geheim bleibt. So knüpfte der Gesandte ein konspiratives Netz: »Ich tue, als ob ich nie mit ihm spreche, aber ich habe mehrere sichere und zuverlässige Wege, um ihm alles zukommen zu lassen, was ich will, und Nachrichten von ihm zu erhalten.«

Kronprinz Friedrich (Gemälde von Antoine Pesne)

Der König ahnte, dass hinter seinem Rücken gezettelt wurde, und reagierte, wie es seinem cholerischen Temperament entsprach. Schon 1717 hatte er allen, die ihm etwas verheimlichten, gedroht: »Da ich hinter das Licht geführt werde, tôt ou tard (früher oder später) erfahre ich doch alles, und wenn die Herren hinführo weiter was verschweigen werden, und ich es durch andere erfahre werde, so wird der Donner darin schlagen, ehe es man sich vermutet.« Seinem Ältesten traute er nicht mehr über den Weg, wie ein Ausspruch von 1724 beweist, der von glaubwürdigen Zeugen überliefert worden ist: »Ich möchte wohl wissen, was in dem kleinen Kopf vorgeht. Ich weiß wohl, daß er nicht so denkt wie ich, und daß es Leute gibt, die ihm andere Gesinnungen beibringen und ihn veranlassen, alles zu tadeln, das sind aber Schufte.« Immerhin hoffte er noch, die Charakterfehler des Kronprinzen durch eine strenge Erziehung korrigieren zu können.

Friedrich Wilhelm hielt seinen Sohn für einen Damoiseau, was korrekt übersetzt Edelknabe oder Page heißt, aber im höfischen Jargon des 18. Jahrhunderts so viel wie Waschlappen bedeutete – und ein solcher Kerl, der »den Kopf zwischen den Ohren hangen lässt und schlotterig ist«, war dem König in tiefster Seele zuwider. Den Erziehern des Prinzen wurde befohlen, ihrem Zögling »die Schlafmütze aus dem Kopp zu vertreiben« und ihm einzuschärfen, »daß alle effeminierte (weibische), lascive (schlüpfrige) weibliche Occupationes (Beschäftigungen) einem Manne höchst unanständig wären«. Aber gerade diese effeminierten Occupationes hatten es dem jungen Herrn angetan. Oder um es mit den Worten eines bürgerlichen Beamten zu sagen, der Friedrich später aus der Nähe kennenlernte: »Während der Kronprinz nicht weiß, ob seine Vorfahren Magdeburg im Kartenspiel oder sonstwie gewonnen haben, kann er die Regeln der Aristotelischen Poetik an den Fingern herzählen und beißt sich jetzt wieder seit zwei Tagen die Nägel wund, um deutsche Verse in französische zu verwandeln.«

Die Instruktion des Königs schrieb vor, dass der Kronprinz an Wochentagen um sechs Uhr aufstehen, sich kalt waschen und sein Frühstück in sieben Minuten hinunterschlingen musste. Nach dem halbstündigen Gottesdienst, der unter keinen Umständen versäumt werden durfte, erschienen die Lehrer, die ihn von sieben bis elf Uhr unterrichteten, vor allem in Religion, biblischer Geschichte, Rechnen, Geografie und Staatenkunde, später auch in Zeichnen, Mathematik, Befestigungslehre und Ballistik – die Rhetorik nicht zu vergessen, denn »nichts ist, das einem großen Fürsten besser ansteht und nötiger ist, als wohl zu reden«. Um zwölf hatte der Prinz gepudert und frisiert an der königlichen Tafel zu erscheinen. Um vierzehn Uhr begann wieder der Unterricht, der diesmal drei Stunden dauerte. Von siebzehn Uhr bis zum Schlafengehen konnte der junge Herr tun und lassen, was ihm gefiel – »wenn es nur nicht gegen Gott ist«. Die Instruktion schloss mit der eindringlichen Mahnung, stets »hurtig in die Kleider zu kommen und propre und reinlich zu werden«.

Es war in Preußen selbstverständlich, dass die Verantwortung für die Erziehung des Thronerben in den Händen von Offizieren lag. Der Oberhofmeister des Prinzen, Graf Albrecht Konrad von Finckenstein, hatte bei Malplaquet mitgekämpft und schien daher besonders geeignet zu sein, dem zu dieser Zeit noch so unsoldatischen Friedrich »die wahre Liebe zum Soldatenstand« einzuflößen. Auch der zweite Verantwortliche, Friedrich Wilhelm von Kalckstein, erfreute sich einer »untadeligen Conduite« und galt darüber hinaus als ein Mann »von einer sonderbaren Prudence (Klugheit) und Moderation (Mäßigung)«. Sogar der Hugenotte Jacques Égide Duhan Sieur de Jandun, der den Unterricht in den nichtmilitärischen Fächern beaufsichtigte, war erst 1715 aus dem Militär- in den Zivildienst übergewechselt. Er gewann die Zuneigung seines Schülers, indem er ihn zuweilen mit großer Vorsicht verbotene Früchte kosten ließ. Durch ihn lernte Friedrich die zeitgenössische französische Literatur kennen, damals die geistreichste und rebellischste in Europa.

Kein Zweifel, der Thronfolger führte ein Leben, das nicht nur er selbst, sondern fast der gesamte Hof als wenig prinzlich empfand. Sein gestrenger Vater zwang ihn, sich mit Dingen zu beschäftigen, die ihn nicht im Geringsten interessierten, und verbot ihm alles, was ihm Spaß machte. Auch war es kein Vergnügen, den grobschlächtigen Humor des Alten ertragen und sich vor versammeltem Hofstaat höhnische Bemerkungen anhören zu müssen, etwa in der Art: Ja, wenn er, der König, »aus Paris einen Maître de flûte (Flötenvirtuosen) mit etlichen zwölf Pfeifen und Musique-Büchern, im gleichen eine ganze Bande Komödianten und ein großes Orchester kommen ließe«, dazu noch »ein paar Dutzend Tanzmeister nebst einem Dutzend petits-maîtres (Modepuppen)«, das würde dem jungen Herrn »recht das Herz kitzeln«. Pädagogische Einfühlsamkeit war Friedrich Wilhelm fremd. Seine Erziehungsmethode folgte der Maxime: Der Bengel hat zu parieren – damit basta! Und wenn der Hohn nichts fruchtete, griff er zum Stock.

Vielleicht hätte sich der Kronprinz eines Tages doch dem Willen des Königs gefügt, wenn er nicht von allen Seiten in seinem Widerstand bestärkt worden wäre. Sophie Dorothea redete ihm zu, noch ein Weilchen auszuharren, der Kardinal André Hercule de Fleury, seit 1726 Leiter der französischen Außenpolitik, versicherte ihn seines Mitgefühls, und die Engländer gaben ihm in vorsichtigen Wendungen zu verstehen, dass er im Notfall auf sie zählen könne. Zunächst schien es, als ob die Erlösung nahe sei: Das englische Projekt der Königin sah vor, dass Friedrich nach seiner Heirat

König Friedrich Wilhelm I.
(Gemälde von Georg Wenzeslaus Knobelsdorff, 1737)

mit der Prinzessin Amalie die Statthalterschaft in Hannover übernahm und sich dort einen eigenen Hof einrichtete. Aber die Verhandlungen kamen nicht voran, Sir Charles Hotharn bestand auf seiner Forderung, dass der Doppelhochzeit ein Bündnis vorangehen müsse, was Friedrich Wilhelm nach wie vor strikt ablehnte.

Am preußischen Hof bildeten sich wieder einmal zwei Gruppierungen, die sich mit allen Mitteln der Intrige bekämpften. Sophie Dorothea und Friedrich beschworen den Engländer, die Bedingungen des Königs zu akzeptieren: Friedrich Wilhelm würde schließlich nicht ewig leben, und es könnte für England von großem Vorteil sein, sich den Thronerben im Voraus zu verpflichten. Der Kronprinz gab dem englischen Bevollmächtigten sogar das schriftliche Versprechen, niemand anderen heiraten zu wollen als die Prinzessin Amalie – was im Klartext bedeutete, dass er sich von neuem einer ausländischen Macht als Helfer zur Verfügung stellte. Aber Hotharn hielt nicht viel von einem solchen Wechsel auf die ferne Zukunft. Er beharrte auf seinem Standpunkt. Da reifte in Friedrich der Entschluss, einen schon lange erwogenen Plan in die Tat umzusetzen: Er wollte außer Landes fliehen und sich ein Asyl suchen, in dem er bis zum Tod des Königs seine Neigungen leben konnte. Zur Vorbereitung der Flucht brauchte er Helfer. Er fand sie in einigen Leutnanten der Berliner Garnison.

Friedrich Wilhelm sah es gern, dass sein Sohn mit jungen Offizieren Freundschaft schloss, aber da er misstrauisch war, achtete er darauf, dass sich der Kreis um den Kronprinzen aus Männern zusammensetzte, die er für charakterfest hielt. Der Leutnant Keith, der bei Friedrich Pagendienste versah, erregte sein Missfallen und musste das angenehme Leben am Hof mit dem weniger angenehmen Dienst in der niederrheinischen Garnison Wesel vertauschen. Gegen die anderen Freunde des Kronprinzen hatte der König keine

Bedenken. Sie kamen alle aus alten märkischen oder pommerschen Geschlechtern, und einer von ihnen, der Leutnant Hans Hermann von Katte, war sogar der Enkel eines Generalfeldmarschalls und der Sohn eines Generals.

Prinzessin Wilhelmine, die Katte mehrmals begegnete, zeichnete von ihm ein Porträt, das nicht gerade sympathisch anmutet: »Sein Gesicht war mehr abstoßend als einnehmend; ein Paar schwarze Augenbrauen hingen ihm fast über die Augen. Sein Blick hatte etwas Unheimliches, was ihm sein Schicksal prophezeite. Eine dunkle, von den Blattern bezeichnete Hautfarbe vermehrte seine Hässlichkeit. Er spielte den Starkgeist und trieb die Lüderlichkeit bis zum Exzess. Viel Ehrgeiz und Keckheit begleiteten dieses Laster. Ein solcher Günstling war weit entfernt, meinen Bruder von seinen Verirrungen zurückzuführen.« Auch in diesem Fall ist es besser, der kleinen Klatschbase nicht aufs Wort zu glauben. Gewiss, der Leutnant gehörte nicht zu den Männern, die ihre Mitmenschen durch Schönheit beeindruckten, aber er besaß neben einigen negativen Charaktermerkmalen auch vieles, was ihn vorteilhaft von seinen meist recht engstirnigen Kameraden unterschied. Der Kronprinz fand in ihm einen Freund, wie er ihn sich seit langem gewünscht hatte.

Mit Katte konnte Friedrich auch über Dinge reden, für die ihm sonst ein Gesprächspartner fehlte. Der Leutnant war sehr belesen, er kannte die wichtigsten Neuerscheinungen der französischen Literatur und machte kein Hehl daraus, dass er die in ihnen vertretenen freigeistigen Anschauungen sympathischer fand als das orthodoxe protestantische Christentum, dem das offizielle Preußen huldigte. Zudem besaß Katte viel Witz; er verstand es, seine ketzerischen Ansichten so vorzutragen, dass das Zuhören Vergnügen bereitete. Auch im Musischen stimmten die beiden Freunde überein: Der Leutnant blies die Querflöte mindestens ebenso geschickt wie der Kronprinz – und aus der Harmonie der Töne entstand allmählich ein Gleichklang der Seelen.

Mit den Beförderungschancen sah es damals im preußischen Heer schlecht aus. Den Offizieren fehlte die Gelegenheit, sich vor dem Feind auszuzeichnen. Friedrich Wilhelm rasselte zwar öfter mit dem Säbel, aber wenn es darauf ankam, ließ er ihn in der Scheide stecken. Zar Peter I. von Russland charakterisierte die Politik des Soldatenkönigs mit den Worten: »Er will zwar gern fischen, aber ohne sich die Füße naß zu machen.« Leutnante mussten in der Regel über ein Jahrzehnt lang warten, bevor sie endlich zum Hauptmann oder Rittmeister aufrückten. Wer mit sechzig den Dienstgrad eines Obersten erreichte, gehörte zu den Bevorzugten. Gewöhnlich endete die Karriere eines Offiziers mit dem Majorsrang. Es war kein Wunder, dass Katte an seine Freundschaft mit dem Kronprinzen die höchsten Erwartungen knüpfte. Gab es nicht Beispiele dafür, dass der Günstling eines hohen Herrn in Monatsfrist erreichte, wozu die weniger Glücklichen ein ganzes Leben benötigten? Der Leutnant war bereit, um dieser einmaligen Gelegenheit willen ein sehr hohes Risiko einzugehen.

Verschwiegenheit ist die wichtigste Voraussetzung für das Gelingen einer Flucht – und daran ließ es der Kronprinz von Anfang an fehlen. Der kursächsische Gesandte Ulrich von Suhm berichtete 1728 nach Dresden, Friedrich habe ihm im Vertrauen gesagt, er könne dieses elende Leben nicht länger ertragen und plane, sich der Sklaverei zu entziehen. Auch die Franzosen wussten Bescheid. Im Juli 1728 teilte Rothenburg dem Kardinal de Fleury mit: »Ich habe einigen Anlass zu glauben, daß er damit umgeht, zu entfliehen. Ich habe ihn schon früher von diesem Plan reden hören. Er war selbst noch ungewiß, ob er nach Frankreich oder England flüchten wollte.« Die Engländer weihte der

Kronprinz 1730 ein. Am 16. Juni meldete Sir Charles Hotharn seiner Regierung, Friedrich habe dem Gesandtschaftssekretär Guy Dickens eröffnet, dass er die empörenden Gewalttätigkeiten seines Vaters nicht länger zu ertragen gedenke und sich in den nächsten Wochen außer Landes begeben werde, zuerst für ein paar Monate nach Frankreich, dann nach England. Der Botschafter bat, ihm schleunigst mitzuteilen, ob der Prinz in England willkommen sei.

Inzwischen war der erste Fluchtversuch auf blamable Weise missglückt. Katte hatte den Kronprinzen in das kursächsische Lager von Zeithain begleitet und von ihm den Auftrag erhalten, zwei Pferde zu besorgen. Der von den beiden ausgeheckte Plan sah vor, bei Nacht und Nebel nach Leipzig zu reiten und von dort die Extrapost zu benutzen, die über Frankfurt am Main zur französischen Grenze führte. Spaen hatte von Berlin aus zwei Plätze in der Kutsche reservieren lassen. Aber der sächsische Minister Karl Heinrich von Hoym lachte nur, als ihm Katte seine Bitte vortrug – mit der Begründung, er und ein Kamerad wollten sich ein paar lustige Tage in der Messestadt machen. Hoym gab dem jungen Mann zu verstehen, man solle ihn doch nicht für dumm verkaufen, er wisse genau, was beabsichtigt sei. Einen Tag später nahm der dänische Gesandte den Kronprinzen beiseite und teilte ihm im Vertrauen mit, seine Leibwache werde ab morgen um dreißig Ulanen verstärkt – wie er sich denken könne, nicht zu seinem Schutz. Friedrich sah ein, dass es im Augenblick zweckmäßiger war, sich ruhig zu verhalten.

Auch Katte wurde bedeutet, künftig etwas mehr Vorsicht walten zu lassen. Der mit der Überwachung des Kronprinzen beauftragte Oberstleutnant Friedrich Wilhelm von Rochow befahl ihn zu sich und ersuchte ihn dringend, nichts zu tun, was ihm selbst und seinem hohen Freund verderblich werden könnte. Von einer Meldung an den König sah

Rochow ab. Seine Vorgesetzten waren ebenfalls der Meinung, dass alles vermieden werden müsse, was den Konflikt zwischen Vater und Sohn weiter verschärfte. Und im Übrigen galt Katte als guter Offizier und vorbildlicher Kamerad. Man wollte ihm aus seiner Unvorsichtigkeit keinen Strick drehen.

Der Kronprinz setzte nun seine ganze Hoffnung auf die Engländer. Am 8. Juli erfuhr er, dass die Antwort auf Hotharns Anfrage in Berlin eingetroffen war. Von neuem trat Katte in Aktion. In der Nacht zum 9. Juli geleitete er den Gesandtschaftssekretär Guy Dickens auf Nebenwegen zum großen Portal des Berliner Schlosses an der Stechbahn, wo ihn Friedrich erwartete. Die Unterredung dauerte ungefähr eine Stunde. Der Leutnant ging unterdessen vor dem Schloss auf und ab, um die beiden rechtzeitig warnen zu können, falls von irgendwoher eine Wache auftauchte. Welch ein Schauspiel! Der Erbe des preußischen Thrones stiehlt sich wie ein Dieb aus dem Haus, um mit dem Vertreter einer fremden Macht hochverräterische Pläne zu besprechen, und ein Offizier von Seiner Majestät Garde steht dabei Schmiere ...

Friedrich hatte gehofft, die Engländer würden ihn mit offenen Armen willkommen heißen. Guy Dickens trieb ihm diese Illusion aus. Er sagte ihm mit dürren Worten, der Hof von St. James denke nicht daran, um des Kronprinzen von Preußen willen einen Krieg zu riskieren. Seine Königliche Hoheit möge doch in Erwägung ziehen, wie gespannt die Lage in Europa sei, und sich im Bewusstsein seiner hohen Verantwortung die Fluchtpläne ein für alle Mal aus dem Kopf schlagen. Dickens versüßte diese bittere Pille, indem er sich im Namen seiner Regierung bereiterklärte, die Schulden des Prinzen zu bezahlen. Der so jäh aus den schönsten Träumen gerissene junge Herr bewies eine erstaunliche Geistesgegenwart: Er gab seine Schulden doppelt so hoch an, wie sie tatsächlich waren – was immerhin ein Plus von etwa siebentausend Talern bedeutete. Ob er dem Engländer dafür versprach, sich in sein Los zu fügen, oder ob er ihn mit unverbindlichen Erklärungen abspeiste, darüber gehen die Meinungen der Forscher noch heute auseinander.

Der König plante seit langem, einige Verwandte und Bekannte in Süddeutschland zu besuchen. Anschließend wollte er die Garnisonen und Festungen in den preußischen Provinzen am Niederrhein inspizieren. Der Kronprinz erhielt den Befehl, an dieser Reise teilzunehmen. Da war sie endlich, die große Chance! Es müsste doch mit dem Teufel zugehen, wenn es bei dieser Gelegenheit nicht gelänge, dem Alten zu entschlüpfen und in einem tollen Ritt die französische oder holländische Grenze zu erreichen. Auch Katte hielt den Plan für aussichtsreich. Nur einige Einzelheiten mussten vorher noch besprochen werden. Der Leutnant galoppierte durch die Nacht, stellte das Pferd bei seinem Kameraden Ingersleben unter und schlich sich in den Garten des Potsdamer Stadtschlosses. Dort verbarg er sich hinter einer Buchsbaumhecke. Um Mitternacht kam auf leisen Sohlen der Kronprinz. Es ging zu wie in einem Schauerroman ...

Katte hoffte, in wenigen Tagen als Werbeoffizier nach Süddeutschland geschickt zu werden. Dort wollte er den Kronprinzen treffen und dann mit ihm gemeinsam über die Grenze gehen. Für den Fall, dass die Abkommandierung auf sich warten ließ, besprachen die beiden, über einen entfernten Verwandten des Leutnants, einen Rittmeister von Katte, der sich gerade im Ansbachischen aufhielt, miteinander in Verbindung zu bleiben. Bei einer solchen Wendung der Dinge fiel dem Günstling die Aufgabe zu, für den finanziellen Nachschub zu sorgen. Friedrich hatte Katte schon vorher Geld und Juwelen zur Aufbewahrung anvertraut. Wenn die Flucht glückte, brauchte der junge Herr dringend einen Notgroschen, der ihm über die ersten Verlegenheiten hinweghalf. Als Treffpunkt wurde Den Haag vereinbart. Der in Wesel, also in unmittelbarer Nähe der holländischen Grenze, stationierte Leutnant von Keith sollte sich ebenfalls dorthin begeben.

Ein paar Stunden später, am Morgen des 15. Juli 1730, verließ die Wagenkolonne Potsdam; sie traf am 23. Juli in Ansbach ein. Hier empfing der Kronprinz eine schlechte Nachricht: Katte teilte ihm mit, dass er nicht, wie erwartet, auf Werbung gehen würde, sondern bis auf weiteres in Berlin bleiben müsse. Und nun handelte Friedrich unglaublich leichtsinnig: Er deutete dem ihm völlig unbekannten Überbringer des Schreibens, dem Rittmeister von Katte, seine Fluchtabsichten an, indem er ihn bat, ein paar gesattelte Pferde bereitzuhalten – nicht etwa in Ansbach, sondern in der Nähe des Rheins, von wo es nur noch ein Katzensprung bis zur Grenze war. Der Rittmeister lehnte diese Bitte mit der Begründung ab, in den Wäldern am Rhein wimmele es von Räuberbanden, die einem einzelnen Reiter leicht gefährlich werden könnten, und meldete den Vorfall seinem alten Freund Rochow. Die Meldung schloss mit den Worten: »Geben Sie auf alle Art und Weise auf Dero hohen Untergebenen Achtung, damit selbiger keinen Augenblick allein sei.«

Rochow verdoppelte seine Vorsichtsmaßnahmen, indem er nicht nur den Kronprinzen selbst, sondern auch dessen nähere Umgebung Tag und Nacht beobachten ließ. Dabei entdeckte er, dass Friedrich verdächtig oft mit einem siebzehnjährigen Pagen tuschelte – und dieser Page war der jüngere Bruder des nach Wesel abgeschobenen Leutnants von Keith! Auch die Tatsache, dass sich der Kronprinz in Ludwigsburg einen prächtigen roten Reiserock kaufte, trug nicht dazu bei, den Verdacht des Oberstleutnants zu zerstreuen. Mehrmals gab er dem unvorsichtigen jungen Herrn

Die Festnahme des flüchtigen Kronprinzen
(Adolph Menzel, 19. Jahrhundert)

zu verstehen, dass er seine Absicht durchschaute. Aber Friedrich überhörte diese Warnungen. Er wollte endlich frei sein, endlich so leben, wie es ihm gefiel. Und man hatte mittlerweile fast den Rhein erreicht …

Am Abend des 4. August kam die Kolonne in dem kleinen Ort Steinsfurth an, auf halbem Weg zwischen Heilbronn und Mannheim gelegen. Der König, dem es nichts ausmachte, auf einer Strohschütte zu übernachten, befahl, in den Scheunen des Dorfes Quartier zu beziehen. Im Morgengrauen des 5. August stand der Kronprinz auf, schlüpfte in seinen neuen roten Rock, schlich sich heimlich in den Hof – und begegnete dort zu seiner Überraschung dem Oberstleutnant von Rochow, der ihm freundlich einen guten Tag wünschte und ihn in ein Gespräch verwickelte. Ein paar Minuten später führte der Page Keith zwei gesattelte Pferde herbei. Rochow schnauzte ihn an, er solle sich mitsamt seinen Gäulen zum Teufel scheren. Der zu Tode Erschrockene suchte schleunigst das Weite. Inzwischen waren auch andere wach geworden und traten auf die Dorfstraße hinaus. Nur der König, dessen Quartier dem des Kronprinzen schräg gegenüberlag, schlief noch immer den Schlaf des Gerechten.

Rochow verständigte sich rasch mit seinen Vorgesetzten. Sie kamen überein, den missglückten Fluchtversuch als einen Dummenjungenstreich zu betrachten und den Vorfall zu vertuschen. Wahrscheinlich hätte Friedrich Wilhelm nie etwas von der »vorgehabten Desertion« seines Ältesten erfahren, wenn die Offiziere so umsichtig gewesen wären, auch den Pagen Keith zum Schweigen zu verpflichten. Aber niemand kümmerte sich um den Siebzehnjährigen – und der sah sich im Geist schon auf dem Schafott. In seiner Verzweiflung warf er sich am folgenden Tag dem König zu Füßen und beichtete ihm alles, was er wusste. Friedrich Wilhelm ließ sofort Rochow zu sich kommen und befahl ihm, den Prinzen tot oder lebendig ins Preußische zu bringen. Der Oberstleutnant durchlebte schwere Tage: Wenn der wütende Monarch erfuhr, dass er Friedrich zu decken versucht hatte, konnte das seinen Kopf kosten. Zum Glück hielten alle Beteiligten den Mund.

Die Reise ging weiter. Sie führte auf einem Schiff rheinabwärts nach Wesel. Der Kronprinz saß unter strenger Bewachung in seiner Kajüte. Kurz bevor der König mit seiner Begleitung preußisches Gebiet erreichte, erhielt er die Meldung, dass der Leutnant von Keith am 6. August aus Wesel nach Holland desertiert war. Bedurfte es noch eines weiteren Beweises, dass der Arrestant bei den ersten Befragungen gelogen hatte, als er behauptete, der Fluchtversuch sei das Ergebnis eines Augenblickseinfalls gewesen? Friedrich Wilhelm, ohnehin krankhaft misstrauisch, glaubte nun fest an ein weit verzweigtes hochverräterisches Komplott. Seine erregte Fantasie gaukelte ihm Schreckensbilder vor: Er sah sich schon abgesetzt, gefangen genommen, eingesperrt, vielleicht sogar ermordet. Von wem? Natürlich von den Kreaturen, die hinter dem Thronfolger standen. Sie mussten sofort in Gewahrsam genommen werden. Noch am 12. August jagte eine Stafette nach Berlin. Sie überbrachte die Order, die Freunde des Kronprinzen, die Leutnante Katte, Ingersleben und Spaen, zu verhaften und die übrigen Verdächtigen, darunter auch den als Schöngeist bekannten Erzieher, den Hugenotten Duhan, unter Polizeiaufsicht zu stellen.

In Wesel wurde der Kronprinz zum ersten Mal systematisch verhört. Zu Beginn ermahnte Friedrich Wilhelm seinen Sohn »auf das Ernstlichste ..., Gott und seinem Vater die Ehre zu thun und alle Umstände der vorgehabten Desertion nach Pflicht und Gewissen zu gestehen«. Die Aufforderung, nun endlich die Wahrheit zu sagen, traf auf taube Ohren. Friedrich verteidigte sich mit erstaunlicher Kaltblütigkeit. Er gab nur zu, was ihm unwiderlegbar bewiesen werden konnte, und tischte dem Alten so viele offenkundige Lügen auf, dass dieser schließlich die Beherrschung verlor. Wie die Überlieferung berichtet, drang er mit dem Degen auf den Kronprinzen ein. Der entsetzte Festungskommandant warf sich dazwischen ...

Da auch das nächste Verhör nichts Wesentliches zutage brachte, beschloss der König, vorerst auf weitere Vernehmungen zu verzichten. Er argwöhnte, dass der Prinz immer noch hoffte, durch seine Mitverschworenen befreit zu werden. Das Gebiet um Wesel war eine preußische Exklave. Einige hundert Kilometer fremden Staatsgebiets trennten es vom Kernland der Monarchie. Vielleicht glaubte der Arrestant, auf dem Weg nach Berlin mit Hilfe fremder Agenten entschlüpfen zu können? Erst wenn sich diese Hoffnung als trügerisch erwiesen hatte, bestand Aussicht, dass der bisher so Widerspenstige zu reden begann. Der General, der den Transport leiten sollte, erhielt vom König folgende Instruktionen: »Auf der Reise sollet Ihr alle menschmögliche praecautiones (Vorkehrungen) nehmen, daß der Prinz nicht echapiret (entkommt); und sollt Ihn nicht aus dem Wagen steigen lassen, in ein Haus zu gehen. Hat er seine Notdurft zu verrichten, so muß solches auf freiem Felde geschehen, woselbst man sich weit umher sehen kann und da keine Hecken noch Sträucher sind ... Denn es soll von Wesel bis Halle an kein Schlafen noch Anhalten gedacht werden, sondern es muß immer auf das Schleunigste fortgehen.« Im Fall eines gewaltsamen Befreiungsversuches hatte der General dafür zu sorgen, »daß die andern ihn nicht anders als tot bekommen«.

In Berlin herrschten unterdessen Heulen und Zähneklappern. Am 16. August waren Katte und seine Kumpane verhaftet worden. Niemand wusste, was sie ausgesagt hatten. Aber selbst wenn die drei Offiziere, die doch so manches Geheimnis kannten, im Verhör schwiegen – würde auch der Kronprinz den Mund halten? Schließlich ging es um seinen Kopf. Sophie Dorothea sah sich schon in einen Hochverratsprozess verstrickt, Prinzessin Wilhelmine bangte um ihr Leben. Es galt, die Zeit bis zur Ankunft Friedrich Wilhelms zu nutzen. Die geheime Korrespondenz mit den Engländern wanderte ins Feuer, desgleichen alle Briefe, die respektlose oder verfängliche Bemerkungen über den König enthielten. In Schloss Monbijou, Sommerresidenz der Königin, roch es zeitweilig wie nach einem Stubenbrand.

Das Gewitter zog an den beiden Damen vorüber, ohne dass der Blitz einschlug. Nachdem Friedrich Wilhelm am 27. August in Berlin eingetroffen war, bekam seine Gattin zwar viel Unfreundliches über ihr Lieblingssöhnchen zu

Die Sommerresidenz der Königin, Monbijou
(Kupferstich von Johann David Schleusen, 1750)

hören, und Wilhelmine erhielt in Gegenwart der Hofdamen
ein paar Maulschellen, aber wider Erwarten schreckte der
Wütende davor zurück, die Untersuchung auch auf die Machenschaften der Königin auszudehnen. Vielleicht fürchtete er, Dinge zu erfahren, die ihn zum Handeln zwingen
würden. Die europäischen Höfe zerrissen sich sowieso
schon die Mäuler. Es war für den Ruf seines Hauses besser,
wenn Fiekchen unbehelligt blieb.

Am 2. September wurde der Kronprinz erneut verhört,
diesmal in Mittenwalde, einem Städtchen in der Nähe von
Berlin. Der junge Herr trat sehr selbstbewusst auf. Der österreichische Gesandte von Seckendorff berichtete darüber
nach Wien: »Als man ihn examinieret, hat er sich lustig und
fröhlich angestellt, auch immer gefraget, ob die Kommissa-
rien nichts mehr wissen wollten.« Andere Quellen bezeugen
ebenfalls, dass Friedrich die Untersuchungsrichter nicht
ernst nahm. Wahrscheinlich hatte er sich daran erinnert,

dass er als Kronprinz von Preußen Reichsfürst war und als solcher nur von einem Reichstag zur Verantwortung gezogen werden konnte. Als der König davon erfuhr, beschloss er, seinem missratenen Sprössling die Flausen auszutreiben. Am 4. September ordnete er an, Friedrich nach Küstrin zu überführen und dort in strengstem Gewahrsam zu halten.

In Küstrin lernte der Kronprinz zum ersten Mal ein wirkliches Gefängnis kennen. Der Befehl des Königs schrieb dem Gouverneur der Festung vor: »Ihr sollt nach Eröffnung dieses auf dem dortigen Schlosse in Cüstrin auf das Allerschleunigste zwei Kammern vor einen großen Gefangenen präparieren und rein machen lassen. Es sollen dieselben wohl verwahret und mit Traillen (Gittern) vor den Fenstern und guten Türen versehen sein.« Der Arrestant durfte »nie aus der Kammer gehen«, kein Wort mit den Soldaten sprechen, die ihm das Essen brachten, und weder lesen noch schreiben. Die Instruktion warnte den Gouverneur davor, die Intelligenz des Kronprinzen zu unterschätzen: Er solle im Gegenteil »große und genaue Acht ... haben, weil er sehr listig ist und hunderterlei Inventiones (Einfälle) haben wird, sich loszupraktisieren«.

Der Gouverneur, Generalmajor Otto Gustav von Lepel, fühlte sich nicht wohl in seiner Haut. Er war gewohnt, Befehle strikt auszuführen, aber hier handelte es sich immerhin um den preußischen Thronfolger, der schon morgen sein oberster Kriegsherr sein konnte. In dieser verzwickten Lage erinnerte er sich der alten Soldatenweisheit, dass ein guter Offizier zwar alles bemerken, aber nicht alles sehen muss. Er schärfte seinen Untergebenen ein, sich streng an die Order des Königs zu halten – und guckte weg, wenn der eine oder der andere dem Gefangenen heimlich etwas zusteckte oder ihm eine Gefälligkeit erwies. Trotz des Verbots gelangten Bücher und Schreibzeug in die Zelle des Kronprinzen, so mancher delikate Happen bereicherte die eintönige Gefangenenkost, und ganz Waghalsige beförderten zuweilen einen Zettel oder einen Brief.

Während Friedrich in Küstrin auf seine nächste Vernehmung wartete, hatte Katte in Berlin schwere Tage erlebt. Am 27. August musste er zum ersten Mal vor dem König erscheinen, der ihm sagte, er werde ihn foltern lassen, falls er nicht augenblicklich die volle Wahrheit bekenne. Und damit der Arrestant nicht etwa glaubte, dass dies eine leere Drohung sei, befahl Friedrich Wilhelm dem Henker von Berlin, die peinliche Befragung schon jetzt bis ins Einzelne vorzubereiten. Der preußische Adel war entsetzt, als er davon erfuhr. Der Vater des Angeklagten, Generalleutnant Hans Heinrich von Katte, flehte den König an, Gnade vor Recht ergehen zu lassen. Er erhielt am 5. September die kurze Antwort: »Sein Sohn ist ein Schurke, meiner auch, also was können die Vaters davor?«

Katte hielt dem psychologischen Druck nicht stand. Er sagte aus, was er wusste, und offenbarte dabei so manches, wovon der König bisher keine Ahnung gehabt hatte. Friedrich Wilhelm erfuhr von dem missglückten Fluchtversuch in Zeithain, von dem heimlichen Treffen mit dem englischen Gesandtschaftssekretär Guy Dickens und von der nächtlichen Absprache im Schlossgarten von Potsdam. Vermutlich wäre Katte bereit gewesen, noch mehr zu bekennen, aber der König hütete sich anscheinend davor, ihm Fragen zu stellen, welche die Rolle der Königin betrafen. So kam Sophie Dorothea wieder einmal davon. Die Behauptung des Angeklagten, er sei in Berlin geblieben, weil er nicht an die Ernsthaftigkeit der Fluchtabsicht geglaubt habe, wertete Friedrich Wilhelm als Ausrede. Für ihn stand nach den Vernehmungen fest: Hier lag Hochverrat vor!

Am 16. September traf eine Kommission in Küstrin ein. Sie hatte den Auftrag, von dem Kronprinzen Antwort auf fast zweihundert Fragen zu fordern. Darunter befand sich eine, die deutlich erkennen ließ, was der König beabsichtigte. Sie lautete:»Dieweil er sich der Succession (Thronfolge) unfähig gemacht hätte durch Brechung seiner Ehre, ob er wolle die Succession abtreten und renuncieren (verzichten), daß es vom ganzen Römischen Reich konfirmieret (bestätigt) werde, um sein Leben zu behalten?« Der Gefangene, der nicht daran glaubte, dass sein Vater ihm tatsächlich ans Leben wollte, wich aalglatt aus. Nach dem Protokoll erwiderte er:»Sein Leben wäre ihm so lieb nicht, aber S. Königl. Majestät werden so sehr ungnädig nicht auf ihn werden.«

Zweifellos wusste Friedrich damals schon, dass sich viele europäische Höfe für seine Begnadigung einsetzten. Der König von Schweden beschwor Friedrich Wilhelm, sich nicht an seinem eigenen Fleisch und Blut zu versündigen. Aus London berichtete der preußische Gesandte Christoph Martin von Degenfeld, der englische Hof sei »über die Maßen consterniret (fassungslos)«:»Es promettiret (verspricht) sich gleichwohl jedermänniglich von Ew. Majestät hoher Gemütsneigung, es werden Höchstdieselben in dieser Sache Dero väterlichen Herzen Raum gönnen … mithin Ihrer Hoheit dem Prinzen Gnade und Gunst wiederzueignen, zum Trost der protestantischen Religion.« Auch der Kaiser schaltete sich ein: Er sah hier eine Chance, den als österreichfeindlich bekannten Kronprinzen für sich zu gewinnen. Seckendorff bekam Anweisung, den wütenden König zu besänftigen.

Ein freiwilliger Thronverzicht des Kronprinzen wäre nach Friedrich Wilhelms Ansicht der beste Ausweg gewesen. Doch Friedrich hatte nicht mitgespielt. Nun musste der König eine andere Lösung finden. Er konnte seinen widerspenstigen Sohn aus eigener Machtvollkommenheit hinrichten lassen, er konnte ihn begnadigen, er konnte vor dem Reichstag Anklage gegen ihn erheben. Aber würden die Reichsfürsten zu einem Schuldspruch kommen, wenn sie aus dem Mund des Prinzen erfuhren, wie er von seinem Vater misshandelt worden war? Nein, die schmutzige Wäsche des Hauses Hohenzollern durfte nicht in Regensburg gewaschen werden – vor den Augen einer Öffentlichkeit, die darauf brannte, den unsympathischen Preußen etwas am Zeug zu flicken. Friedrich Wilhelm beschloss, die Verantwortung für das Schicksal des Kronprinzen dem Kriegsgericht zu übertragen.

Zur Verblüffung des Königs lehnten die in Köpenick versammelten Offiziere diesen Auftrag ab. Sie fassten einstimmig den Beschluss, »die von dem Cron-Printz intendirte (beabsichtigte), aber nicht exequirte (ausgeführte) Flucht und was S. K. M. Dero Cron-Printzen wegen bisherigen Ungehorsams und sonst insbesondere vorhalten laßen, als eine Staats und Familien Sache anzusehen, so hauptsächlich eines großen Königs Zucht und Potestat (Macht) über seinen Sohn betrifft und welche einzusehen und zu beurtheilen ein Kriegs Gericht sich nicht erkühnen darf«. Was im Klartext hieß: Wenn unser allergnädigster König seinen Ältesten an Leib und Leben strafen will, soll er gefälligst selbst die Verantwortung dafür übernehmen!

Der Fall des Leutnants Peter Karl Christoph von Keith bereitete den Richtern keine Schwierigkeiten. Keith hatte tatsächlich Fahnenflucht begangen – und darauf stand die Todesstrafe. Daher erging der Spruch, dass er gehängt werden sollte, sobald man seiner habhaft geworden war. Aber Keith saß im sicheren englischen Asyl. Was die Leutnante von Spaen und von Ingersleben betraf, so beschloss das Gericht, den Versicherungen der beiden, sie seien sich der Tragweite ihrer Handlungen nicht bewusst gewesen, Glauben zu schenken. Spaen wurde »kassiert«, das heißt aus der Armee ausgestoßen, und zu drei Jahren Festungshaft verurteilt, Ingersleben kam mit sechs Monaten Festung davon.

Erst in der Sache des Leutnants Hans Hermann von Katte schieden sich die Geister. Kriegsgerichtsverfahren liefen damals nach anderen Regeln ab als heutzutage: Die Richter berieten nicht gemeinsam, sondern nach Ranggruppen getrennt, und jede Gruppe verfügte nur über eine Stimme. Allein der Vorsitzende des Gerichts besaß das Privileg, ein Einzelvotum abgeben zu dürfen. Bei Stimmengleichheit galt das mildere Urteil als angenommen. Drei Gruppen – die Majore, Oberstleutnante und Obersten – sprachen sich dafür aus, Katte zum Tode zu verurteilen. Die rangniedrigste und die ranghöchste Gruppe, also die Hauptleute und die Generalmajore, plädierten für lebenslängliche Festungshaft. Die Entscheidung über das Schicksal des sechsundzwanzigjährigen Angeklagten lag somit in den Händen des Vorsitzenden Achaz von der Schulenburg.

Der Siebzigjährige wusste, dass sein oberster Kriegsherr von ihm ein Todesurteil erwartete. Aber was stand höher – der Gehorsam oder das Gewissen? Die innere Stimme des alten Mannes wehrte sich dagegen, die beiden Hauptschuldigen mit zweierlei Maß zu messen. Wäre dieser unglückselige Leutnant je auf den Gedanken gekommen, außer Landes zu fliehen, wenn ihn sein hoher Freund, der Kronprinz, nicht dazu angestiftet hätte? Sollte er nun mit dem Leben für eine Tat büßen, die dem Thronfolger aller Voraussicht nach früher oder später verziehen wurde? Ließ sich der Vorwurf der Fahnenflucht überhaupt aufrechterhalten? Der Leutnant war schließlich nicht an der Grenze, sondern in seiner Garnison Berlin verhaftet worden. Schulenburg überlegte lange, bevor er endlich den Satz niederschrieb: »Da es in diesem Falle noch zu keiner wirklichen Desertion gekommen, so kann ich nach meinem besten Wissen und Gewissen, auch dem teuer geleisteten Richtereid gemäß, den Katte mit keiner Lebensstrafe, sondern mit ewigem Gefängnis zu belegen mich entschließen.«

Hans Hermann von Katte
(nach einem Gemälde von Georg Lisiewski, 1730)

Der König raste vor Zorn, als ihm das Urteil zur Bestätigung vorgelegt wurde. Mit kratzender Feder schrieb er an den Rand: »Sie sollen Recht sprechen und nit mit dem Flederwisch vornher gehen, da es Katte also wohl getan, soll das Kriegsgericht wieder zusammenkommen und ein anderes sprechen.« Seckendorff bemühte sich vergeblich, den Wütenden zu besänftigen. Immer wieder brach es aus ihm heraus: Er hätte geglaubt, »ehrliche und solche Leute erwählet zu haben, so ihre Pflicht nicht vergäßen, die aufgehende Sonne nicht anbeteten und bei dem Kriegsgericht allein ihr Gewissen und des Königs Ehre beobachten würden«, aber die Schurken sollten sich hüten, er werde »alle diejenigen zernichten, die es mit seinen Kindern gegen ihn halten wollten«. Friedrich Wilhelm fühlte sich von den Richtern hintergangen, verspottet, der Lächerlichkeit preisgegeben: »Sie haben das Vorhaben von dem Kronprinzen und dessen Anhängern vor lauter Kinderspiel in den Augen der ganzen Welt wollen passiren machen, welches keine so harte Strafe verdiente.«

Die Wutanfälle des Königs beweisen, dass er seine Offiziere doch nicht so gut kannte, wie er glaubte. Wer diese Märkischen und Pommerschen von Adel verdächtigte, sie hätten nicht nach ihrem Gewissen geurteilt, sondern sich mit ihrem Spruch der Gnade der »aufgehenden Sonne«, also des Kronprinzen, versichern wollen, rührte an ihre Ehre – und in diesem Punkt waren die Herren äußerst empfindlich. Am 31. Oktober trat das Kriegsgericht noch einmal zusammen. Obwohl alle Offiziere wussten, dass Friedrich Wilhelm nicht spaßte, wenn er die Widerspenstigen zu »zernichten« drohte, blieben sie bei ihrer Entscheidung. Sogar die Rangniedrigsten, die Hauptleute, setzten lieber ihre Karriere aufs Spiel, als sich zu Werkzeugen der Rache machen zu lassen. Generalleutnant Achaz von der Schulenburg teilte seinem obersten Kriegsherrn mit, das Tribunal habe das Urteil »nochmals reiflich erwogen« und sei zu dem Schluss gekommen, dass »solches zu ändern ohne Verletzung seines Gewissens nicht geschehen könne, noch in seinem Vermögen stehe«. Der 31. Oktober 1730 ist ein großer Tag in der Geschichte des preußischen Offizierskorps – ein größerer als die Tage von Hohenfriedberg, Roßbach und Leuthen!

Wider Erwarten sah der König davon ab, sich an den Unbotmäßigen zu rächen. Aber er beharrte darauf, dass der Leutnant nicht mit dem Leben davonkommen dürfe. »Dieser Katte«, schrieb er am 1. November, »ist nicht nur in meinem Dienst Officier bey der Armée, sondern auch bey die Guarde Gens d'armes. Und da bey der gantzen Armée alle Meine Officiers Mir getreu und hold seyn müßen, so muß solches um so viel mehr geschehen von den Officiers von solchen Regimentern, in dem bey solchen ein großer Unterschied ist, denn sie immediatement (unmittelbar) an S. K. M. Allerhöchsten Persohn und Dero Königlichem Haußße attachiret (beigegeben) seyn, Schaden und Nachtheil zu verhüten, vermöge seines Eydes. Da aber dieser Katte mit der künfftigen Sonne tramiret (sich heimlich verschworen) zur Desertion, mit fremden Ministern und Gesandten allemahl durch einander gesteckt und er nicht davor gesetzt worden mit dem Cron-Printzen zu complottiren … so wißen S. M. nicht, was vor kahle raisons (Gründe) das Kriegs-Recht genommen, und ihm das Leben nicht abgesprochen hätten. S. K. M. werden auf die Arth Sich auf keinen Officier, noch Diener, die in Eydt und Pflicht seyn, sich verlaßen können.«

Obwohl sich viele für Katte einsetzten, darunter auch sein Großvater, der alte Generalfeldmarschall Alexander Hermann von Wartensleben, hob der König den Spruch des Kriegsgerichts auf und verurteilte den Leutnant aus eigener Machtvollkommenheit zum Tode: »S. K. M. seynd in Dero Jugend auch die Schule durchgelaufen, und haben das lateinische Sprüchwort gelernt: fiat justitia et pereat mundus (Gerechtigkeit werde geübt, und sollte die Welt dabei zugrunde gehen). Also wollen Sie hiermit, und zwar von Rechts wegen, daß der Katte, ob er schon nach denen Rechten verdienet gehabt, wegen des begangenen crimen laesae Majestatis (Majestätsverbrechen) mit glühenden Zangen gerißen und auffgehänget zu werden, Er dennoch nur, in consideration (Rücksicht) seiner familie, mit dem Schwerdt vom Leben zu Tode gebracht werden solle.« Gleichzeitig ordnete Friedrich Wilhelm an, den Verurteilten nach Küstrin zu bringen und vor den Augen des Kronprinzen hinzurichten.

Friedrich war unterdessen guter Dinge. Er erwartete, bald freigelassen zu werden, und ahnte nicht, dass ihm die härteste Prüfung noch bevorstand. Das Kriegsgericht nahm er nicht ernst, wie ein Brief beweist, den er an seine Schwester Wilhelmine richtete: »Man wird mich jetzt verketzern, nachdem das Kriegsgericht abgehalten sein wird; denn es genügt, um für einen Erzketzer zu gelten, daß man nicht in allen Dingen mit der Ansicht des Herrn und Meisters übereinstimmt. Du kannst Dir also leicht vorstellen, wie artig man mich zurichten wird. Übrigens bekümmere ich mich wenig um das Anathem (Bannfluch), das man gegen mich aussprechen wird, wenn ich nur weiß, daß meine liebe Schwester es verwirft.«

Am späten Nachmittag des 5. November traf Katte, von Offizieren und Soldaten seines Regiments eskortiert, in Küstrin ein. Der König hatte sein Gnadengesuch nicht beantwortet; er wusste, dass es für ihn keine Hoffnung mehr gab. Mit Würde bereitete er sich auf den Tod vor. Er beichtete, empfing das Abendmahl und schrieb ein paar Zeilen an seinen Vater, in denen er bekannte, dass ihn die »verdammte Ambition« ins Verderben geführt habe: »... wie gar unterschieden ist mein jetziger Zustand von dem, womit

Katte wird sein Urteil verkündet (Adolph Menzel, 19. Jahrhundert)

meine Gedanken sind Schwanger gangen. Ich muß an statt den Weg der Zierd, Ehr und Ansehen den Weg zur Schmach und schändlichen Todes wandern.«

Der Gouverneur der Festung grübelte inzwischen darüber nach, wie er seinem hohen Gefangenen den Anblick der Exekution ersparen könnte, ohne dem Befehl des Königs direkt zuwiderzuhandeln. Er beschloss, den Sandhaufen, auf dem Katte sterben sollte, nicht vor dem Zellenfenster des Kronprinzen, sondern ein paar Dutzend Meter seitlich davon aufschütten zu lassen. Notfalls hätte er sich wohl damit herausgeredet, dass der Platz vor der Zelle für eine »große« Hinrichtung – eine Hinrichtung mit militärischem Zeremoniell – nicht ausreichte. Mehr vermochte der alte Generalmajor von Lepel nicht zu tun. Den Anblick des Todgeweihten, die Verlesung des Urteils, die letzten Gebete der Geistlichen, den Trommelwirbel unmittelbar vor dem Streich des Henkers – dies alles würde der Kronprinz ertragen müssen.

Am 6. November um sechs Uhr früh traten zwei Offiziere in die Zelle des Thronerben, der noch in tiefem Schlaf lag. Sie weckten ihn und teilten ihm mit, dass er in einer Stunde Zeuge sein werde, wie sein Freund Katte stürbe. Friedrich geriet völlig aus der Fassung. Der Gouverneur berichtete dem König: »Bis zur Execution hat er sehr lamentiret ..., die Hände gerungen, geweinet, gefraget, ob die Execution nicht Anstand haben und er eine Estaffette an Ew. Königl. Majestät schicken könnte. Als dieses nicht gewilligt werden können, hat er zu dem Obristen gesprochen: ›Wenn Ew. Königl. Majestät von ihm verlanget zu sterben, der Succession zu renunciren oder ewig gefangen zu bleiben, so hätte er gern einen Revers geben wollen, nunmehro hätte er sich ewig ein Gewissen zu machen.‹ Er hat wohl dreymahl gefraget, ob denn gar kein pardon wäre.« Aber die beiden Offiziere ließen sich auf nichts ein.

Um halb sieben trat Katte seinen letzten Gang an, der ihn am Fenster des Kronprinzen vorbeiführte. Nach übereinstimmenden Berichten rief Friedrich seinem Freund zu: »Katte, ich bitte Dich tausendmal um Verzeihung. Katte, im Namen Gottes, verzeih mir!« Der Delinquent erwiderte: »Ich habe Ihnen nichts zu verzeihen, Königliche Hoheit!« Ein einzelner Zeuge will noch den Satz gehört haben: »Ich sterbe mit Freude für Sie.« Ob der Kronprinz schon nach diesem Dialog in Ohnmacht fiel oder ob ihn die Sinne erst verließen, als die Trommeln ertönten, darüber gehen die Meinungen auseinander. Als er aufwachte, hatte sich das Schicksal des Leutnants vollendet.

Katte ging mit großer Gefasstheit in den Tod. Ein Major vom Regiment Gens d'armes, der Augenzeuge der Hinrichtung war, überlieferte uns eine genaue Schilderung des grausigen Vorgangs: »Bei Vorlesung der Sentenz stund er ganz frei; wie solches vorbei war, frug er nach den Officiers von den Gens d'armes, ging ihnen entgegen und nahm

Von Kattes Hinrichtung (zeitgenössische Darstellung von 1730)

Abschied von ihnen. Hernach ward er eingesegnet, darauf gab er die Peruque an meinen Kerl, der ihm eine Mütze darreichte, ließ sich von meinem Kerl den Rock ausziehen, die Halsbinde aufmachen; riß sich selber das Hemd herunter ganz frei und munter ... ging hin, kniete auf dem Sandhaufen nieder, fing laut selbst an zu beten: Herr Jesu, Dir leb ich ... welches noch nicht aus war; so flog der Kopf weg, welchen mein Kerl aufnahm und wieder an seinen Ort legte.« Am Nachmittag wurde der Leichnam Kattes in aller Stille auf dem Küstriner Armenfriedhof beigesetzt.

Friedrich lag in seiner Zelle, redete wie im Fieber vor sich hin, weinte, ächzte, schrie, so dass die eilig herbeigerufenen Ärzte für sein Leben fürchteten. Am folgenden Tag besuchte ihn ein Feldprediger, um ihm im Auftrag des Königs ins Gewissen zu reden. Als der Kronprinz den Schwarzrock sah, packte ihn von neuem das Entsetzen. Er glaubte, der Pfarrer sei gekommen, um nun auch ihn auf den Tod vorzubereiten. Es kostete den frommen Sendboten viel Mühe, ihn zu beruhigen.

Friedrich merkte sich die grausame Lektion, die ihm sein Vater erteilt hatte. Er gelobte unter Tränen, von nun an stets gehorsam zu sein und sich in allem dem Willen des Königs zu fügen. Der Alte misstraute diesem Sinneswandel und ließ den Thronerben nach wie vor scharf überwachen, aber er fand keinen Grund mehr, sich über ihn zu beklagen. Der Prinz betonte bei jeder Gelegenheit, wie sehr er seinen allergnädigsten Herrn Vater liebe und wie er darauf brenne, ihm seine Ergebenheit durch die Tat zu beweisen. Das war gelogen, doch Friedrich log sehr überzeugend ...

Die Erinnerung an Katte verblasste rasch. Der Kronprinz trauerte dem Freund, der für ihn gestorben war, nicht lange nach. »Seine Königliche Hoheit sind lustig wie ein Buchfink«, schrieb der Direktor der Küstriner Kammer am 19. Dezember 1730. Es dauerte noch viele Jahre, bis aus dem oberflächlichen

Ruhestätte der Familie von Katte

Sarg des Leutnants Hans Hermann von Katte

Jüngling ein Mann geworden war, der Verantwortungsgefühl besaß. Damals wäre niemand auf den Gedanken gekommen, diesem Friedrich den Beinamen »der Große« zu geben.

Am 14. November bat Hans Heinrich von Katte den König um den Leichnam des Hingerichteten: »Allergnädigster König und Herr, bitte mir diese einzige Gnade aus, um das Raisonniren (Gerede) meiner Nachbarn und Freunde zu evitiren (vermeiden), den Körper meines Sohnes nach meinem Gute in aller Stille zu bringen. Ew. Majestät versage diese Gnade einem bis in den Tod betrübten Vater nicht.« Friedrich Wilhelm genehmigte das Ersuchen mit der Randbemerkung: »Gut, Compliment.« Es scheint, dass ihm die Courage des Generalleutnants imponiert hat. Schließlich war der Enthauptete ein Hochverräter ...

Auf halbem Weg zwischen Rathenow und Tangermünde liegt das Dorf Wust, heute eine Gemeinde mit etwa 900

Dorfkirche zu Wust

Einwohnern. Inmitten des Dorfes steht eine spätromanische Backsteinkirche, die nach der Überlieferung zwischen 1191 und 1206 geweiht worden sein soll. Nur der Turm, ein Fachwerkbau mit geschweifter Schindelhaube, stammt aus einer späteren Zeit, wahrscheinlich aus dem frühen 18. Jahrhundert. An der Apsis befindet sich die Familiengruft derer von Katte.

Hier wurde der Leutnant Ende November 1730 beigesetzt – in einem schlichten Holzsarg, wie es sich für einen armen Sünder geziemt. Niemand gab ihm das letzte Geleit. Der Vater tat Dienst in seiner ostpreußischen Garnison, und die Verwandten hielten Vorsicht für den besseren Teil der Tapferkeit.

Auf historischen Spuren

> In der deutsch-polnischen Grenzstadt **Küstrin/Kostrzyn** können die Überreste der Festung, in der Friedrich II. inhaftiert war und Hans Hermann von Katte hingerichtet wurde, auf eigene Faust oder mit Führung erkundet werden.
> *Nähere Informationen: www.festung-küstrin.de*
> *www.tourist-info-kostrzyn.de*

Ein Prozess,
der nicht stattfand

Am 28. Oktober 1763 gegen sechs Uhr abends betraten drei Männer das Brühlsche Palais in Dresden. Der eine trug die Uniform eines Obersts der sächsischen Grenadiergarde, die beiden anderen waren in Zivil. Sie kamen nicht allein, sondern in Begleitung von etwa zwanzig Soldaten, die sofort alle Ausgänge des Schlosses besetzten. Niemand fragte die drei nach ihrem Begehr. Sie stiegen die Treppe hinauf, durchquerten einige Säle, in denen Lakaien herumstanden, die sich flüsternd unterhielten, und gelangten endlich in einen Raum, an dessen Wänden viele kostbare Gemälde hingen.

An der Schmalseite des Raumes stand ein Bett, in dem ein Toter lag. Die Eindringlinge wussten, was sich gehörte: Bevor sie mit ihrer Arbeit begannen, sprachen sie dem ältesten Sohn des Verstorbenen, dem Kronfeldzeugmeister Aloysius von Brühl, und den anderen Trauergästen ihr Beileid aus. Dann zog der eine Zivilist ein gesiegeltes Schriftstück aus der Tasche und erklärte, dass er aufgrund dieses Spezialbefehls Seiner Königlichen Hoheit, des Kurfürsten, verpflichtet sei, alle Papiere des nun verblichenen Premierministers Graf Heinrich von Brühl zu beschlagnahmen. Die

Anwesenden protestierten nicht. Sie schienen dergleichen erwartet zu haben.

Zur selben Stunde waren noch zwei weitere Kommandos unterwegs. Das eine verhaftete den Freiherrn Peter Nikolaus von Gartenberg, der die polnischen Güter des Grafen Brühl betreut hatte, das andere bemächtigte sich des Kammerrats Johann Friedrich Hausius, von dem man annahm, dass er einiges über die geheimen Finanzoperationen des Premierministers wusste. Der engste Vertraute des Verstorbenen, Karl Heinrich von Heineken, verantwortlich für die Verwaltung der Brühlschen Vermögenswerte in Sachsen, saß bereits seit dem 27. Oktober im Arrest. Die »Untersuchung der Ursachen des bei dem Regierungsantritt Ihrer Königlichen Hoheit, des Kurfürsten, in allen landesherrlichen Kassen vorgefundenen Geldmangels und großer Schuldenlast« konnte beginnen ...

Es war Heinrich von Brühl nicht an der Wiege gesungen worden, dass er dereinst zum mächtigsten Mann Sachsens aufsteigen sollte. Sein Vater, Hans Moritz von Brühl, Hofmarschall des Zwergherzogs von Sachsen-Weißenfels, lebte in den Tag hinein und hatte daher mehr Schulden als Haare auf dem Kopf. Die Gläubiger ließen sich lange vertrösten, aber endlich verloren sie die Geduld: Das in Nordthüringen gelegene Familiengut Gangloffsömmern kam unter den Hammer. Die drei älteren Söhne des Hofmarschalls versuchten ihr Glück beim Militär und in der Verwaltung. Der verhätschelte jüngste Spross der Familie, der im August 1700 geborene Heinrich, trat 1713 in den Dienst einer verwitweten Herzogin von Sachsen-Weißenfels und versah bei ihr das ehrenvolle, aber wenig einträgliche Amt eines Leibpagen.

Die Herzogin fand Gefallen an dem wendigen Knaben. Sie sorgte dafür, dass er den nötigen Schliff erhielt, und empfahl ihn 1719 August dem Starken. Der Neunzehnjährige

Heinrich von Brühl (Stich, 1746, von Lorenzo Zucchi)

träumte von einer steilen Karriere, aber seine hochgespannten Erwartungen wurden zunächst enttäuscht. Es gab in Dresden viele, die nach oben drängten, und manche von ihnen brachten von Haus aus bessere Voraussetzungen mit als der, alles in allem genommen, doch wenig respektable Sohn eines bankrotten kleinfürstlichen Hofbeamten. Erst nach acht langen Jahren, am 19. Mai 1727, beförderte ihn August der Starke vom Pagen zum Kammerjunker.

Niemand weiß, wodurch der ehrgeizige junge Mann die Aufmerksamkeit des Kurfürsten erregt hatte, aber was immer die Ursache gewesen sein mag – die Ernennung zum Kammerjunker war der Beginn einer erstaunlichen Laufbahn. Schon drei Jahre später, im März 1730, rückte Brühl zum Kammerherrn auf. 1731 beförderte ihn August zum Generalakzisdirektor, das heißt zum Chef des Steuerwesens, und betraute ihn zugleich mit der »Direction und Besorgung derer zum Cabinet kommenden Domestic-Affairen«, also mit der Leitung der inneren Angelegenheiten. Noch im selben Jahr erhielt er den Titel eines Wirklichen Geheimen Rats, dazu Sitz und Stimme im Geheimen Conseil, das den Herrscher in allen wichtigen politischen Fragen beriet und seine Befehle an die ausführenden Organe weiterleitete. Die letzte Gunst, die August seinem ehemaligen Pagen erwies, bestand in der Ernennung zum Präsidenten der Steuer- und der Bergwerkskammer im Januar 1733.

Die alteingesessenen Minister und Geheimräte begegneten dem Emporkömmling mit Misstrauen. Graf Joseph Gabaleon von Wackerbarth-Salmour, Adoptivsohn des alten Generalfeldmarschalls August Christoph von Wackerbarth und ebenfalls Mitglied des Geheimen Conseils, sprach offen aus, dass er Brühl für einen skrupellosen Postenjäger hielt, dem nahezu alle fachlichen und charakterlichen Voraussetzungen für eine Karriere im Staatsdienst fehlten. August ließ sich davon nicht beeindrucken. Der neue Mann war brauchbar, in mancher Beziehung sogar brauchbarer als die erprobten Alten mit ihren Skrupeln und Gewissensängsten. Was nutzte Ehrlichkeit, wenn sie nicht zum Erfolg führte? Jeder Souverän brauchte Leute, die sich für ihn die Finger schmutzig machten – und dieser Brühl übernahm die heikelsten Aufträge, ohne eine Miene zu verziehen. August der Starke war nicht nur Kurfürst von Sachsen, sondern auch König von Polen – und in beiden Ländern gab es eine starke Opposition. 1715 hatten die Polen versucht, sich des sächsischen Regiments mit Gewalt zu entledigen. Der Aufstand konnte erst nach einem Jahr und bloß mit Hilfe russischer Truppen unterdrückt werden. Seitdem herrschte Ruhe, aber jedermann wusste, dass diese Ruhe einen neuen Sturm ankündigte. In Sachsen standen die Dinge ebenfalls nicht zum Besten. Der Adel gehorchte nur widerwillig, die lutherische Geistlichkeit verdächtigte August aller möglichen finsteren Absichten, und das Volk sah nicht ein, warum die Steuern, die es zahlte, zum großen Teil nach Warschau flossen. Die Lage war verworren, sie wechselte von Woche zu Woche, manchmal sogar von Tag zu Tag. Wer nicht über zuverlässige Informationen verfügte, geriet in Gefahr, von den Ereignissen überrollt zu werden.

Von allen Ministern des Königs brachte nur Brühl die Eigenschaften mit, die man als Chef eines Spionagezentrums brauchte. Es war nicht nach jedermanns Geschmack, Lakaien zur Bespitzelung ihrer Herrschaft anzuhalten, Schreiber zu bestechen, Diebe zu besolden, fremde Briefe zu öffnen, Siegel zu fälschen und, wenn es not tat, auch einmal einen Kurier spurlos verschwinden zu lassen. Man musste schon einen charakterlichen Defekt haben, um sich in diesem Milieu wohl zu fühlen.

Kein Zweifel, Brühl fühlte sich wohl: Er baute in kürzester Frist und mit beachtlicher Intelligenz ein Nachrichtennetz auf, dessen Fäden im Schwarzen Kabinett zu Warschau zusammenliefen. Der König erhielt alle Informationen, die er für seine Entscheidungen benötigte. Sogar die streng geheimen Lageberichte der in der polnischen Hauptstadt akkreditierten Diplomaten gingen ihm in Abschriften zu. August war beeindruckt: Wahrlich, dieser Mann leistete etwas für das Geld, das er einstrich! Man musste nur aufpassen, dass er eines Tages nicht auf eigene Faust Politik trieb … Nie hatte der König einem seiner Minister gestattet, mehr zu sein als ein Werkzeug. Nicht einmal Jakob Heinrich von Flemming, der August von allen Mitgliedern des Geheimen Conseils am nächsten stand, besaß das Recht, eigenmächtig Befehle zu erteilen. Als er es trotzdem versuchte, wurde er sofort scharf zurechtgewiesen und übte reumütig Selbstkritik: »Allein Seine Majestät sind Herr und Meister und können es auch anders ordonnieren (anordnen), als womit wir zufrieden seyn müssen. Ich nehme mir aus allen diesen Dingen eine Lehre vors Zukünftige, und des Königs Worte sind mir allezeit Gesetze.« Der Macht eines Günstlings waren somit enge Grenzen gezogen. Sobald er sie überschritt, verlor er das Vertrauen des Herrschers – und mit ihm oft genug auch seine Freiheit.

Was aber würde geschehen, wenn der Mann den Thron bestieg, der in allem das genaue Gegenteil Augusts des Starken war? Ein Fürst, der nur seine Neigungen lebte und die Zügel der Regierung schleifen ließ? Der einzige legitime Sohn des Königs hatte außer der Liebe zur Kunst und zum Weidwerk so gut wie nichts von seinem eigenwilligen Vater geerbt. Der päpstliche Gesandte in Warschau nannte den Thronfolger in einem vertraulichen Bericht »kenntnisarm, indolent (gleichgültig), weichlich, träg, zum Müßiggang geneigt«. Flemming drückte sich etwas vorsichtiger aus, aber in der Sache stimmte er mit dem vatikanischen Diplomaten überein: »Er liebt die Pracht und den Schmuck und glaubt, Geschmack zu haben. Er liebt die Tafel, die guten Speisen und den Wein, aber ohne Ausschweifung. Er liebt die Musik der Italiener. Er hat die gewöhnlichen Neigungen aller Prinzen: Jagd, Pferde und Hunde.« Die Postenjäger und Streber witterten Morgenluft: Der neue Herr würde sich wohl leichter lenken lassen als der störrische alte mit seinem ausgeprägten Machtbewusstsein.

Brühl sah dem bevorstehenden Regierungswechsel mit gemischten Gefühlen entgegen: Am Hof des Thronfolgers war der Posten des Günstlings bereits besetzt. Auch hier hatte sich ein ehemaliger Page nach oben gearbeitet – und dieser Alexander von Sulkowski, ein gebürtiger Pole, saß, wie es hieß, so fest im Sattel, dass er keinen Konkurrenten zu fürchten brauchte. Wenn Brühl vermeiden wollte, mit einem schlichten Dankeschön aus dem Staatsdienst verabschiedet oder in die tiefste Provinz abgeschoben zu werden, musste er dem neuen Souverän seine Ergebenheit beweisen. August der Starke lag im Sterben, er verschied am 1. Februar 1733 um vier Uhr morgens. Jetzt spielte der Chef des Schwarzen Kabinetts seinen Trumpf aus: Er überredete die im Sächsischen Palais zu Warschau versammelten Hofschranzen, den Tod des Königs zwölf Stunden lang geheimzuhalten. Während dieser Zeit raffte er alle erreichbaren Papiere, Juwelen, Wertgegenstände und Gelder zusammen. Am Abend befand er sich schon auf dem Weg zur Grenze. Es kam, wie er es erwartet hatte: Der Thronfolger, nun Kurfürst, empfing den Wagemutigen mit offenen Armen und nahm ihn in den Kreis seiner Vertrauten auf. Auch Sulkowski klopfte dem Retter des königlichen Barvermögens anerkennend auf die Schulter. Er ahnte nicht, wer ihm gegenüberstand ...

In den folgenden Monaten fand Brühl oft Gelegenheit, sich nützlich zu machen. Die Polen zeigten wenig Neigung, noch einmal einen Sachsen zum König zu wählen. Sie wollten lieber ihren Landsmann, den populären Stanisław

Leszczyński, auf dem Thron sehen. Was half es, dass sich die beiden Großmächte Russland und Österreich für den Wettiner erklärten? Die überwiegende Mehrheit des polnischen Adels blieb dem Sohn Augusts des Starken trotzdem feindlich gesinnt. Nur Geld konnte hier Wandel schaffen. Vom Februar bis zum September 1733 flossen über eine Million Taler nach Polen – und Brühl, der Geheimdienstchef, sorgte dafür, dass sie in die Hände derer gelangten, die für solche klingenden Argumente empfänglich waren. Die Lubomirski, die große Teile Ostpolens beherrschten, wechselten die Front, andere Magnatengeschlechter folgten ihrem Beispiel. Die Anhänger Stanisław Leszczyńskis besaßen zwar noch die Mehrheit, aber nicht mehr die Kraft, dem immer stärker werdenden Druck der Großmächte zu widerstehen. Nach dem Fall ihres letzten Stützpunktes Gdańsk gaben sie das Spiel verloren und erkannten den Wettiner als König an.

Eines war Brühl in diesem turbulenten Jahr klargeworden: Wer Sulkowski stürzen wollte, benötigte dazu Zeit, viel Zeit. Kurfürst Friedrich August II., der sich als König von Polen August III. nannte, kümmerte sich gewöhnlich nicht darum, was die Herren Minister so trieben, aber wenn jemand seinem Liebling zu nahe trat, seinem Trink- und Jagdkumpan, reagierte er höchst unwillig. Nicht einmal die Königin, die den leichtlebigen und hochmütigen Polen aus tiefster Seele verabscheute, fand dann bei ihm Gehör. Das Unternehmen musste also von langer Hand vorbereitet, die Intrige mit äußerster Vorsicht eingefädelt werden. Vor allem kam es darauf an, sich in der Nähe des Königs festzusetzen. Doch der Weg zum Thron führte über Sulkowski – und der besaß die Macht, ihn nach Belieben zu sperren oder freizugeben. In dieser verzwickten Situation erinnerte sich Brühl des altbewährten Grundsatzes: Mit einem Gegner, den man noch nicht vernichten kann, muss man sich verbünden!

August III. (Gemälde von Pietro Antonio Rotari)

Der Thüringer spielte seine Rolle als uneigennütziger Freund so gut, dass er nicht nur den Polen, sondern auch alle anderen täuschte. Nie entschlüpfte ihm ein Wort, das zu Misstrauen hätte Anlass geben können. Im Gegenteil, der König hörte von ihm nur, dass der Günstling ein Muster aller Tugenden war. Wenn es Pfründen zu verteilen galt, schanzte der Verschlagene dem Rivalen die fettesten Bissen zu – Ämter, die viel Geld einbrachten, aber kaum Arbeit erforderten. Er selbst nahm mit den weniger einträglichen Posten vorlieb. Auch in den Bereichen der Politik ordnete sich Brühl unter – meist mit der für die Öffentlichkeit bestimmten Erklärung, dass er sich der besseren Einsicht des Älteren gebeugt habe. Sogar Leute, die sonst das Gras wachsen hörten, ließen sich irreführen. Karl Ludwig von Pöllnitz, der schriftstellernde Abenteurer, der sich stets den Anschein gab, als sei er in alle Geheimnisse der Höfe eingeweiht, schrieb 1736: »Diese beiden Herren kennen weder Eifersucht noch Neid; sie entscheiden alle Angelegenheiten gemeinsam.«

Im Gegensatz zu Sulkowski, über dessen Arroganz sich nicht nur seine Untergebenen beklagten, verstand es Brühl meisterhaft, Freunde zu gewinnen. Nach der Meinung derer, die ihn gut kannten, war es ein Vergnügen, mit ihm zusammenzuarbeiten: Verdienste wurden großzügig belohnt, Versäumnisse nur milde getadelt. Auch die Widersacher des Ministers räumten ein, dass er die Leute, denen er begegnete, zu bezaubern verstand: »Ich hörte nichts als ganz ergebenste und ganz gehorsamste Diener; ich hätte vollkommen über ihn zu befehlen: dieses war sein eigener und oft wiederholter Ausdruck; nichts wäre ihm so schätzbar wie die Gelegenheit, mir zu dienen und mir seine Achtung zu bezeugen.« Die meisten anderen hohen Herren benahmen sich weniger höflich.

Die Erfahrungen, die Brühl als Leiter des Schwarzen Kabinetts gesammelt hatte, kamen ihm nun zugute: Der Minister besaß einen sicheren Blick für Leute, mit deren Moral es nicht zum Besten bestellt war. Fast alle Personen, denen er seine Gunst schenkte, gehörten zu jenen charakterlich defekten Typen, deren einziges Lebensziel darin bestand, möglichst rasch reich zu werden. Behutsam schob er ihnen profitable Ämter zu – unter der stillschweigenden Voraussetzung, dass sie ihre Dankesschuld mit Zuträgerdiensten beglichen. Jeder Schritt Sulkowskis wurde überwacht, jede Respektlosigkeit, die er sich zuschulden kommen ließ, Brühl mitgeteilt. Der Pole machte es seinem Widersacher leicht: Er fühlte sich so sicher, dass er nicht einmal die nächsten Angehörigen des Königs mit seinen Überheblichkeiten verschonte. Der Minister sorgte dafür, dass die boshaften Bonmots, die er auf die schwergewichtige Königin und den verkrüppelten Kurprinzen prägte, an die richtige Adresse gelangten.

Die Königin Maria Josepha hielt Brühl für einen Ehrenmann. Zwar störte die fromme Katholikin, dass der so liebenswürdige Herr ein protestantischer Ketzer war, aber nachdem der Minister 1734 eine ihrer Hofdamen, die Gräfin Maria Anna von Kolowrat, geheiratet und dabei das Versprechen abgelegt hatte, seine Kinder katholisch erziehen zu lassen, sah sie über diesen Makel hinweg. Brühl erfüllte der hohen Frau jeden Wunsch und gab ihr dabei zu verstehen, wie sehr er es bedaure, dass der König in allen wichtigen Dingen dem Rat seines Günstlings und nicht den viel klügeren Vorschlägen seiner Gemahlin folgte. Maria Josepha kam allmählich zu der Überzeugung, dass sie sich auf den thüringischen Edelmann verlassen konnte. Ihr Beichtvater bestärkte sie in dieser Meinung: Sulkowski war so unvorsichtig gewesen, auch über die alleinseligmachende Kirche Witze zu reißen. Und dergleichen verzieh Pater Guarini nicht …

Der König war noch leichter zu lenken als die Königin. August III. hielt es für weit unter seiner Würde, sich mit etwas so Profanem wie dem Studium von Akten und

Königin Maria Josepha (Gemälde von Rosalba Carriera, 1720)

Statistiken zu beschäftigen. Wer versuchte, mit ihm über die Angelegenheiten des Landes zu sprechen, musste erleben, dass er nach einer halben Stunde zu gähnen begann. Warum behelligte man ihn mit Problemen, die ihn langweilten? Was gingen ihn, den Souverän von Gottes Gnaden, Steuern, Zölle, Ausfuhrquoten und Importlizenzen an? Und wie sich die Herren gebärdeten, wenn er einmal ein bisschen Geld für seine kleinen Liebhabereien verlangte! Fast könnte man glauben, der Staat stünde vor dem Ruin. Dabei zählte Sachsen zu den wohlhabendsten Fürstentümern des Heiligen Römischen Reiches. Wie unwürdig war es doch für einen König, um einige lumpige zehntausend Taler für seine Jagd, seine Oper und seine Gemäldegalerie feilschen zu müssen!

Brühl machte nie den Fehler, August mit Problemen zu belästigen. Er brauchte nicht mehr als fünf Minuten für seinen Vortrag und benutzte den Rest der Zeit, um dem König den neuesten europäischen Hofklatsch zu erzählen – Skandalgeschichten, die er eigens zu diesem Zweck bestellten Journalen aus Paris und Hamburg entnahm. Auch in Gelddingen war er viel entgegenkommender als andere Minister. Nie verdarb er Seiner Majestät die Stimmung, indem er zum Beispiel darauf hinwies, dass die Armee seit mehreren Monaten keinen Sold erhalten hatte. Wenn in den Kassen Ebbe herrschte – Brühl, dieser Schlaukopf, fand immer einen Weg, die Wünsche des Königs zu erfüllen. Wahrlich, der Mann verdiente, dass man ihm Vertrauen schenkte. Graf Wackerbarth-Salmour, einer der wenigen Ehrlichen im Geheimen Conseil, merkte als Erster, woher der Wind wehte, aber da er beide, den Polen wie den Thüringer, verabscheute, hielt er sich heraus. Sulkowski ahnte noch immer nichts.

Fast ist es bewunderungswürdig, wie elegant Brühl den Rivalen hereinlegte. Sulkowski, der seine Fähigkeiten maßlos überschätzte, glaubte sich zum Feldherrn berufen und lag dem König seit Jahren in den Ohren, ihm ein größeres Kommando anzuvertrauen. Damals, 1737, kämpfte ein achttausend Mann starkes sächsisches Hilfskorps an der Seite der Österreicher gegen die Türken – ein verlorener Haufen, mangelhaft ausgerüstet, miserabel verpflegt und so schlecht geführt, dass er den Verbündeten wenig Nutzen brachte. Brühl redete dem Monarchen ein, dass nur ein so erfahrener Militär wie Sulkowski hier Wandel schaffen könne. August stimmte zu: Er beförderte seinen Liebling zum General und übertrug ihm den Oberbefehl über alle sächsischen Einheiten, die an der Balkanfront fochten. Der Pole reiste hochbeglückt ab. Er war fest davon überzeugt, dass er binnen Jahresfrist ruhmbedeckt heimkehren würde.

Brühls Rechnung ging auf: Statt der versprochenen Siegesmeldungen trafen Jammerbriefe in Dresden ein. Der Krieg sah anders aus, als es sich der militärische Dilettant vorgestellt hatte: Die Kommandeure verweigerten den Gehorsam, die Soldaten liefen bei jeder Gelegenheit davon, der Nachschub blieb stecken, Typhus und Malaria rafften Tausende hinweg. Das Kavallerieregiment Chevalier de Saxe verlor sämtliche Offiziere, das Infanterieregiment Rochau die Hälfte seines Bestandes. Sulkowski wusste sich keinen Rat mehr. Verzweifelt schrieb er seinem vermeintlichen Freund Brühl am 1. September 1737: »Wenn ich es wagen darf, die Wahrheit zu sagen, so glaube ich, dass die Hälfte der Armee daniederliegt, und wenn es so weitergeht, dieses Jahr nicht mehr aktionsfähig wird.«

Die Regimentskommandeure, von Sulkowski des Unvermögens und der Widerspenstigkeit beschuldigt, rächten sich, indem sie den Oberbefehlshaber übler Machenschaften bezichtigten. Sie behaupteten, er habe im Hinterland der Front Lebensmittel billig aufgekauft und sie dann zum doppelten Preis an die Intendanz des sächsischen Korps weiterveräußert. Ob diese Anklage der Wahrheit entsprach oder ob sie nur zu den im höfischen Intrigenspiel üblichen Verleumdungen gehörte, ist nie geklärt worden. Auf alle Fälle trug sie viel dazu bei, dass die Liebe des Königs allmählich erkaltete.

Maria Josepha, von Brühl heimlich ermuntert, nutzte die Gunst der Stunde. Sie bestürmte ihren Gemahl, seine Gnade nicht länger an einen Unwürdigen zu verschwenden. Auch Pater Guarini schaltete sich ein: Er gab dem König zu verstehen, dass die Kirche seine freundschaftlichen Beziehungen zu einem so berüchtigten Freigeist wie Sulkowski schon seit langem mit Misstrauen beobachte; es sei höchste Zeit, dieses Verhältnis zu beenden und den gottlosen Spötter in seine Schranken zu weisen. Als der Pole im Oktober 1737 nach Dresden zurückkehrte, fand er eine völlig veränderte Situation vor: Die Hofschranzen mieden ihn, und der König begegnete ihm frostig.

Vielleicht wäre alles im Sande verlaufen, wenn Sulkowski, der sich noch immer ungefährdet wähnte, nicht den Fehler begangen hätte, seinen Herrn in wenig ehrerbietiger Form zur Rede zu stellen. August fühlte sich durch dieses respektwidrige Benehmen in seiner Würde gekränkt und befahl am 5. Februar 1738, den Polen aller Ämter zu entheben. Der gestürzte Günstling musste Dresden sofort verlassen. Er zog sich, mit Beute reich beladen, auf seine Güter zurück. Man bezifferte das Vermögen, das er in den fünf Jahren von 1733 bis 1738 zusammengerafft hatte, auf etwa zwei Millionen Taler.

Graf Wackerbarth-Salmour, der im Geheimen Conseil für die auswärtigen Angelegenheiten verantwortlich war, sah ein, dass er auf verlorenem Posten stand, und nahm im Mai 1738 seinen Abschied. Von nun an gab es niemanden mehr, der die Kreise des Ministers störte. Maria Josepha, die gehofft hatte, nun endlich auch ein Wort mitreden zu dürfen, wurde ebenso beiseite geschoben wie alle anderen, denen der neue Günstling aus irgendwelchen Gründen misstraute. Brühl ließ allein solche Leute zum König vor, von denen er wusste, dass sie Gutes über ihn und seine Politik berichten würden. Beschwerdeführende Querköpfe und andere verdächtige Individuen fertigten die Sekretäre in den Kanzleien ab. Der besonders Hartnäckigen nahm sich die Geheimpolizei an. Die Absperrung war so perfekt organisiert, dass es selbst den Familienangehörigen des Monarchen nur selten gelang, sie zu durchbrechen.

August hielt Brühl für das Muster eines Staatsmanns. Endlich konnte er sich seinen Liebhabereien widmen, ohne von Querulanten gestört zu werden. Der Minister versicherte ihm, dass alles zum Besten stand, und die hohen Summen, die er ihm bereitwillig zur Verfügung stellte, bewiesen ja zur Genüge, dass er die Wahrheit sprach. Nie kam dem König der Gedanke, einmal selbst nach dem Rechten zu sehen, nie die Idee, eine genaue Abrechnung über Einnahmen und Ausgaben zu fordern. Der Reichtum des Landes schien unerschöpflich zu sein. Warum sollte er sich da die Mühe machen, einen Mann zu kontrollieren, dem er voll vertraute?

Es war schon schlimm genug, dass der Günstling die Steuereinkünfte des Staates nach seinem Gutdünken verwendete und so das leidlich geordnete Finanzsystem in wenigen Jahren völlig durcheinanderbrachte. Noch teurer kam Sachsen zu stehen, dass sich der Minister für einen großen Politiker hielt. 1740 begann der Kampf um das Erbe des Habsburgers Karl VI., der ohne männlichen Nachkommen gestorben war. Friedrich II. von Preußen fiel in Schlesien ein und behauptete seine Eroberung in drei blutigen Schlachten. Auch Brühl hoffte, Beute machen zu können, und schloss sich der antihabsburgischen Koalition an. Die Rechnung ging nicht auf: Sachsen wurde von seinen Alliierten wie eine Macht dritten Ranges behandelt, deren

Wünsche man nicht zu berücksichtigen brauchte. Der Minister versuchte es nun auf andere Weise: 1745 wechselte er die Front und verbündete sich mit den Österreichern. Er hatte abermals falsch spekuliert: Nach der schweren Niederlage des sächsischen Heeres bei Kesselsdorf zog Friedrich II. am 17. Dezember 1745 als Sieger in Dresden ein. Zwar kam das Kurfürstentum ohne Gebietsabtretungen davon, aber es musste dem Preußenkönig eine Kriegsentschädigung von einer Million Taler zahlen.

Jeder andere Staatsmann hätte nach solchen Misserfolgen seinen Abschied erhalten. Brühl saß jedoch bereits so fest im Sattel, dass er dergleichen nicht zu fürchten brauchte. Im Gegenteil, der König verlieh ihm wegen der bewiesenen »fürtrefflichen Qualitäten, guten Erfahrung und ausnehmenden Geschicklichkeit« den Titel eines Premierministers – »mit Bestimmung des Ranges über alle anderen Chargen in Unserem Churfürstenthum Sachsen«, wie es in der am 8. Dezember 1746 ausgefertigten Bestallungsurkunde heißt. Der Günstling war dem Monarchen unentbehrlich geworden. August gab Unsummen aus – allein die Gemäldesammlung des Herzogs von Modena, die er 1745 erwarb, kostete 100 000 venezianische Zechinen, also ungefähr 300 000 Taler –, und Brühl kannte keine Skrupel: Er schaffte die benötigten Gelder in kürzester Frist herbei.

Schon 1748 zeichnete sich ab, dass Sachsen vor einer finanziellen Katastrophe stand. Die Schulden des Staates wuchsen, statt sich zu vermindern, und die von dem Premierminister zur Deckung der laufenden Ausgaben bereitgestellten Summen reichten nicht einmal mehr aus, um die Zinsen zu bezahlen. Unter August dem Starken hatten sächsische Schuldverschreibungen als relativ sichere Kapitalanlage gegolten: Nun sanken sie auf ein Drittel ihres Nennwerts, und alle Bankiers und Geldverleiher wiesen sie zurück. Brühl war in eine fast ausweglose Situation geraten.

Die Brühlsche Belvedere in Dresden
(Ausschnitt eines Gemäldes von Bernardo Bellotto, 1752/53)

Wenn er die Krise meistern, also die Kreditwürdigkeit des Staates wiederherstellen wollte, musste er den König zu äußerster Sparsamkeit überreden. Aber konnte er dies tun, ohne seine Stellung zu gefährden? Würde ihn August noch für einen Staatsmann halten, wenn er zu ihm wie ein besorgter Buchhalter von Soll und Haben sprach? Er musste eine Möglichkeit finden, der Finanznot Herr zu werden, ohne den Monarchen mit unangenehmen Forderungen zu behelligen.

Der Premierminister beschloss, die privaten Kassen zu plündern. Er vergriff sich am Eigentum derer, die sich nicht wehren konnten. Das kursächsische Recht wies der Justiz die Aufgabe zu, das Vermögen der Witwen und Waisen treuhänderisch zu verwalten. Noch nie hatte es jemand gewagt, diese Gelder anzutasten. Sogar August der Starke, dem das Wasser in den schweren Jahren des Nordischen Krieges oft bis zum Hals stand, war davor zurückgeschreckt. Brühl hingegen ordnete an, die von den Gerichten verwalteten Vermögenswerte zwangsweise in Schuldverschreibungen umzutauschen – zum Nennwert, nicht zum wirklichen Kurs. Die Betroffenen, ein paar tausend an der Zahl, verloren auf einen Schlag zwei Drittel ihres Besitzes. Ein Schrei der Empörung ging durch das Land, aber alle Versuche, den König über die kriminellen Machenschaften des Premierministers aufzuklären, blieben vergeblich. Der Thüringer sonnte sich nach wie vor in der Gunst seines Herrn.

Nach dem Vermögen der Witwen und Waisen kamen die bei den Gerichten hinterlegten Wertsachen und Wertpapiere an die Reihe. Sie gehörten meist Gewerbetreibenden und dienten dem Zweck, aufgenommene Kredite abzusichern. Der Gläubiger konnte sich an ihnen schadlos halten, wenn der Schuldner in Zahlungsschwierigkeiten geriet. Brühl befahl, diese Depositen an die Staatskassen abzuliefern und sie durch Schuldverschreibungen zu ersetzen. Die

Folge war, dass viele sächsische Unternehmen ihre Kreditwürdigkeit verloren. Besonders hart wurden die Manufakturen getroffen: Sie benötigten in der Regel mehr Kapital, als ihre Besitzer aus eigenen Mitteln aufzubringen vermochten. Früher, zur Zeit Augusts des Starken, hatte der Staat die benötigten Gelder vorgestreckt. Jetzt fertigte man die vom Bankrott Bedrohten mit dem Hinweis ab, dass die öffentlichen Kassen leer seien. Die Firmenzusammenbrüche häuften sich.

Der Premierminister plante, sich auch des beträchtlichen Vermögens der evangelischen Kirche zu bemächtigen. Wenn dieser Coup gelang, war er auf Jahre hinaus aller Geldsorgen ledig. Aber in diesem Fall hatte er die Rechnung ohne den Wirt gemacht: Salomo Deyling, Professor der Theologie und Pastor an der Nikolaikirche zu Leipzig, drohte ihm von der Kanzel herab, er werde die Gläubigen aufrufen, sich dem Zwangsumtausch mit allen Mitteln zu widersetzen. Brühl ließ es nicht darauf ankommen. Er wusste, seine Feinde warteten nur darauf, dass irgendjemand den Anfang machte. Die rebellischen Geistlichen würden überall im Land Verbündete finden, auch unter denen, die sich im Augenblick noch scheuten, ihn offen krimineller Handlungen anzuklagen. Nein, das Risiko war zu groß ...

Um den Ausfall wettzumachen, verfügte der Premierminister, die seit langem rückständigen Gehälter der Beamten und Offiziere in Schuldverschreibungen zu begleichen. Und als auch dies nichts half, zog er die Steuerschraube noch fester an – mit dem Erfolg, dass Tausende verarmten und die Zahl der Bettler und der Diebe sprunghaft zunahm.

Schließlich ging Brühl dazu über, staatliche Hoheitsrechte zu verschleudern. Das Kurfürstentum Hannover borgte Sachsen zweieinhalb Millionen Taler, aber nur unter der Bedingung, dass die Steuereinkünfte der drei Ämter

Mansfeld, Sangerhausen und Henneberg bis zur Tilgung der Schuld in die hannoverschen statt in die sächsischen Kassen flossen. Die Akzise, also jene Verbrauchssteuer, welche alle ein- oder ausgeführten Lebensmittel, Rohstoffe, Manufakturwaren und Handwerkserzeugnisse belastete, wurde an die Meistbietenden verpachtet, gewöhnlich für einen Zeitraum von fünf bis sieben Jahren. Die Spekulanten kamen dabei auf ihre Kosten, sie brachten die Pachtsummen wieder herein, indem sie die Abgaben willkürlich erhöhten, aber die Produktion ging zurück, unzählige Gesellen und Tagelöhner verloren ihr Brot, Handel und Wandel stockten. Trotz aller Erpressungen und Gaunereien vergrößerte sich das Defizit. Es betrug 1749 etwa dreißig Millionen Taler. Einige Finanzfachleute schlugen vor, die königlichen Domänen mit Hypotheken zu belasten und die so gewonnene Summe zur Tilgung der Schulden zu verwenden. August drohte den Respektlosen mit seiner Ungnade. Brühl griff die letzte Finanzreserve des Landes an: Er verringerte die Armee, deren Stärke 1745 noch 32 000 Mann betragen hatte, auf 17 000 Mann – zu viel für eine Wachparade, zu wenig für einen Krieg, wie die Preußen spotteten. Aber auch das der Armee entzogene Geld, ungefähr 750 000 Taler im Jahr, schwand rasch dahin. Der König verlangte nach wie vor Unsummen für seine Liebhabereien, vor allem für den Ankauf von Gemälden, und was nach diesen finanziellen Exzessen noch übrig blieb, eignete sich der Premierminister an.

Das Land wurde immer ärmer, Brühl immer reicher. 1740 erwarb er die Standesherrschaft Pförten. Sie kostete ihn 160 000 Taler. 1741 kaufte er die angrenzenden Güter Jehser, Datten und Zauchel, 1742 das Gut Kohlo, 1744 Nischwitz, Lindenau und Oberlichtenau. 1746 zahlte er 80 000 Taler für die Herrschaft Forst, die er mit Pförten vereinigte. Im selben Jahr schenkte ihm der König Ganglaffsömmern, also jenes thüringische Familiengut, welches sein Vater, der Herr

Oberhofmarschall, schuldenhalber hatte veräußern müssen. 1747 brachte er Seifersdorf und Großmannsdorf an sich, Anfang der fünfziger Jahre das Rittergut Bollensdorf, das er später testamentarisch seinem Helfer Karl Heinrich von Heineken vermachte. Man schätzt, dass die Gesamtfläche der im Kurfürstentum Sachsen gelegenen Brühlschen Güter etwa 30 000 Hektar betrug.

Auch in Polen baute der Premierminister seinen Herrschaftsbereich systematisch aus. Doch zunächst musste er ein Hindernis überwinden: Die polnischen Gesetze verboten Ausländern, Grund und Boden zu erwerben oder Einkünfte aus öffentlichen Ämtern zu beziehen. Brühl löste dieses Problem, indem er einen Stammbaum fälschen ließ, aus dem hervorging, dass seine Familie von einem vor dreihundert Jahren in der Wojewodschaft Poznań ansässigen Grafen Ocieszyna Brylowie abstammte, also polnischer Herkunft war. Niemand glaubte an den geheimnisvollen Ahnherrn, aber da die Fürsten Czartoryski, die man sich besser nicht zu Feinden machte, bei allen Heiligen schworen, dieser Brylowie sei einst ihr Vasall gewesen, blieb der freche Betrug unbestraft. Der Günstling hatte nun auch hier freie Hand.

Zentrum des Brühlschen Grundbesitzes in Polen war die zwischen Płock und Kutno gelegene, etwa 12000 Hektar große Herrschaft Sierakow, die er 1749 für zwei Millionen Gulden von der Magnatenfamilie Opalinski erwarb. Schon vorher hatte der Premierminister die Güterkomplexe Wielka Wola, Lomianki und Wegrów an sich gebracht. Lomianki gehörte der Krone, so dass er hier nur einen Freundschaftspreis von 56 000 Gulden zu bezahlen brauchte. Wie viele Gulden er für Wielka Wola und Wegrów auf den Tisch legte, darüber finden sich keine Angaben. Wahrscheinlich ließen ihn die Szytkowski und Potocki kräftig zur Ader. Den fettesten Bissen erhielt Brühl umsonst: 1757 schenkte ihm

Das Brühlsche Palais von der Gartenseite, 1880

der König die Einkünfte der von Ungarn an Polen verpfändeten slowakischen Starostei Zips, alles in allem 22 000 Dukaten im Jahr. Hinzu kamen noch die Summen, die er aus den käuflich erworbenen Starosteien Warschau, Bydgoszcz, Palanga und Kaprnos zog.

Nein, der Premierminister war nicht auf die 37 000 Taler angewiesen, die ihm der König als Jahresgehalt zahlte. Seine Pfründen und Güter trugen ihm mindestens das Doppelte ein, so dass er im Jahr auf etwa 120 000 Taler kam. Trotzdem gab er beträchtlich mehr aus, als er einnahm. Über die Höhe der Summe wurde in Sachsen und Polen viel gestritten, aber dass der Günstling das vorhandene Defizit deckte, indem er in die öffentlichen Kassen griff – daran bestand schon damals nicht der geringste Zweifel. Woher sollte das Geld, das er für seine Schlösser, seine Sammlungen und seine Hofhaltung verschwendete, sonst kommen? Allein die Prunkbauten an jener alten Dresdner Befestigungsanlage, welche noch heute Brühlsche Terrasse heißt, verschlangen

Beträge, die nach Meinung der Zeitgenossen zur Tilgung der drückendsten Staatsschulden ausgereicht hätten.

Das Brühlsche Palais, das den Raum zwischen der Auguststraße und der Terrasse ausfüllte, wurde 1899 abgerissen und durch das Landtagsgebäude ersetzt. Dort, wo einst die Bibliothek stand, befindet sich heute die Sekundogenitur. Die Bildergalerie musste schon 1890 der Akademie der Künste weichen. So erinnern nur noch der Delphinbrunnen in der Grünanlage vor dem Albertinum und das formschöne schmiedeeiserne Geländer, das allein 20 000 Taler gekostet haben soll, an die Zeit des Premierministers. Wie viel hier tatsächlich verbaut worden war, ließ sich später nicht mehr ermitteln: Die Untersuchungskommission fahndete vergeblich nach Rechnungen oder Quittungen, und der von ihr befragte Vermögensverwalter Karl Heinrich von Heineken konnte sich zu seinem Leidwesen an nichts erinnern.

Der Günstling besaß Geschmack – das mussten ihm sogar jene zugestehen, welche seine kriminellen Methoden verurteilten. Er gab sich als Bauherr nie mit Durchschnittlichem zufrieden, sondern verlangte mit Nachdruck, dass die Meister für ihre reichlich bemessenen Honorare Werke von höchster Qualität lieferten. Mit dem hochbegabten Architekten Johann Christoph Knöffel, der für ihn unter anderem das Schloss in Nischwitz entwarf, verstand er sich besonders gut – was wohl nicht nur an dem Gleichklang der künstlerischen Anschauungen, sondern auch an einer gewissen Übereinstimmung der Charaktere lag. Knöffel, ehrgeizig und skrupellos, brachte jeden zu Fall, der sich seiner Karriere in den Weg stellte, wenn nötig, mit Hilfe schmutziger Tricks und Leute, die um jeden Preis nach oben wollten, fand Brühl von vornherein sympathisch. Dem Italiener Gaetano Chiaveri, Erbauer der Katholischen Hofkirche zu Dresden, gelang es nie, die Gunst des Premierministers zu erobern: Er war im Unterschied zu Knöffel ein ehrlicher Mann, kein Intrigant.

Schloss Nischwitz

Auch als Sammler versuchte sich der Günstling einen Namen zu machen. Obwohl er nach dem Zeugnis derer, die zu seinen Vertrauten gehörten, nur selten ein Buch in die Hand nahm, hatte die Bibliothek auf der Brühlschen Terrasse einen Bestand von etwa 62 000 Bänden. Die benachbarte Bildergalerie beherbergte ungefähr 700 Gemälde, vorwiegend Italiener und Niederländer. Der Premierminister war allerdings so vorsichtig, nur solche Werke zu erwerben, von denen er wusste, dass sie nicht den Neid des Königs erregen würden. Wenn die rührigen sächsischen Agenten irgendwo in Europa einen Raffael, einen Tizian oder einen Correggio auftrieben, dann hieß es: Finger weg! Seine Majestät wollte hier unbedingt der Erste sein – und nur ein Narr würde um einer bemalten Leinwand willen seine Stellung aufs Spiel setzen ...

Die Meißner Porzellanmanufaktur erlebte damals ihre Blütezeit. Der Minister war ihr bester Kunde – nicht zur Freude des kaufmännischen Leiters, der Kunden dieser Art lieber gehen als kommen sah. Schon 1737 hatte August III. verfügt, dass alles Porzellan, welches Brühl »zeither empfangen oder annoch erhalten wird, demselben aus besonderen Gnaden ohne einiges Entgelt völlig überlassen und geschenkt« werden solle. Der Günstling legte diesen Freibrief, der ihn nur zu Entnahmen aus der laufenden Produktion berechtigte, großzügig aus: Noch im selben Jahr gab er das sogenannte Schwanenservice in Auftrag, ein aus etwa 2200 Tassen, Tellern, Kannen, Dosen, Schalen, Terrinen und Tafelaufsätzen bestehendes Prunkgeschirr, dessen Herstellung die besten Modelleure der Manufaktur, Johann Joachim Kaendler und Johann Friedrich Eberlein, fast fünf Jahre lang beschäftigte. Teile dieses Services befinden sich in der Dresdner Porzellansammlung. Andere Aufträge, darunter solche, die hohen Gewinn versprachen, mussten warten, bis die Meister wieder verfügbar waren.

In einigen Fällen nahm die Lust am Erwerb schöner Dinge groteske Züge an. Die Nachlassverwalter fanden 1763 in dem Brühlschen Palais an der Auguststraße folgende Kleidungsstücke vor: 198 bestickte, 120 damastene, 60 mit Brillanten besetzte, 40 seidene, 34 samtene und 24 schwarze Anzüge, dazu 30 Hüte, 140 Hutfedern, 47 Pelze, 17 Muffs, 200 Paar Schuhe, 800 Schlafröcke und 1500 Perücken. Der Minister hinterließ ferner über 100 Uhren, 950 Tabaksdosen, etwa 80 Degen und Hirschfänger, 600 Gewehre, 29 Kutschen, 300 Pferde, 87 Ringe, 67 Riechfläschchen, 29 Spazierstöcke, 55 Etuis, 30 Notiztafeln, 240 Flaschen Parfüm und für ungefähr 200 Taler Schnupftabak. Das 18. Jahrhundert war eine sehr modebewusste Zeit, aber so toll wie Brühl hatte es bisher noch niemand getrieben.

Auch die Hofhaltung des Premierministers verschlang Unsummen. Der Thüringer lebte königlicher als der König, ohne dass Seine Majestät daran Anstoß nahm. Ein Zeitgenosse, der Gelegenheit hatte, das Treiben aus der Nähe zu beobachten, übermittelte der Nachwelt folgende Schilderung: »Als ich in den Jahren 1744 bis 1747 in Dresden war, so wurde die Brühlsche Tafel niemals geringer als mit dreißig

Schüsseln besetzt, und das mit einer solchen Profusion (Überfluss) und Verschwendung, daß die Bedienten, wie sie wollten, Essen aus dem Hause schleppen konnten. Ein klein Tractament (Bewirtung) mußte wenigstens aus fünfzig Schüsseln bestehen und ein großes wohl aus achtzig und hundert. Ich habe nach der Zeit königliche Höfe gesehen, wo die königliche Tafel ordentlich und gewöhnlichermaßen nur mit zwölf Speisen besetzt worden ist und bei Tractamenten mit vierundzwanzig bis dreißig. Zu eben der Zeit bestanden die Brühlschen Bedienten wenigstens aus zweihundert Personen. Darunter waren zwölf Kammerdiener, zwölf Pagen, alle möglichen Hausoffiziers von Stallmeistern, Bereitern, Haushofmeistern, Küch- und Kellerschreibern, wie sie nur an den größten Höfen befindlich sein können. Die Küche bestand aus vier Mundköchen, zwölf anderen Köchen und so viel Küchjungen und Beiläufern, daß sie über dreißig Personen hinaufstieg. Die Kellerei und Conditorei war fast eben so stark, und man versicherte mich, daß mehr als hundert Bediente in Livree vorhanden wären.«

Während der Premierminister die Kassen plünderte und der König in Hubertusburg Hirsche jagte, taumelte das Land einer Katastrophe entgegen. Brühl hatte sich in den Kopf gesetzt, den Preußen die schwere Niederlage von 1745 heimzuzahlen. Ihm war bekannt, dass die Österreicher ebenfalls auf Revanche sannen, und die Wiener Diplomaten ließen ihn wissen, dass sich Russland und vielleicht auch Frankreich an der geplanten Aktion beteiligen würden. Eine ähnlich günstige Gelegenheit kam so rasch nicht wieder! Immerhin, die Verbündeten waren weit, die Preußen sehr nah. Brühl wollte sichergehen: Er plante, sich der Koalition erst anzuschließen, nachdem ihre Heere die preußischen Grenzen überschritten und einige Erfolge errungen hatten. Wien und St. Petersburg erklärten sich einverstanden. Alles hing nun von der Geheimhaltung des Plans ab.

Aber der sächsische Staat war verrottet – und so auch seine Spionageabwehr. Die Preußen hatten in Dresden ein gut funktionierendes Nachrichtennetz aufgebaut, und einer ihrer Spitzenagenten, der Kanzlist Friedrich Wilhelm Menzel, arbeitete dort, wo die Fäden der Brühlschen Politik zusammenliefen. Niemand bemerkte, dass sich Menzel nachts in die Dokumentenkammer des Geheimen Conseils schlich und von allen wichtigen Depeschen Abschriften anfertigte, die er dann in einem Versteck hinterlegte. Von dort holte sie ein anderer Agent ab und brachte sie zur preußischen Gesandtschaft. Seit 1753 wusste Friedrich II. Bescheid. Und da er es für selbstmörderisch hielt, den Angriff der weit überlegenen Koalition abzuwarten, schlug er im Spätsommer 1756 zu.

Der preußische Überfall offenbarte das ganze Ausmaß der Zerrüttung. Obwohl der Premierminister seit langem wusste, dass ein Krieg vor der Tür stand, hatte er nichts getan, um das Land auf diese Auseinandersetzung vorzubereiten. Die Kassen waren leer, so dass nicht einmal die kleine Armee mit dem Notwendigsten ausgestattet werden konnte. Die seit Jahrzehnten vernachlässigten Festungen befanden sich in einem miserablen Zustand; die Preußen nahmen sie sozusagen im Vorübergehen. Unter den höheren Offizieren gab es viele, denen jede militärische Erfahrung fehlte: Sie scheuten das kleinste Risiko und dachten mehr an die Rettung ihrer Haut als an das Schicksal der ihnen anvertrauten Soldaten. Der gemeine Mann tat seine Pflicht, er schlug sich mit dem Mut der Verzweiflung. Die Unbeugsamkeit der im Lager von Pirna eingeschlossenen sächsischen Regimenter nötigte selbst dem großen Friedrich Respekt ab. Aber ihre Tapferkeit war vergebens, das Verhängnis nahm seinen Lauf.

Der König und sein Premierminister hatten sich beim Nahen der Preußen auf den Königstein geflüchtet. Die mehr auf ihre Würde bedachte Königin hielt es für feige, vor dem frechen Räuber davonzulaufen, und blieb in Dresden zurück. Vielleicht hoffte Brühl, sich noch aus der Schlinge herauswinden zu können, aber Friedrich, der die Verschlagenheit des Günstlings kannte, war unerbittlich: Er bestand darauf, dass die von allen Seiten Umzingelten bedingungslos kapitulierten. Erst danach würde er unter Umständen mit sich reden lassen.

Am 16. Oktober streckte die halbverhungerte sächsische Armee die Waffen. Zwei Tage später reiste der König mit seinem Gefolge nach Warschau ab. Eine preußische Ehrenwache gab ihm das Geleit. Nicht einmal der Premierminister hatte Veranlassung, sich über die Sieger zu beschweren: Sie behandelten ihn ebenso höflich wie alle anderen Herren, die zum Hofstaat Augusts III. gehörten.

In Warschau nahm Brühl sein gewohntes Leben wieder auf. Was kümmerte ihn das Land, das er ruiniert hatte! In den vielen Briefen, die er an seinen in Sachsen gebliebenen Vertrauten Karl Heinrich von Heineken richtete, findet man nicht ein einziges Wort des Mitgefühls oder wenigstens des Bedauerns. Sein Blut geriet nur in Wallung, wenn er selbst Verluste erlitt – so 1758, als preußische Husaren Schloss Pförten niederbrannten und ein Freibataillon Schloss Nischwitz verwüstete, oder 1760, als der Oberbefehlshaber der verbündeten Österreicher, Leopold von Daun, zwei in der Brühlschen Standesherrschaft Forst gelegene Neißebrücken abbrechen ließ, um den Vormarsch der Preußen aufzuhalten. Der Günstling protestierte gegen diese Verletzung seiner Eigentumsrechte. Daun legte die Beschwerde kopfschüttelnd beiseite, aber seine Offiziere merkten sich das Verhalten dieses seltsamen Alliierten. Wenige Wochen später registrierte Brühl voller Empörung, »dass die mehresten Oestreich. Officiers ebenso von des H. Premier Ministre Excell. reden und auf dessen Güter erpicht sind, als wie die Preußen«. In der Tat, von nun an nahmen auch die Österreicher keine

Rücksicht mehr. 1761 raubten sie zum Beispiel das bis dahin verschonte Schloss Oberlichtenau aus.

Der Premierminister wartete mit Sehnsucht auf den Tag, an dem er nach Sachsen zurückkehren konnte. In Warschau flossen die Gelder bei weitem nicht so reichlich wie in Dresden. Die polnischen Magnaten sahen es gar nicht gern, wenn ihnen jemand das Privileg, die Staatskassen zu plündern, streitig machte, und die Summen, welche die polnischen Güter abwarfen, langten nicht einmal zur Deckung der laufenden Ausgaben. Es war dringend notwendig, die versiegten Quellen erneut zum Sprudeln zu bringen. Die sächsischen Steuereinkünfte hatte Friedrich II. für die Dauer des Krieges mit Beschlag belegt. Da gab es vorläufig nichts zu holen. Aber wie stand es mit den Feudalleistungen der bäuerlichen Untertanen? Hier ließen die preußischen Junker ihren sächsischen Vettern freie Hand. Heineken erhielt die Anweisung, die rückständigen Erbzinsen, Lehne, Geschosse, Kamingelder und Brautschillinge ohne Erbarmen einzutreiben. Mit der Geduld der Bauern war es vorbei: Die Preußen holten ihnen die Kühe aus dem Stall, die Österreicher räumten die Scheuern leer, und nun wollte ihnen der gnädige Herr Graf noch die letzten Groschen wegnehmen! Fast alle verweigerten die Zahlung. In der Herrschaft Pförten rotteten sich Hunderte zusammen, so dass die Brühlschen Gutsverwalter für ihr Leben fürchteten und die staatlichen Behörden um Schutz baten. Der Premierminister beschloss, ein Exempel zu statuieren. Am 7. April 1761 erging der Befehl, dass die »Unterthanen Tütschke und Jancke als Aufwiegler zum Beispiel für andere dergleichen Renitenten in das Zuchthaus zu Waldheim als Züchtlinge angenommen und allda bis auf Ihre Königl. Maj. weitere Verordnung beybehalten werden sollen«.

Wie wenig sich Brühl um die Not im Land kümmerte, belegt auch die Tatsache, dass er im Frühjahr 1761 von

Warschau aus anordnete, sofort mit der Wiederherstellung seiner zerstörten oder verwüsteten Schlösser in Pförten und Dresden zu beginnen. Ein Bau lag ihm dabei besonders am Herzen: das von Knöffel entworfene Belvedere auf der Dresdner Jungfernbastei, das 1759 auf Befehl Friedrichs gesprengt worden war. Die Gräfin, klüger als ihr Mann, erschrak, als sie von diesem Plan erfuhr: »Wenn wir an diesem Pavillon arbeiten, so wird dies, fürchte ich, bewirken, dass das ganze Land ein Geschrei erhebt und dass bei dieser Gelegenheit tausend böse Reden laut werden und den Hass unserer Feinde nur noch mehr auf uns lenken ... Was man im Innern eines Hauses macht, das springt nicht so in die Augen, aber ein Bauwerk, das so der öffentlichen Kritik ausgesetzt ist, zieht mehr Aufmerksamkeit auf sich.« Sie erreichte mit ihrer Kritik das Gegenteil des Erhofften: Der Premierminister kratzte alles verfügbare Geld zusammen und spornte seinen lieben Heineken zu noch größerem Eifer an. Er begründete sein Drängen mit dem Satz: »Ich bin alt, und wenn ich mich noch an etwas erfreuen will, muss ich mich beeilen.«

Der am 15. Februar 1763 von den Bevollmächtigten Preußens, Österreichs und Sachsens unterzeichnete Friedensvertrag von Hubertusburg beendete das siebenjährige Gemetzel. August III. und sein Premierminister kehrten nach Dresden zurück. Die halbe Stadt lag in Trümmern, ihre Einwohnerzahl hatte sich um ein Drittel verringert. Tausende waren um ihr Hab und Gut gekommen, der Hungertyphus ging um, doch der Hof tat so, als sei der Krieg nur eine belanglose Episode gewesen, die man am besten rasch vergaß. Des Königs erste Sorge galt seiner Oper, nicht seinem geschundenen Land.

Nur eines beeinträchtigte das Wohlbefinden des Erlauchten: Die Fettleibigkeit machte ihm schwer zu schaffen. Auch Brühl sah nicht mehr so blühend wie früher, sondern krank

Heinrich von Brühl und August III. im Gespräch
(Adolph Menzel, 19. Jahrhundert)

und elend aus. Viele, sehr viele hofften, dass der Verhasste das Zeitliche segnen würde. Der zweitälteste Sohn Augusts III., Prinz Xaver, schrieb seiner Schwester am 8. Mai 1763: »Seine Exzellenz hat bei seiner Ankunft hier aller Welt durch den Zustand seiner Gesundheit eine allgemeine Freude verursacht ... Die Ärzte prophezeien nichts Gutes von seiner Krankheit; ich hoffe, daß Gott Mitleid mit ihm haben und ihn bald von seinem Leiden und uns von seiner schlechten Verwaltung befreien wird.«

Am 5. Oktober 1763 starb August III. Er hatte einer Opernprobe beigewohnt und sich dann zu Tisch gesetzt. Plötzlich sprang er auf, griff sich an die Brust, röchelte und brach zusammen. Die eilig herbeigerufenen Ärzte konnten nur noch seinen Tod feststellen.

Der neue Kurfürst Friedrich Christian gab dem Premierminister sofort zu verstehen, dass er im Unterschied zu seinem Vater nicht willens sei, sich die Zügel der Regierung aus der Hand nehmen zu lassen. Brühl begriff, dass er so rasch wie möglich den Rückzug antreten musste: Am 13. Oktober bat er um seinen Abschied. Vor Schlimmerem als dem Verlust seiner vielen Ämter glaubte sich der ehemalige Günstling geschützt, und es schien, als ob er recht behalten sollte: Der Kurfürst dankte ihm für seine treuen Dienste und bewilligte ihm sogar eine Pension von 36 000 Talern im Jahr. Ob der nun Dreiundsechzigjährige ahnte, dass er diesen letzten Gunstbeweis allein seiner tödlichen Krankheit verdankte? Die Lebensuhr des Heinrich von Brühl war abgelaufen: Zwei Wochen nach seiner Entlassung, am 28. Oktober 1763, verließ er die Welt. In Dresden ging das Gerücht um, er habe wenige Minuten vor seinem Tod noch ein Glas Tokaier getrunken. Drei Stunden später erschienen die Kommissare.

Die Sichtung der beschlagnahmten Papiere führte nicht zu den erwarteten Ergebnissen. Es erwies sich, dass der Premierminister alle Spuren seines Wirkens gründlich verwischt hatte. Statt detaillierter Belege fanden die Kommissare ungefähr ein halbes Dutzend Generalquittungen vor – Handschreiben des verstorbenen Königs, welche dem Günstling bescheinigten, dass seine Kassenführung sorgfältig geprüft und ohne Fehl gefunden worden sei. Alle waren sich darüber im Klaren, dass diese Gefälligkeitsatteste keinerlei Beweiskraft besaßen, aber durfte man sie darum einfach als unerheblich abtun? Wenn es zu einem Prozess wegen Veruntreuung kam, würden sich die Brühlschen Erben auf sie berufen und ihr Argument, August III. habe alles, was die Anklage dem Verblichenen nun vorwarf, gewusst und gebilligt, ließe sich nur schwer entkräften. Am Ende säße nicht allein der Schatten des Premierministers, sondern auch der seines Herrn und Meisters auf der Anklagebank – und wie stünde dann das Haus Wettin da, dessen Ansehen nach zwei verlorenen Kriegen ohnehin gesunken war? Schließlich gab es schon respektlose Intellektuelle, welche die absolute Monarchie und ihre Repräsentanten mit sehr kritischen Augen betrachteten. Die mit der Untersuchung beauftragten Geheimräte befanden sich in keiner beneidenswerten Lage: Der Hof verlangte von ihnen, dass sie den toten Brühl und seine lebenden Kreaturen krimineller Handlungen überführten, aber nur unter der Bedingung, dass der eigentliche Urheber des sächsischen Elends, der dicke Friedrich August, ungeschoren blieb.

Die Kommission kam nur langsam voran. Da die Generalquittungen keine Zahlenangaben enthielten, war es unmöglich, die veruntreute Summe exakt zu bestimmen. Immerhin gab es einige Anhaltspunkte, die wenigstens eine Wahrscheinlichkeitsrechnung erlaubten. Die Kommissare kannten den ungefähren Wert der Brühlschen Hinterlassenschaft und auch die mutmaßliche Höhe der von der Hofhaltung verursachten laufenden Ausgaben. Sie verglichen den Betrag mit den legalen Einkünften des Premierministers aus seinen Ämtern, Gütern und Pfründen. Die Differenz betrug 4 631 456 Taler. Wenn der Staat diese Summe zurückforderte und seinen Anspruch vor Gericht durchsetzte, so würde dies bedeuten, dass die Erben nicht einen Pfennig erhielten.

August der Starke hätte dieses Problem gelöst, ohne die Justiz zu bemühen. In solchen Fällen genügte eine Kabinettsorder, die den Ertappten oder ihren Hinterbliebenen befahl, das ergaunerte Geld sofort der Staatskasse zu überweisen – und wehe dem, der es wagte, sich dieser Anordnung zu widersetzen! Kurfürst Friedrich Christian und auch Prinz Xaver, der das Kurfürstentum nach dem frühen Tod seines Bruders als Administrator regierte, schreckten vor einer solchen Maßnahme zurück. Wahrscheinlich fürchteten sie, dass es einen schlechten Eindruck machen und ihrem Ruf als aufgeklärte Regenten schaden würde, wenn sie sich der despotischen Mittel der alten Zeit bedienten.

CHARLES HENRI DE HEINEKEN,
Chev.^r du St Emp.
Amateur des Belles Lettres et des Arts,

Karl Heinrich von Heineken
(Kupferstich von Gabriel de Saint-Aubin, 1770)

Die Brühlschen Erben witterten Morgenluft: Sie wurden immer widerspenstiger und drohten mit Enthüllungen. Die verhafteten Vertrauensleute des Premierministers schwiegen oder erklärten, sich an nichts erinnern zu können. Die Beweise der Anklage reichten nicht aus. Es bestand die Möglichkeit, dass das Verfahren mit einem Freispruch oder, noch schlimmer, mit einem Skandal endete. So kam es 1768 zu einem Kompromiss: Die Erben zahlten ein Bußgeld von 210 625 Talern und durften das restliche Vermögen, allein in Sachsen weit über eine Million, behalten.

Auch Karl Heinrich von Heineken und den Freiherrn Peter Nikolaus von Gartenberg ließ man schließlich laufen. Da man in Dresden schon seit langem gewusst hatte, dass Heinrich von Brühl im Sterben lag, war ihnen genügend Zeit geblieben, Briefe, Schuldverschreibungen und Quittungen beiseite zu schaffen. Die Untersuchungskommission stellte fest, »es seien zur Zeit keine Indicia vorhanden, wonach von Heineken überführt werden könnte, daß er an der Kassenverwaltung unmittelbar teilgenommen habe«. Der aus der Haft Entlassene zog sich auf sein Gut Altdöbern zurück. Am schmerzlichsten war ihm wohl, dass er das Direktorat des Kupferstichkabinetts niederlegen musste: Heineken war nicht nur ein Finanzhai, sondern auch ein Kunstgelehrter von Rang.

Der Freiherr von Gartenberg kaufte sich mit einem Bußgeld von 20 000 Talern los. Da es ihm in Sachsen nicht mehr gefiel, zog er sich nach Polen zurück. Die Güter, die er dort besaß, ermöglichten ihm ein bequemes Leben. Auch er hatte während der Untersuchung geschwiegen oder sich so geschickt herausgeredet, dass ihm die Kommissare nichts anzuhaben vermochten.

Am härtesten traf es den Kammerrat Johann Friedrich Hausius. Der Ungeschickte hatte versäumt, die ihn belastenden Papiere rechtzeitig zu vernichten. So konnte ihm die

Kommission nachweisen, dass ein bedeutender Teil seines Vermögens aus Geldern und Sachwerten bestand, die von Bittstellern erpresst worden waren. Hausius wurde vor Gericht gestellt und »wegen Verrätherei, gegen seine Landesherrschaft, bewiesene Untreue, Annahme unrechtmäßiger Geschenke, Pflichtvergessenheit und übriger Verbrechen halber« zu zehn Jahren Haft verurteilt, von denen er vier verbüßte. Er war der einzige Komplice Brühls, der ein Gefängnis von innen sah ...

Auf historischen Spuren

> Dass man in der **Dresdner Altstadt** an allen Ecken auf Heinrich von Brühls Spuren stößt, ist selbstverständlich; die Brühlsche Terrasse und der Brühlsche Garten zeugen auch namentlich von seinem Wirken.
> Aber auch in **Forst/Lausitz** wird man fündig. Einst gehörte die Herrschaft Forst dem Premierminister, in der Stadtkirche fand er in einem schlichten Zinksarg seine letzte Ruhestätte.
> *Nähere Informationen: www.stadtkirche-forst.de*
> *www.forst-information.de*

Der Mann, der sich sein Gefängnis baute

Der Häftling kannte sein Gefängnis ganz genau. Er wusste, wie dick die Mauern waren, wie stark die Gewölbe und wie tief die Gräben. Er hatte es schließlich selbst gebaut, dieses Fort Berge, das die Südfront der Festung Magdeburg deckte – damals, in den zwanziger Jahren, als er am Beginn seiner Laufbahn stand. Jetzt, 1748, trug er die Uniform eines Generalmajors, die Wachen nahmen Haltung an, wenn sie seine Kasematte betraten, auch unter den Offizieren gab es einige, die in ihm noch immer den Kameraden sahen, nicht den Staatsverbrecher, den Spion, das käufliche Subjekt oder wie die Bezeichnungen, mit denen man ihn bedachte, sonst noch lauteten. Doch was nutzten ihm nun Tressen, Orden und Titel, was die Sympathie der wenigen, die nicht daran glaubten, dass er, Gerhard Cornelius von Walrawe, ein Verräter war? Nach menschlichem Ermessen würde er sein Palais am Domplatz, sein Haus in Neiße und sein Gut Liliput bei Hohenwarthe nie wiedersehen.

Vieles in der Lebensgeschichte dieses Mannes, der von 1729 bis zu seiner Verhaftung die preußischen Pioniere befehligte und darüber hinaus als einer der bedeutendsten Festungsbaumeister seiner Zeit galt, ist unklar. Er selber

Palais an der Nordseite des Domplatzes zu Magdeburg

behauptete, der in Westfalen geborene Sohn eines holländischen Offiziers zu sein. Ob diese Angaben stimmen, steht dahin: Walrawe nahm es mit der Wahrheit nie sehr genau. Die vielen Gegner, die er besaß, hielten ihn für einen Abenteurer von zweifelhafter Herkunft. Was er in seiner Jugend getrieben hat, liegt ebenfalls im Dunkeln. Einiges spricht dafür, dass er zunächst im Ingenieurkorps der holländischen Armee Karriere zu machen versuchte – mit welchem Erfolg, lässt sich nicht mehr ermitteln. 1715 wechselte er zu den Preußen über, wie es heißt, auf Empfehlung des Fürsten Leopold von Anhalt-Dessau. Über die bürgerliche Herkunft des Bewerbers sah der Fürst hinweg. Wer wusste besser als er, dass Adel nicht alles bedeutete? Seine Frau, die schöne Anna Luise, war schließlich eine Apothekerstochter. Und im Übrigen kam es bei den Ingenieuren mehr auf das fachliche Können als auf die adlige Geburt an.

1713 hatte Friedrich Wilhelm I. den preußischen Thron bestiegen und dem verblüfften Europa sofort verkündet, dass sein Staat nichts dringender brauche als eine starke

Armee: »Mein Vater fand Freude an prächtigen Gebäuden, großen Mengen Juwelen, Silber, Gold und äußerlicher Magnifizenz – erlauben Sie, dass ich auch mein Vergnügen habe, das hauptsächlich in einer Menge guter Truppen besteht.« Von 1713 bis 1715 wurde das Heer um 15 000 Mann verstärkt – und nach dem Willen des Königs sollte dies nur der Anfang sein. Die Militärausgaben stiegen um das Doppelte: Sie erreichten 1731 die außergewöhnliche Höhe von fünf Millionen Talern. Auch Offiziere wurden gesucht, nach Möglichkeit solche, die schon über praktische Erfahrungen im Felddienst verfügten. Walrawe sah seine große Chance.

Die preußischen Festungen befanden sich in einem miserablen Zustand. Der Vater Friedrich Wilhelms I., Friedrich I., hatte sie verfallen lassen. Es war dringend notwendig, dass endlich etwas geschah. Walrawe, nun im Rang eines Majors, machte sich an die Arbeit. Er sah auf den ersten Blick, dass es nicht ausreichte, Schäden auszubessern. Das total veraltete Verteidigungssystem musste den militärtechnischen Bedingungen des 18. Jahrhunderts angepasst werden, vor allem jenen, welche sich aus den Fortschritten des Artilleriewesens ergaben. Es genügte nicht mehr, den vordringenden Feind von den nahe am Hauptwall gelegenen Bastionen aus zu bekämpfen. Die Vernunft gebot, ihn schon außerhalb der Artillerieschussweite, also weit vor diesen Kernwerken, abzufangen, und zwar mit Hilfe von Schanzen und Forts, die sich gegenseitig unterstützten. Der entscheidende Kampf wurde im deckungsarmen Vorfeld ausgetragen, dort, wo das Geschützfeuer des Verteidigers voll zur Wirkung kam, während die Angriffsbatterien sozusagen auf Verdacht schießen mussten. Nach diesem System gebaute Festungen erschöpften die Kräfte des Angreifers meist rascher als die des Verteidigers; sie fielen in der Regel erst, nachdem die Besatzung ihre letzte Munition verbraucht und den letzten Bissen Brot verzehrt hatte.

Der König war mit den Leistungen Walrawes sehr zufrieden. Obwohl er sonst die Auffassung vertrat, dass Bürgerliche in der Armee nichts zu suchen hatten, schon gar nicht in den höheren Offiziersrängen, machte er in diesem Fall eine Ausnahme. 1722 beförderte er den Festungsbaumeister zum Oberstleutnant, 1725 verlieh er ihm den erblichen Adel, 1729 ernannte er ihn zum Oberst und zum Chef aller in preußischen Diensten stehenden Militäringenieure. Die Instruktion des Königs schärfte Walrawe ein, er solle »von denen sämmtliche Ingenieurs und ihre Aufführung im Dienst sorgfältige Erkundigung einziehen und S. K. M. nach Erforderung der Umstände von denen Haupt-Vorfallenheiten auf Eid und Pflicht seinen alleruntertänigsten und wahrhaften Bericht abstatten«. Der Oberst erhielt sogar das Recht, liederliche, unfähige, widerspenstige oder der Korruption verdächtige Ingenieure ohne vorherige Anfrage arretieren zu lassen. Friedrich Wilhelm war es leid, sich immer wieder mit Bauskandalen befassen zu müssen.

Die preußischen Militäringenieure erfreuten sich keines guten Rufes. Es galt als erwiesen, dass sie sich unrechtmäßig bereicherten. Im Unterschied zu den Offizieren der anderen Waffengattungen hatten sie oft gewinnbringende Aufträge zu vergeben. Der Korruption war damit Tür und Tor geöffnet. Schon 1699 stellte eine von dem Hugenotten Louis Cayart geleitete Untersuchungskommission fest, dass viele Festungsbaumeister mit den zivilen Bauhandwerkern »unter einer Decke lagen«: Sie forderten von ihnen hohe Bestechungsgelder oder berücksichtigten nur solche Unternehmer, die mit ihnen Halbpart machten. Es kam auch vor, dass beide in trauter Gemeinschaft den Staat bestahlen, indem sie die Akkordsätze willkürlich erhöhten, gefälschte Rechnungen ausstellten und dringend benötigtes Baumaterial unter der Hand verkauften. So manche Kasematte brach zusammen, so manche Bastion stürzte ein, weil ihre

Gewölbe und Mauern lediglich ein Drittel oder ein Viertel der vorgeschriebenen Stärke besaßen. Allein strenge Kontrolle konnte hier Abhilfe schaffen.

Walrawe hatte von Anfang an gegen den Widerstand derer zu kämpfen, die sich durch ihn in ihren dunklen Geschäften gestört fühlten. In Potsdam gingen Beschwerden ein: Die Gemaßregelten warfen dem Oberst Willkür, Brutalität und Rechtsbeugung vor. Der König ließ sich davon nicht beeindrucken. Im Gegenteil, das Vorgehen des neuen Chefs fand seinen Beifall. Hier war endlich ein Mann, der rücksichtslos durchgriff! Wenn er dabei gelegentlich über das Ziel hinausschoss, indem er kleinere Vergehen zu Staatsverbrechen aufbauschte, und manchen, den er für verdächtig hielt, allzu schroff behandelte – nun gut, dieser Übereifer würde sich bald legen. Und falls er sich wider Erwarten nicht legte, gab es genügend Mittel, ihn zu dämpfen.

Walrawe errang im Kampf gegen die Korruption bedeutende Erfolge. Er hatte rasch begriffen, dass es nicht ausreichte, Rechnungen zu prüfen und Inspektionen durchzuführen. Seine Gegner waren alte Füchse, die es meisterhaft verstanden, Bilanzen zu frisieren und Tatbestände zu verschleiern. Wer das Übel an der Wurzel packen wollte, musste vor allem die seit langem bestehenden Geschäftsverbindungen kappen und dafür sorgen, dass keine neuen geknüpft werden konnten. Der Oberst schlug dem König vor, alle Militäringenieure in unregelmäßigen Abständen zu versetzen. Niemand sollte künftig länger als zwei Jahre in einer Festung bleiben. Friedrich Wilhelm stimmte diesem Vorschlag zu. Sein Befehl vom 2. November 1736 löste unterschiedliche Reaktionen aus: Einige Offiziere desertierten, andere baten um ihren Abschied, weil sie sich für ein Wanderleben schon zu alt fühlten; die meisten gehorchten, wenn auch nicht gerade mit Begeisterung. Die Zahl der Korruptionsaffären verringerte sich beträchtlich.

Trotz dieser Erfolge blieb Walrawe ein Außenseiter. Viele Kommandeure, hauptsächlich jene, welche altpreußischen Adelsfamilien entstammten, waren der Ansicht, dass sich der Emporkömmling nicht so benahm, wie es sich für einen preußischen Offizier gehörte. Nach ihrer Meinung ließ er es vor allem an Kameradschaftlichkeit fehlen. In Ehren ergraute Majore und Hauptleute beklagten sich über sein herrisches Wesen; andere Untergebene warfen ihm vor, dass er persönliche Abneigungen auf das Dienstliche übertrage und alle verfolge, die ihm, wie er annahm, nicht genug Ehre erwiesen. Sogar Fürst Leopold von Anhalt-Dessau schlug sich nun auf die Seite derer, die Walrawe für einen Fremdkörper im preußischen Offizierskorps hielten und daher seine wohl bald fällige Beförderung zum Generalmajor zu hintertreiben versuchten. Und die Stimme des Helden von Höchstädt, Turin und Malplaquet hatte Gewicht ...

Der König prüfte einige dieser Beschwerden und fand, dass sie berechtigt waren. Walrawe wurde von ihm derb gerüffelt: Der Oberst solle sich künftig davor hüten, die ihm unterstellten Offiziere ungerecht zu behandeln und in ihrer Ehre zu kränken. Es schien, als ob die Karriere des Emporkömmlings beendet sei. Die erhoffte Beförderung blieb aus, alle Versuche, den Unwillen Friedrich Wilhelms zu beschwichtigen, schlugen fehl, und schon gab es Stimmen, die dem geadelten Bürgerssohn ein schlimmes Ende prophezeiten. Man wusste, der König ließ Untertanen, die den Staat bestohlen hatten, aufhängen oder lebenslang an die Karre schmieden, und vieles sprach bereits damals dafür, dass ein Teil der Mittel, über die der Chef des Ingenieurkorps verfügte, aus recht trüben Quellen stammte. War der Streiter wider die Korruption etwa selber korrupt? Auf alle Fälle verbrauchte er weit mehr, als er verdiente.

Der Herr Oberst wirtschaftete aus dem Vollen. In seinem Palais am Domplatz, das er sich 1725 gebaut hatte, ging es

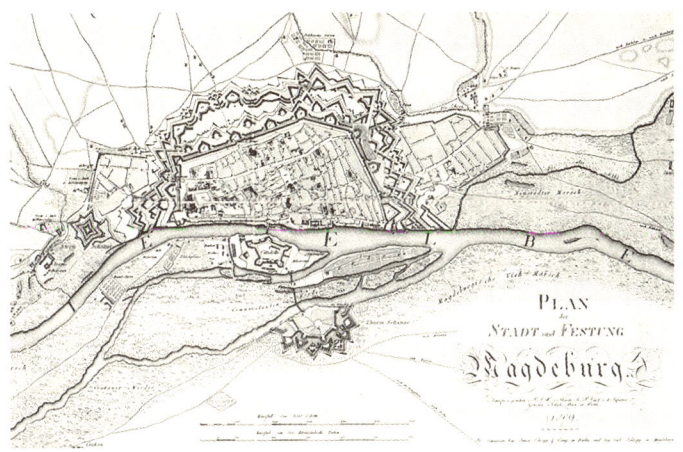

Die Festungsanlage Magdeburg, 1809

hoch her. Die Festmahle, zu denen er die Offiziere der Magdeburger Garnison und manchmal auch einige zivile Honoratioren einlud, waren üppiger als die des kommandierenden Generals. Weniger als zwanzig Gänge kamen nie auf den Tisch, man speiste von silbernen Tellern und trank den Ungarwein aus venezianischen Pokalen. Gefällige Damen leisteten den Tafelnden Gesellschaft. Woher kam das Geld, das hier verschwendet wurde? Gewiss, Festungsbaumeister konnten sich Nebeneinnahmen verschaffen, indem sie zum Beispiel gelegentlich für private Bauherren arbeiteten. Der Militäringenieur verstand auch etwas von Zivilbaukunst, wie die von ihm entworfene Nordfront des Domplatzes bewies. Aber zahlten die Privaten tatsächlich so gut, wie er behauptete? Die Tatsache, dass er die ergiebigsten Aufträge stets einem Magdeburger Maurermeister namens Reinike zuschanzte, mit dem er auch sonst auf sehr vertrautem Fuß stand, erregte jedenfalls Verdacht.

Das Gewitter zog vorüber; ohne dass der Blitz einschlug. Friedrich Wilhelm I. starb 1740, und sein Nachfolger

Friedrich II. wischte alles, was ihm über Walrawe zugetragen wurde, vom Tisch. Die preußische Armee bereitete sich auf den Krieg vor. Sie benötigte dringender denn je qualifizierte Ingenieure – und der Oberst gehörte nach dem Urteil aller Fachleute zu den besten Militärbaumeistern seiner Zeit. Die Moralisten beschuldigten den Mann des Diebstahls und eines ausschweifenden Lebenswandels? Die Hauptsache war, dass er im Feuer seine Pflicht tat. Alles andere konnte man getrost der Zukunft überlassen.

Walrawe hatte bisher noch keine Gelegenheit gehabt, sich im Feld auszuzeichnen. Während des ersten Schlesischen Krieges, der 1740 begann und 1742 endete, gehörte er zum Stab des Königs, und es scheint, dass er die Prüfung mit Glanz bestand. Schon im Mai 1741 beförderte ihn Friedrich zum Generalmajor – mit der Begründung, er, der oberste Kriegsherr, sei »in gegenwärtiger Campagne (Feldzug) von dessen besonderer capacité (Fähigkeit) und valeur (Wert) überzeugt worden«. 1742 zeichnete ihn der König noch einmal aus, indem er ihn zum Chef des in der eroberten Festung Neiße neu aufgestellten Pionierregiments ernannte. Gleichzeitig erhielt er den Auftrag, Neiße zu einem Hauptwaffenplatz auszubauen und auch die anderen schlesischen Festungen so zu verstärken, dass sie längeren Belagerungen trotzen konnten.

Der Frieden währte nur zwei Jahre. 1744 fielen die Preußen wieder über Österreich her. Im September eroberten sie Prag. Der König hoffte, die Festung längere Zeit halten zu können, und ernannte Walrawe zu ihrem Kommandanten. Der Generalmajor richtete sich im Palais Clam-Gallas ein. Aber das Kriegsglück schwankte, die Österreicher gingen zur Gegenoffensive über und drängten die Preußen nach Schlesien zurück. Prag musste aufgegeben werden. Walrawe nutzte die Gelegenheit auf seine Weise: Bevor er das Palais räumte, plünderte er es bis auf die Grundmauern aus. Sogar

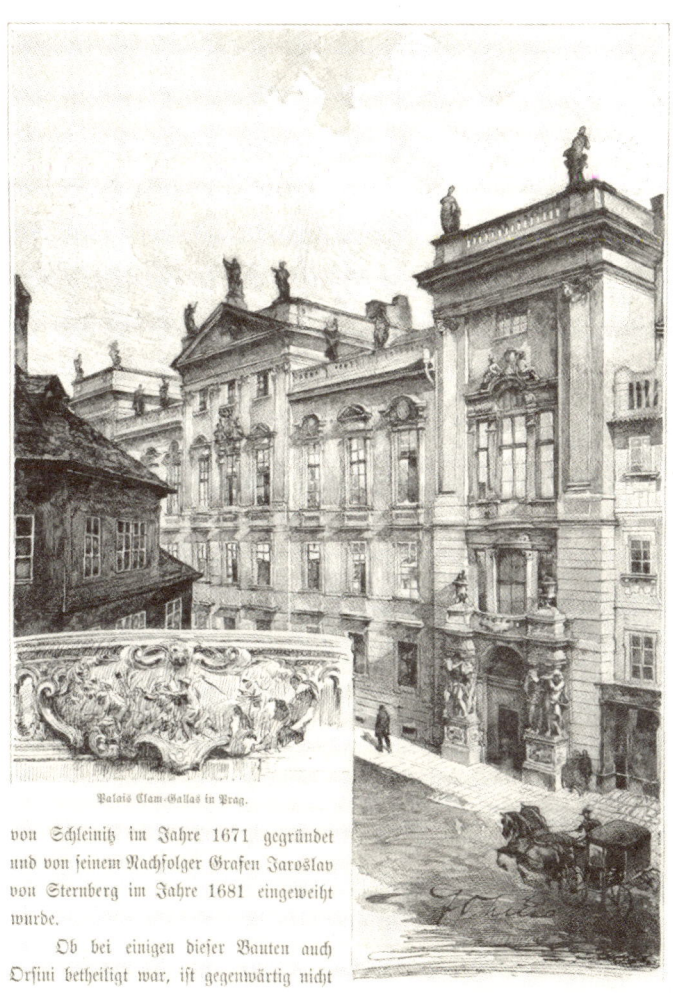

Palais Clam-Gallas in Prag.

von Schleinitz im Jahre 1671 gegründet und von seinem Nachfolger Grafen Jaroslav von Sternberg im Jahre 1681 eingeweiht wurde.

Ob bei einigen dieser Bauten auch Orsini betheiligt war, ist gegenwärtig nicht

Palais Clam-Gallas (aus dem »Kronprinzenwerk«, Bd. 15, 1896)

die Seiden- und Ledertapeten ließ er von den Wänden ablösen und nach Magdeburg schaffen. Nur wenige Offiziere billigten diese Tat. Die meisten waren empört: Wer sich am Privateigentum eines Standesgenossen vergriff, mochte dieser auch auf der anderen Seite kämpfen, bewies damit, dass er keine Ehre im Leib hatte. Bürger blieb eben Bürger, selbst wenn er dank der Gnade des hochseligen Friedrich Wilhelm seit zwei Jahrzehnten ein Adelsprädikat vor seinen Namen setzen durfte.

1745 befahl der König dem Generalmajor, die durch Verrat in die Hände der Österreicher gefallene Festung Kosel wiederzuerobern. Walrawe ließ sich auf kein Risiko ein. Im Unterschied zu Friedrich, dem es nie rasch genug gehen konnte, vertrat er die Auffassung, dass übereiltes Handeln im Festungskrieg nur Niederlagen einbringe. Streng nach der Regel sicherte er die ihm unterstellten Truppen vor unliebsamen Überraschungen, indem er zwei Einschließungsringe um den Platz legte, der eine nach innen, der andere nach außen gerichtet. Dann ordnete er an, mehrere Gräben im Zickzack gegen die Wälle vorzutreiben und sie durch Quergräben, Parallelen genannt, miteinander zu verbinden. Diese Methode kostete Zeit, aber sie sparte Blut. Erst nach acht Wochen hatten sich die Preußen auf Sturmentfernung herangearbeitet. Der österreichische Kommandant sah ein, dass kaum noch eine Möglichkeit bestand, den Angriff, zu dem sich die Infanterie schon bereitstellte, abzuwehren. Er befahl, die weiße Fahne zu hissen.

Die praktischen Erfahrungen, welche die preußische Armee in den beiden Schlesischen Kriegen gesammelt hatte, mussten ausgewertet und verallgemeinert werden. Eine kritische Sichtung ergab, dass nicht alles zum Besten stand. Die Offiziere beherrschten die Kunst des Angriffs, aber ihr Wissen um die defensiven Formen der Taktik wies beträchtliche Lücken auf. Besonders der Festungskrieg, in dem es mehr auf organisatorisches Talent als auf Bravour ankam, war ihnen ein Buch mit sieben Siegeln. Walrawe erhielt von Friedrich den ehrenvollen Auftrag, alles, was der Offizier an Kenntnissen brauchte, um sich in dieser Spezialdisziplin der Militärwissenschaft zurechtzufinden, in einer Instruktion zusammenzufassen. 1747 lieferte der Generalmajor die Arbeit ab. Sie trug den Titel »Denkschrift über den Angriff und die Verteidigung von festen Plätzen«. Der König fand sie so gut, dass er sie sofort vervielfältigen ließ. Die Kopien gingen den Festungskommandanten, den Generalen und einigen ausgewählten Stabsoffizieren zu. Die Empfänger mussten sich verpflichten, sie sicher zu verwahren: Schriften dieser Art galten als geheime Dienstsachen.

Vielleicht hatte Walrawe gehofft, für seine Mühe mit klingender Münze belohnt zu werden, aber Friedrich begnügte sich mit lobenden Worten. Der Generalmajor brauchte dringend Geld. Da er nach wie vor mehr ausgab, als er einnahm, wuchsen ihm seine Schulden allmählich über den Kopf – und die Gläubiger drängten. In dieser verzweifelten Situation kam ihm der Gedanke, seine Kunstsammlungen zu verkaufen. Er knüpfte zu diesem Zweck Verhandlungen an – mit dem sächsischen Gesandten von Bülow und dem russischen Gesandten von Keyserling. Damit geriet er in das Blickfeld der preußischen Spionageabwehr. Ihr Leiter, Generalmajor Hans Karl von Winterfeldt, erstattete dem König Meldung, und dieser befahl, den Verdächtigen unauffällig zu überwachen.

Ob es Walrawe tatsächlich nur um den Verkauf seiner Kunstsammlungen ging oder ob er weiterreichende Pläne hatte, ist nie geklärt worden. Aber ein Offizier, der seit über dreißig Jahren in der preußischen Armee diente, musste wissen, worauf er sich einließ, wenn er ohne Erlaubnis seiner Vorgesetzten mit den diplomatischen Vertretern fremder Mächte verhandelte. Und der Generalmajor war kein gewöhnlicher Offizier, sondern ein Geheimnisträger höchsten Ranges. Wer kannte die preußischen Festungen besser als er? Wer wusste mehr über ihre Artillerieausstattung, ihr Feuersystem und ihre Munitionsvorräte? Wenn ein solcher Mann zum Feind überlief, so wog dies schwerer als eine verlorene Schlacht. Winterfeldt, der jedes Risiko vermeiden wollte, schlug dem König vor, den Verdächtigen unter einem Vorwand verhaften zu lassen, aber darauf ging Friedrich nicht ein. Er verlangte, man solle ihm zunächst Beweise vorlegen. Die Spionageabwehr machte sich an die Arbeit ...

Die in aller Stille vorgenommene Untersuchung bestätigte den schon oft geäußerten Verdacht, dass Walrawe ein Dieb war. Eine Revision der Kassen in Neiße ergab: Der Generalmajor hatte Quittungen gefälscht und sich auf diese Weise über 40 000 Taler angeeignet. Alle anderen Nachforschungen endeten ergebnislos: Es fanden sich weder Briefe noch Dokumente, die als Belege für einen beabsichtigten oder bereits begangenen Landesverrat dienen konnten. Winterfeldt ließ sich durch den Misserfolg nicht entmutigen. Er warb die Mätresse Walrawes als Agentin an – und diese gefällige Dame gab ihm den Tipp, der ihn endlich auf eine heiße Spur brachte. Es schien, dass die Komplicen des Generalmajors in Wien saßen, nicht, wie bisher vermutet, in Dresden und St. Petersburg.

Der preußische Gesandte in Wien, Heinrich von Podewils, nahm sich der Sache an. Die Ermittlungen seiner Agenten führten zu Ergebnissen, die Walrawe schwer belasteten. Der Generalmajor, das stand nun fest, hatte den Österreichern seine geheime Denkschrift ausgeliefert und ihnen angeboten, Wien zu einer uneinnehmbaren Festung auszubauen. Gewiss, dies war noch kein Beweis, dass er überzulaufen beabsichtigte, aber doch ein Beleg dafür, dass er mit dem Gedanken liebäugelte, den preußischen Dienst zu verlassen. Warum biederte er sich sonst bei den Österreichern an?

Friedrich zögerte nicht länger: Am 10. Februar 1748 befahl er, Walrawe zu verhaften und in das Fort Berge zu bringen. Eine Spezialinstruktion schärfte dem Kommandanten von Magdeburg ein: »... durchaus aber und hauptsächlich muß ihm kein Papier, Feder, Tinte, Bleistift, Federmesser, Schere und nur nichts etwas dergleichen, so er zum Schreiben gebrauchen könnte, zugelassen, auch übrigens alle ersinnliche Precaution (Vorsichtsmaßnahme) genommen werden, daß er nicht heimlich durch jemanden etwas mündlich anderswohin sagen oder bestellen lassen könne.«

Winterfeldt verhörte den Arrestanten. Walrawe erklärte, er sei sich keiner Schuld bewusst. Aber so leicht ließ der Chef der Spionageabwehr den Angeklagten nicht davonkommen. Er bestand darauf, dass Walrawe Farbe bekannte, und hielt ihm Tatsachen vor. Der Generalmajor wand sich wie ein Aal: Jawohl, es stimme, dass er den Österreichern angeboten habe, die Befestigungsanlagen von Wien zu modernisieren – aber nur in der Absicht, dem König im Fall eines Krieges die Eroberung der Stadt zu erleichtern. Nie hätte er den Einflüsterungen der Österreicher Gehör geschenkt, nie die geheime Denkschrift ausgeliefert, wenn er von Seiner Majestät noch so gnädig behandelt worden wäre wie in früheren Zeiten. Schon seit Jahren spüre er, dass ihm sein oberster Kriegsherr misstraue – er wisse nicht, aus welchen Gründen. Friedrich, von Winterfeldt über diese Auslassungen informiert, kam zu der Überzeugung: Der Kerl ist nicht ganz richtig im Kopf! Es scheint, dass die Spionageabwehr darauf drang, Walrawe als Landesverräter zum Tode zu verurteilen. Aber dazu war der König nicht bereit – weniger um des Beschuldigten willen als wegen der Ungereimtheiten, welche die Untersuchung zutage gefördert hatte. Das Gelingen des Plans, zu den Österreichern überzulaufen, hing vor allem von strikter Geheimhaltung ab. Und was tat der Generalmajor? Er ging im Palais des österreichischen Gesandten von Bernes ein und aus, und er zeigte sich in der Öffentlichkeit mit den Gesandten von Sachsen und Russland – obwohl er doch wissen musste, dass er damit schlafende Hunde weckte. Nein, dies sprach nicht dafür, dass hier, wie Winterfeldt meinte, Verrat vorlag. Es sah eher so aus, als ob sich der Arrestant nur eine Hintertür habe offenhalten wollen – sozusagen für alle Fälle.

Wie Friedrich über diese Angelegenheit dachte, belegt ein Privatbrief, den er im Februar an Leopold Maximilian von Anhalt-Dessau, ältester Sohn des 1747 verstorbenen Fürsten Leopold, richtete: »Walrawe ist mehr dumm als schuldig. Bernes, Bülow und Keyserling haben ihn bei seiner Dummheit gepackt und ihm alle möglichen Tollheiten, auch Mädchen, versprochen, um sein Vertrauen zu gewinnen. Er war so unüberlegt, Bernes seine Denkschrift über den Angriff und die Verteidigung von festen Plätzen zu geben, er hat die Gesandten wie seine Freunde behandelt und ihnen vertrauliche Mitteilungen gemacht, für die er geköpft zu werden verdiente, wenn er nicht so töricht wäre ... Nur seine Verhaftung hat verhindert, daß er sich in den Abgrund stürzte ... Der Verrat ist nicht vollendet worden; für seinen verdammenswerten Leichtsinn und sein erbärmliches Betragen muß er bestraft, aber nicht gehängt werden.«

Die Strafe war hart, sie bestand in lebenslänglichem Festungsarrest. Der König, der den Gefangenen nur isoliert, nicht vernichtet wissen wollte, ordnete einige Hafterleichterungen an: Walrawe brauchte keine Fesseln zu tragen, er durfte die Kasematten schon nach ein paar Wochen verlassen und lebte seitdem in einem Häuschen, das eigens für ihn im Hof des Forts erbaut worden war, er erhielt ein monatliches Verpflegungsgeld von 100 Talern. Die Instruktion schrieb ferner vor: »Wenn der von Walrawe einen medicus

(Arzt) verlangt oder auch Handwerksleute, um was bei ihm machen zu lassen, so können solche zu ihm gelassen werden, jedoch daß allmahl ein Major oder Stabsofficir dabei ist ... Sollte er aber Bücher zum Lesen verlangen, so können ihm solche auf sein Begehr gegeben werden.« Nur in einem ließ Friedrich nicht mit sich reden: Er lehnte alle Gnadengesuche des Generalmajors ab.

Die Stimmung schlug allmählich um. Viele, die das Urteil des Königs begrüßt hatten, fanden nach ein paar Jahren, dass es nun an der Zeit wäre, einen Schlussstrich zu ziehen. Es gab auch Versuche, dem Gefangenen auf Umwegen zur Freiheit zu verhelfen. Zu Beginn des Siebenjährigen Krieges sah es so aus, als ob die Franzosen, deren Vorhuten schon bei Halberstadt standen, bis nach Magdeburg vorstoßen würden. Der Gouverneur der Festung, Herzog Ferdinand von Braunschweig, bat um die Erlaubnis, Walrawe im Fall einer Belagerung als Militäringenieur verwenden zu dürfen. Friedrich lehnte den Vorschlag ab: »Was Ew. Liebden sonst bei dieser Gelegenheit mit anfragen wollen, einem Menschen wie den Walrawe, nachdem er vorhin solche infamien, als von ihm begangen worden, gethan, niemalen wieder zu trauen ist, noch er gebraucht werden kann, ohne zu risquiren, daß er sich solcher Gelegenheit bediene, zu dem Feinde überzugehen und uns alsdann allen möglichen Schaden zu thun.« Dabei blieb es.

Jahrzehnte gingen ins Land. Von Zeit zu Zeit gab es Gerüchte: Es hieß, dass österreichische oder russische Agenten planten, den Generalmajor gewaltsam zu befreien. Dann wurden die Wachen verdoppelt. Aber es kam niemand. Der Gefangene fand sich mit seinem Schicksal ab. Wenigstens deutet nichts darauf hin, dass er sich aus eigener Kraft zu retten versuchte.

Nach 25 Jahren Haft, am 16. Januar 1773, starb Gerhard Cornelius von Walrawe. Der Kommandant von Magdeburg fragte an, wo der Leichnam beerdigt werden solle. Der König erwiderte: »Wo man will, nur nicht innerhalb der Festungswerke, weil ich glaube, daß er auch noch nach seinem Tode daselbst unnütz werden könnte.« Drei Salven über das Grab – das war alles, was Friedrich dem ehemaligen Chef der preußischen Pioniere bewilligte.

Auf historischen Spuren

› Die einst stärkste Festungsanlage in ganz Preußen, die **Festung Magdeburg**, ist immer noch ausgesprochen sehenswert. Die Fachgruppe Festungsanlagen bietet Führungen an und veranstaltet regelmäßig die Magdeburger Festungstage mit viel historischem Flair.
Nähere Informationen: www.festung-magdeburg.eu
de-de.facebook.com/MagdeburgerFestungstage

Das Geheimnis
von Hildburghausen

Der Weg hinauf war steil und holprig. Die Männer, die den
Sarg trugen, keuchten vor Anstrengung. Endlich hatten sie
die Grabstelle erreicht. Zwei von ihnen traten heran und
hoben den Sargdeckel ab. Die Anwesenden, sieben an der
Zahl, erblickten den Leichnam einer älteren Frau, die einmal sehr schön gewesen sein musste. Fackeln beleuchteten
die düstere Szene. Der Sarg wurde wieder geschlossen und
in die Erde gesenkt. Es gab weder Blumen noch Kränze.
Kein Geistlicher segnete die Dahingeschiedene ein, niemand sprach Worte des Gedenkens. Die Träger griffen zu
den Schaufeln. Schollen und Steine polterten in die Grube.
Man schrieb den 28. November 1837.

Das Grab liegt an einem verwachsenen Terrassenweg
des Schulersbergs am Stadtrand von Hildburghausen –
und noch immer finden sich Menschen, die es mit Blumen
schmücken oder dem Andenken der Namenlosen eine
Kerze weihen. Geheimnisse haben eine magische Anzie-
hungskraft. Niemand vermag mit Sicherheit zu sagen, wer
die Frau war, die hier vor hundertfünfzig Jahren zur letzten
Ruhe gebettet wurde. Statt unwiderlegbarer Beweise gibt
es nur begründete Vermutungen, statt dokumentarischer

Das Grab auf dem Stadtberg bei Hildburghausen.
Nach einer Originalzeichnung von Plate Ahrens in Hildburghausen.

Grab der Dunkelgräfin (aus der »Gartenlaube«, 1863)

Quellen nur Indizien, die leider nie so lückenlos ineinander-
greifen, dass nicht auch für Zweifel Raum bliebe.

Die Geschichte begann damit, dass der Hofkommissio-
när und Senator Johann Carl Andreä in dem vornehmsten
Gasthaus von Hildburghausen, dem »Englischen Hof« am
Markt, eine Zimmerflucht mietete – nicht für sich selbst,
sondern für einen Fremden von Rang, der am 7. Februar
1807 in der kleinen Residenz eintreffen würde. Die Wirtin,
die ein gutes Geschäft witterte, erklärte sich mit allem einverstanden, auch mit der mehr als sonderbaren Bedingung,
die ihr der Senator stellte: Sie solle am Tag der Ankunft
das ganze Haus hell erleuchten und dafür sorgen, dass der
Gast in seine Räume gelangen könne, ohne von jemandem

gesehen zu werden. Das unangemeldete Betreten der gemieteten Zimmer sei strikt verboten – für alle, die verehrte Frau Wirtin eingeschlossen.

Der Fremde war pünktlich. Am 7. Februar kurz vor Mitternacht rumpelte eine Kutsche durch das Römhilder Tor. Die Wache ließ sie ohne Kontrolle passieren – ein ungewöhnlicher Vorgang; denn sonst durfte niemand in Hildburghausen einreisen, ohne sich mit seinem Pass auszuweisen. Wahrscheinlich hatte der wachhabende Offizier Befehl erhalten, den Unbekannten nicht zu behelligen. Der Wagen fuhr in den Torweg des »Englischen Hofes«, der Kutscher stieg vom Bock und riss den Schlag auf, man hörte Schritte und das Klappen von Türen. Dann herrschte wieder Stille.

Die Dienstboten und auch die Wirtin barsten vor Neugier. Als der Kutscher die Pferde ausspannte und in den Stall führte, machten sie sich an ihn heran. Aber sie hatten kein Glück. Der Grauhaarige, der ein kehliges Deutsch sprach, bedeutete ihnen, sie sollten ihre Nasen nicht in Angelegenheiten stecken, die sie nichts angingen. Weitere Fragen wehrte er mit der bissigen Bemerkung ab, er sei nicht befugt, neugierigen Weibern Auskünfte zu erteilen. Die Evastöchter mussten einsehen, dass ihre Bemühungen zwecklos waren. Dieser ungehobelte Patron, allem Anschein nach ein Schweizer, wusste eben nicht, was sich gehörte!

Es kam selten vor, dass sich in der kleinen Residenz etwas Ungewöhnliches ereignete. Ein Tag verlief wie der andere, und nur die gelegentlichen Eskapaden der angestammten Durchlauchtigkeit, Herzog Friedrich von Sachsen-Hildburghausen, brachten etwas Abwechslung in das triste Einerlei. Und nun weilte ein Geheimnisumwitterter in der Stadt, der nach allem, was man hörte, ein wenig verrückt sein musste. Wie sah er aus? Was suchte er in diesem entlegenen Winkel des Thüringer Landes? Hunderte von Augenpaaren belauerten den Fremden, als er am Tag nach seiner Ankunft zum ersten Mal den »Englischen Hof« verließ. Der Unbekannte stand in den Vierzigern, er hielt sich straff und trug sehr elegante Kleidung. Seine Erscheinung verriet: Dieser Mann war ein Herr, vielleicht ein höherer Offizier, vielleicht ein Diplomat, auf alle Fälle eine Respektsperson, der man sich als Bürger nur mit gezogenem Hut nahen durfte. Einige Honoratioren flüsterten sich zu, dass er Vavel de Versay heiße – Senator Andreä hatte es ihnen unter dem Siegel der Verschwiegenheit anvertraut. Wahrscheinlich handelte es sich um einen französischen Emigranten, um einen Marquis oder einen Comte, der vor der Revolution und ihrer entsetzlichen Guillotine geflohen war. Am besten sprach man den Fremden wohl mit Herr Graf oder Euer Gnaden an.

Das Gerede nahm kein Ende. Die Wirtin des »Englischen Hofes« behauptete, der Fremde träfe sich nachts heimlich mit irgendwelchen Personen. Andere wollten ihn zu später Stunde in der Nähe des Schlosses gesehen haben. Auch die Dienstboten steuerten ihr Teil bei: Ja, der Graf, das war ein nobler und großzügiger Herr, aber der Kutscher, dieser Philipp Scharre, Squarre oder wie er sonst hieß, benahm sich wie ein Wachhund: Er lag ständig auf der Lauer und schnappte nach jedem, der sich den Zimmern näherte. Wenn man ihn höflich bat, wenigstens die Aschekästen ausleeren zu dürfen, knurrte er einen an, man möge sich gefälligst zum Teufel scheren. Alles Singen, alles Lachen, jedes laute Wort war streng verboten. Seit der Ankunft dieses mysteriösen Vavel de Versay ging es im »Englischen Hof« zu, als ob eine Leiche im Hause läge. Ob dahinter nicht doch mehr steckte als der Wunsch eines vornehmen Herrn nach Ruhe und Beschaulichkeit?

Ein paar Tage später hatte Hildburghausen seine Sensation. Der Graf ging wieder spazieren – diesmal nicht allein, sondern in Begleitung einer tiefverschleierten Dame.

Darum also waren die Zimmer streng bewacht worden! Der hohe Herr wollte nicht, dass irgendjemand die Frau, offensichtlich seine Geliebte, zu sehen bekam. Gerüchte machten die Runde, eines fantastischer als das andere. Warum verbarg die Dame ihr Gesicht? Vielleicht handelte es sich um eine entlaufene Ehebrecherin, die sich vor der Rache ihres Gatten fürchtete. Nein, der dunkelgrüne Schleier verdeckte eine Narbe oder eine Missbildung. Einige wussten es aus ganz sicherer Quelle: Die Nase der Fremden ähnelte einem Schweinerüssel.

Die Klügeren wiegelten ab: Wer immer die Dame sein mochte – nie und nimmer hätte sich die als sehr sittenstreng bekannte Herzogin Charlotte eines Paares angenommen, dessen Lebensführung zu moralischen Bedenken Anlass gab. Es war doch offensichtlich, dass die regierenden Durchlauchtigkeiten die beiden Geheimnisvollen nicht nur duldeten, sondern auch unterstützten. Oder wie sollte man es sonst erklären, dass der bei Hof wohlgelittene Senator Andreä mit dem Herrn Grafen auf so vertrautem Fuß stand? Die Klatschbasen sollten besser den Mund halten, sonst liefen sie Gefahr, sich ihn zu verbrennen. Der Hof hatte es gar nicht gern, wenn sich Unbefugte in seine Angelegenheiten mischten. Und im Übrigen sah man doch auf den ersten Blick, dass die Behauptung, die zwei seien ein Liebespaar, nicht stimmen konnte. Nie erlaubte sich der Herr die geringste Vertraulichkeit, im Gegenteil, er behandelte seine Gefährtin mit höchstem Respekt, fast wie ein Diener seine Gebieterin.

Vielleicht hatte der Graf gehofft, die Aufregung werde nach ein paar Wochen abklingen. Doch diese Erwartung erfüllte sich nicht. Es wurde immer schwieriger, die Dame vor der Zudringlichkeit der Sensationslüsternen zu schützen. Sie lagen auf der Lauer, getrieben von dem brennenden Verlangen, die Geheimnisvolle einmal ohne Schleier zu sehen.

Die französische Prinzessin Marie Thérèse im Alter von neun Jahren – war sie die geheimnisvolle Dunkelgräfin?

Der Kutscher warf einige besonders Unverschämte die Treppe hinunter, der Graf ermahnte die Wirtin streng, dafür zu sorgen, dass seine Schutzbefohlene unbelästigt blieb – es nutzte nicht viel. Der »Englische Hof« war schließlich ein Gasthaus, kein Nonnenkloster, das man nur mit einer Sondererlaubnis betreten durfte.

Nach einem halben Jahr war die Geduld des Grafen erschöpft. Er kündigte den Mietsvertrag und zog mit seiner Begleiterin in ein anderes Haus am Markt. Aber auch hier fanden die beiden keine Ruhe. Die Druckerei im Erdgeschoss verursachte mehr Lärm, als die Nerven der Dame vertrugen, und dann brach auch noch ein Feuer aus, das die allem Anschein nach sehr Furchtsame in Angst und Schrecken versetzte. Senator Andreä sah sich im Auftrag des Grafen nach einer neuen Wohnung um. Dabei erfuhr er, dass die Assistenzrätin Radefeld das obere Stockwerk ihres gleich hinter der Stadtmauer gelegenen Hauses vermieten wollte. Das Radefeldsche Haus, ein Barockbau aus der zweiten Hälfte des 18. Jahrhunderts, war für ein Paar, das die Einsamkeit liebte, wie geschaffen ...

Zur Überraschung des Senators lehnte die Assistenzrätin das Angebot ab. Die resolute Mittfünfzigerin redete frei heraus: Sie würde niemals Leute aufnehmen, die ein Versteck suchten und daher wohl etwas zu verbergen hätten – was, danach wolle sie lieber nicht fragen. Der verehrte Herr Senator müsse doch zugeben, dass sich die beiden höchst verdächtig benahmen – nicht wie Personen von Rang, sondern eher wie Individuen, denen die Polizei auf den Fersen war. Am Ende würde sie noch in dunkle Machenschaften verwickelt werden, vielleicht sogar in eine Staatsaffäre. Nein, der Herr Senator möge sich nicht weiter bemühen.

Nun geschah etwas Merkwürdiges: Ihre Durchlaucht, Herzogin Charlotte, im Volksmund wegen ihrer hübschen Stimme »Singlotte« genannt, ersuchte die Assistenzrätin, ihren Entschluss noch einmal zu überdenken. Die Herzogin, Schwester der Königin Luise von Preußen, war beliebt, auf alle Fälle beliebter als ihr Mann, der jeden Bürger mit du anredete und dies für ein Zeichen von Volksverbundenheit hielt. Es galt als hohe Ehre, von ihr in Privataudienz empfangen zu werden, und die Assistenzrätin wusste dies zu schätzen. Mit welchen Argumenten die Herzogin ihre Gesprächspartnerin überzeugte, lässt sich nicht mehr ermitteln. Verbürgt ist nur, dass sie an die Barmherzigkeit der Widerstrebenden appellierte, und zwar mit dem Satz: »Das namenlose Unglück verdient unser Mitgefühl mehr als jedes andere.« Die Rätin erklärte sich bereit, die Unbekannten zu beherbergen. Anfang 1808 siedelte das rätselhafte Paar in das Radefeldsche Haus über.

Der Graf erwies sich als ein sehr angenehmer Mieter. Zwar achtete er streng darauf, dass im Haus Ruhe herrschte und niemand die Räume im oberen Stockwerk betrat, aber er behandelte seine Wirtin mit großer Zuvorkommenheit und vergütete ihr den Aufwand reichlich. An Geld schien es dem Herrn jedenfalls nicht zu mangeln. Natürlich gab es manches, was die Verwunderung der Rätin erregte: Nicht der Diener, sondern der Graf selbst servierte der Dame das Essen, und vermutlich ging er ihr auch bei anderen, etwas delikateren Verrichtungen zur Hand. Niemand durfte am Fenster stehen, wenn die Verschleierte im Hof des Hauses ihre Kutsche bestieg. Und dann die Sache mit dem Handwerksburschen, der sich eingeschlichen hatte, wahrscheinlich in der Absicht, die Köchin um einen Teller Suppe zu bitten: Der Graf bedrohte ihn mit der Pistole und trieb ihn so zu schleuniger Flucht. Auch fiel der Rätin auf, dass sich ihr Mieter jeden Tag die Liste der in Hildburghausen angekommenen Fremden vorlegen ließ.

Erwartete er Besuch? Oder fürchtete er, entdeckt zu werden? Die Geheimpolizei des Kaisers Napoleon fahndete überall in Europa nach Staatsverbrechern oder solchen, die sie dafür hielt – und der Graf war kein Freund des Korsen, im Gegenteil, er äußerte gelegentlich Sympathie für das von der Revolution vertriebene Herrscherhaus der Bourbonen.

Trotz aller Vorsichtsmaßnahmen ließ es sich nicht vermeiden, dass die Rätin, die im Erdgeschoss wohnte, der Unbekannten einige Male begegnete, doch nie wechselte sie ein Wort mit ihr und nie sah sie sie ohne Schleier. Die Fremde schien sehr schreckhaft zu sein: Nach jedem Zusammentreffen zog sie sich fluchtartig in ihre Zimmer zurück und kam mehrere Tage lang nicht zum Vorschein. Auch hörte die Rätin, dass die Dame nachts oft weinte. Der Graf eilte dann sofort zu ihr und beruhigte sie, so dass das Schluchzen nach einiger Zeit verstummte. Und noch etwas fiel der Vermieterin auf: Die Unbekannte vertrug nicht, wenn in ihrer Nähe Waffen klirrten. Eines Tages erprobten die beiden Söhne des Hauses im Spaß ihre Degen. Der Graf protestierte energisch und drohte im Wiederholungsfall mit sofortiger Kündigung. Die jungen Herren mussten ihre Fechtübungen einstellen.

Ein Diener behauptete damals, er habe die Dame unverschleiert gesehen, aber da er auf Befragen lediglich zu berichten wusste, sie sei engelhaft schön und lieblich, vermuteten die meisten, dass er sich nur wichtig machen wollte. Es gibt jedoch noch eine zweite Aussage, die mehr Gewicht hat: Ein hoher Justizbeamter, der dem Paar an einem Sommertag im Werratal begegnete, ohne von ihm bemerkt zu werden, war Zeuge, als die Unbekannte ihren Schleier zurückschlug, wohl um etwas freier atmen zu können. Ihr sonst so vorsichtiger Begleiter ließ sie gewähren. Der Beobachter erblickte eine blauäugige und braunhaarige Frau von etwa dreißig Jahren, die eine auffallende Ähnlichkeit mit der 1793 hingerichteten Königin von Frankreich, Marie Antoinette, besaß. Eine Bourbonin in Hildburghausen? Der

Königin Marie Antoinette mit ihren Kindern Marie Thérèse Charlotte und Louis Joseph (Gemälde von Adolf Ulrik Wertmueller, 1785)

Geheimrat hielt das nicht für ganz abwegig. Er wusste, dass seine Landesherrin, Herzogin Charlotte, vor ihrer Heirat zum Freundeskreis der Marie Antoinette gehört hatte. Aber da er kein Schwätzer war, teilte er seine Vermutung nur einigen Vertrauten mit, auf deren Verschwiegenheit er sich verlassen zu können glaubte.

Im Herbst 1810 zog das Paar zum letzten Mal um. Die Assistenzrätin Radefeld hatte ihr Haus verkaufen wollen, ohne den Grafen vorher davon zu unterrichten, und dieser, empört über eine Handlungsweise, die er als Vertrauensbruch empfand, kündigte. Wieder griff der Hof ein. Er schlug dem Grafen vor, das Hauptgebäude der etwa sechs Kilometer südlich von Hildburghausen gelegenen herzoglichen Domäne Eishausen zu mieten. Vavel de Versay nahm das Angebot an. Das alte Gemäuer, ein kunstloser zweigeschossiger Rechteckbau, sah zwar alles andere als vertrauenerweckend aus, aber es ließ sich leicht überwachen und abschirmen. Hier konnte man leben, ohne befürchten zu müssen, von Neugierigen belagert zu werden. Mit den Dorfbewohnern würde man schon auskommen. Das Volk, das hier lebte, war arm, also für milde Gaben sehr empfänglich. Und im Übrigen würde der Ortspfarrer Kühner, ein ehemaliger Prinzenerzieher, begütigend auf die Leute einwirken, wenn es sich als notwendig erweisen sollte.

Natürlich gab es zu Anfang viel Gerede. Der Graf schien ein recht schrulliger Herr zu sein. Er beschenkte zum Beispiel einen Dorfjungen mit einem monatlichen Taschengeld von 24 Kreuzern – weil dieser nicht neugierig zu den Fenstern hinaufgeschaut, sondern den Blick folgsam abgewendet hatte, als er an dem Haus vorüberging. Die Köchin Johanna Weber verdiente das Doppelte des üblichen Lohnes, aber sie musste sich verpflichten, das Gebäude nicht zu verlassen, auch nicht zu Verwandtenbesuchen oder Ähnlichem. Man sah sie manchmal am Fenster, doch wenn man sich ihr näherte, um ein Schwätzchen zu machen, winkte sie energisch ab. Einige wollten wissen, dass sie Tisch und Bett mit Philipp Scharre teilte, der offenbar als einziger Bedienter das Vertrauen seines Herrn genoss. Der Schweizer und der Graf mussten sich schon sehr lange kennen. Ob der Schweigsame wusste, wer die Dame war? Zwecklos, ihn zu fragen – er gab nie eine Antwort, mit der sich etwas anfangen ließ.

Der Graf beschäftigte noch drei weitere Dienstboten. Sie durften das Haus nicht betreten, sondern wurden an der Tür oder am Fenster abgefertigt. Margarete Sillmann, im Dorf Teichgret genannt, ging ein oder zwei Mal in der Woche nach Coburg und brachte von dort Delikatessen, Weine, Kaffee und Tee, aber auch Zeitungen, Zeitschriften und Bücher mit. Nach dem Bericht eines Hildburghausener Polizeikommissars, der unter der Hand Ermittlungen angestellt hatte, las der Graf den *Schwäbischen Merkur,* die *Frankfurter Oberpostamts-Zeitung* und die *Augsburger Allgemeine,* dazu das Pariser Tageblatt *Cécilie.* Manchmal befanden sich französische Modejournale in dem Packen, den die Teichgret ablieferte. Unter den Büchern überwogen Werke, die Themen der Philosophie und der Religion sowie der Kirchen- und Ketzergeschichte behandelten.

Die Botengänge nach Hildburghausen waren dem Ehepaar Johann und Käte Schmidt anvertraut. Die Schmidts schafften die Lebensmittel heran, welche die Bewohner des Hauses täglich benötigten. Die Köchin verbrauchte in der Woche etwa 12 Pfund Butter und 120 Eier. Nach dem Bestellzettel zu urteilen, der dem Ehepaar jeden Morgen um fünf Uhr ausgehändigt wurde, schienen die beiden Unbekannten Feinschmecker zu sein. Die Dame bevorzugte wohl Kalbfleisch und Geflügel, während sich der Graf des öfteren Fische, Krebse und Wild bereiten ließ. Dergleichen erfuhr man natürlich nicht von den Boten, die alle Fragen mit mürrischem Schweigen beantworteten, sondern von den Hildburghausener Kaufleuten, die den Geheimnisvollen zu ihren besten Kunden zählten. Seine jährlichen Ausgaben betrugen etwa 9000 Gulden. Niemand wusste, woher das Geld kam.

Allmählich gewöhnte sich das Dorf an seine sonderbaren Gäste. Nur einmal schien es, als ob ein kleiner Krieg auszubrechen drohte. Es war in Eishausen Brauch, das neue Jahr mit Gewehrschüssen zu begrüßen. Die Burschen holten ihre Donnerbüchsen aus den Schränken und machten sich einen Spaß daraus, die Leute zu erschrecken. Noch nie hatte man den Fremden so zornig gesehen, aber wie sehr er auch drohte und wetterte – die Halbwüchsigen dachten nicht daran, um einer ängstlichen Dame willen auf ihr Vergnügen zu verzichten. Der Graf beschwerte sich in Hildburghausen, und die Polizei untersagte das Neujahrsschießen. Am Silvestertag des nächsten Jahres rückte ein Militärkommando in das Dorf ein, um dem Verbot Nachdruck zu verleihen. Nun war erst recht der Teufel los! Die Burschen, erbittert über diesen Eingriff in ihre alten Bräuche, trieben es toller denn je, und da sie Weg und Steg kannten, kamen die Soldaten immer zu spät. Die Obrigkeit bemäntelte ihre Niederlage, indem sie einige angebliche Rädelsführer festnahm und für ein paar Tage ins Gefängnis steckte.

Pfarrer Kühner, der wohl befürchtete, dass der Graf in diesem Scharmützel den Kürzeren ziehen würde, griff vermittelnd ein. Mit Gewalt ließ sich hier nichts ausrichten, im Gegenteil, jeder Versuch, die jungen Leute durch Polizeimaßnahmen zur Räson zu bringen, verschärfte die Lage, statt sie zu entspannen. Es war für beide Teile besser, wenn sie sich gütlich einigten. Der Pastor schlug einen Kompromiss vor: Die Burschen verzichteten künftig auf das Neujahrsschießen, und der Graf belohnte sie für ihre

Gefügigkeit, indem er ein Erkleckliches zu ihrer Kirchweih beisteuerte. Auf dieser Basis wurde Frieden geschlossen. Das geheimnisvolle Paar hatte nie mehr Anlass, sich über die Dorfjugend zu beschweren.

Es scheint, dass der Graf aus diesem Vorfall Lehren zog. Von nun an bemühte er sich, die Sympathie der Eishausener zu gewinnen. Wenn er erfuhr, dass jemand unverschuldet in Not geraten war, half er mit ein paar Talern. Die vom Pfarrer verwaltete Armenkasse erhielt beträchtliche Zuwendungen, und auch bei anderen Gelegenheiten, zum Beispiel bei Hochzeiten, Kindtaufen und Leichenfeiern, ließ sich der Herr nicht lumpen. Die Dorfbewohner fanden, dass sie es mit ihm recht gut getroffen hatten. Es gab wahrlich Schlimmere als diesen Rätselhaften, dessen französischen Namen Vavel sie unter sich in Pfaffel verdrehten. Sie bedankten sich, indem sie seine Wünsche respektierten. Der Graf vertrug es nicht, wenn man ihn und seine verschleierte Begleiterin neugierig anstarrte? Nun gut, dann tat man eben so, als ob man die beiden nicht bemerkte, und beobachtete sie nur verstohlen aus den Augenwinkeln. Wohlverhalten zahlte sich aus …

Zwischen dem Grafen und dem Pfarrer entwickelte sich allmählich ein Vertrauensverhältnis, freilich eines von besonderer Art. Vavel de Versay bot dem Geistlichen die Mitbenutzung der von ihm abonnierten Zeitungen und Zeitschriften an. Bald wurde es üblich, dass die Botin, welche die Journale überbrachte, dem Empfänger Zettel und Briefe mit polemischen oder erklärenden Bemerkungen zu politischen Tagesereignissen aushändigte. Der Pastor, der die streng konservativen Ansichten des Grafen nicht in jedem Fall teilte, antwortete auf die gleiche Weise. An manchen Tagen trabte die Botin wohl ein dutzend Mal zwischen der Pfarrwohnung und dem Pächterhaus hin und her. Nicht eine einzige dieser Mitteilungen ist erhalten geblieben. Der

Graf forderte sie vom Adressaten zurück und scheint sie später vernichtet zu haben. Vielleicht fürchtete er, an seiner Handschrift erkannt zu werden, vielleicht enthielten einige Zettel vertrauliche Informationen, die nicht in die Hände Dritter fallen sollten. Der Pastor verriet auf Befragen nur, der Graf sei in den Disputen mit Eifer und Sachkenntnis für die Rechte der Bourbonen eingetreten.

Es ist unglaublich, doch verbürgt: Die beiden schrieben sich fünfzehn Jahre lang Briefe politischen und möglicherweise auch persönlichen Inhalts, sie wohnten einander so nah, dass sie sich sehen konnten, wenn sie aus dem Fenster blickten, aber sie wechselten nie ein Wort miteinander. Wenn sie sich auf der Dorfstraße begegneten, grüßten sie höflich; dann ging jeder seines Weges. Niemand weiß, was den Grafen bewogen hat, je den persönlichen Verkehr mit dem als verschwiegen bekannten Geistlichen abzulehnen. Wahrscheinlich wollte er vermeiden, dass ihm im Eifer des Gesprächs ein unbedachtes Wort entschlüpfte.

1817 starb der alte Philipp Scharre. Das Kirchenbuch von Eishausen gibt als Todesursache Wassersucht an. Der Graf, der über einige medizinische Kenntnisse verfügte, pflegte den Schwerkranken – ob aus reiner Menschenfreundlichkeit oder weil er befürchtete, der Schweizer könnte in seiner letzten Stunde noch zu plaudern beginnen, steht dahin. Der Dreiundsiebzigjährige nahm das Geheimnis der Dame mit ins Grab. Nur einmal hatte er angedeutet, dass er mehr wusste als die anderen Bediensteten. Als man ihn nach den Vermögensverhältnissen der Unbekannten fragte, erwiderte er: »Sie hat nichts, aber sie ist Herrin über alles.« Dies war die einzige Indiskretion, die je über seine Lippen kam.

Was hinter den Mauern des Hauses vor sich ging, blieb den Dorfbewohnern verborgen. Sie sahen die Verschleierte nur, wenn sie gemeinsam mit dem Grafen ausfuhr – hinüber ins Fränkische nach Rodach oder ins Werratal. Immerhin hatten sie Gelegenheit, einige interessante Beobachtungen zu machen. Die Dame fuhr zusammen, wenn in ihrer Nähe Eisen klirrte oder Schüsse knallten, aber das Muhen der Kühe, das Blöken der Schafe, den Gesang der Mägde empfand sie offenbar als angenehm. Die Herden des Dorfes konnten an dem Haus vorbeigetrieben werden, ohne dass der Graf dagegen protestierte. Auch bemerkte man, dass vor den Fenstern des Hauses auffällig viele Katzen umherstrichen: Die Unbekannte warf ihnen gelegentlich Futter zu. Ein Bauer behauptete sogar, sie habe dabei einmal den Schleier zurückgeschlagen, aber ob man ihm glauben durfte, darüber gingen die Meinungen auseinander. Eines stand jedenfalls fest: Die Dame, die man allgemein die Gräfin nannte, weil man sie für die Frau des Grafen hielt, liebte die Tiere und fühlte sich auf dem Land wohl.

Jahre vergingen, ohne dass sich an der Lebensführung des Paares etwas veränderte. Die beiden unternahmen gelegentlich Ausflüge mit der Kutsche – manchmal zum Schulersberg, von dessen Höhe sich ein wundervoller Blick über das Werratal bot. Der Graf hatte hier ein kleines Landhaus erworben, das die Schmidts für ihn verwalteten. Die Dame liebte augenscheinlich dieses Fleckchen Erde. Man sah sie zuweilen auf der Terrasse sitzen und hörte sie mit leiser Stimme schwermütige Lieder singen – was ihr Begleiter sofort unterband, wenn er merkte, dass Neugierige in der Nähe waren. In Eishausen hatte das Paar einen umfriedeten Garten, in dem die Verschleierte bei gutem Wetter oft spazieren ging. Der Graf überwachte sie von einem Fenster des Hauses, wie es hieß, mit einer Pistole in der Hand. Aber niemand von den Dorfbewohnern wagte, sich der Unbekannten zu nähern, und Fremde kamen nur selten in diese abgelegene Gegend.

1826 drohte den beiden Gefahr. Herzog Friedrich vertauschte das magere Sachsen-Hildburghausen mit dem fetten Sachsen-Altenburg, das Ländchen wurde mit dem Herzogtum Sachsen-Meiningen vereinigt, und die neue Regierung verlangte, dass der Graf seine Papiere vorlegen und auch über seine Gefährtin Auskunft geben sollte. Vavel de Versay weigerte sich und verwies auf den Schutzbrief, den ihm Herzog Friedrich 1824 ausgestellt hatte. Wider Erwarten lenkten die Meininger Behörden ein – wohl kaum aus eigenem Antrieb, sondern weil ihnen von allerhöchster Stelle untersagt worden war, sich um Dinge zu kümmern, die nicht in ihre Zuständigkeit fielen. Das Paar blieb in Eishausen, und niemand belästigte es mehr mit Fragen nach Namen, Stand und Herkunft.

Aber eines hatte der Streit doch bewirkt: Die fast schon eingeschlafene Neugier wurde wieder rege. 1828 war in Nürnberg der Findling Kaspar Hauser aufgetaucht, und Berufene wie Unberufene beschäftigten sich mit der Frage, wer er wohl sei – ein Prinz, ein Betrüger oder ein Verrückter. 10 000 Gulden winkten dem, der das Rätsel löste. Ein Polizeirat aus Gotha vermutete, dass die beiden Unbekannten in die Kaspar-Hauser-Affäre verwickelt waren, und fragte seinen Kollegen, den berühmten Kriminalisten und Strafrechtslehrer Anselm von Feuerbach, was er von dieser These hielte. Feuerbach, wie gewöhnlich gut informiert, antwortete ihm im Dezember 1832: »Übrigens habe ich Ursache zu vermuten, dass die Requisition Ew. Hochwohlgeboren sich auf eine Familie beziehe, über welche mir bereits im vorigen Jahre eine Anzeige zugekommen ist, die weiter zu verfolgen mir durch dringende Umstände damals nicht gestattet war, nämlich auf den sehr reichen geheimnisvollen Unbekannten, welcher, fast von der ganzen übrigen Welt abgesondert, mit einem schönen Frauenzimmer, das für seine Gemahlin gehalten wird, bei Hildburghausen lange Zeit gelebt und der, wie ich aus sicherer Hand weiß, niemand außer der höchstseligen Herzogin von Gotha-Altenburg unter dem

Siegel tiefster Verschwiegenheit über seinen Stand und sein Woher Auskunft gegeben hat.« Was im Klartext bedeutet: Lass die Finger von den Eishausenern, wenn dir deine Karriere lieb ist! Den Verdacht des Polizeirats hielt Feuerbach für abwegig.

Am 25. November 1837 starb die Unbekannte, wahrscheinlich an einer Lungenentzündung. Der Graf ließ keinen Arzt an ihr Krankenbett rufen; er pflegte sie mit eigener Hand und saß bis zur letzten Minute bei ihr. Im Kirchenbuch von Eishausen findet sich die Eintragung: »Wohnort Eishausen, Alter 58 Jahre, gestorben den 25. November nachts um 10 Uhr, gestorben an unbestimmter Krankheit. Die Verstorbene lebte an dreißig Jahre in geheimnisvoller Verborgenheit mit einem Manne, der sich Graf Vavel nennt, im hiesigen Schlosse und wurde in einem ihr eigentümlich zugehörigen Berggarten bei Hildburghausen beerdigt. Ihr Name und ihre Lebensverhältnisse wurden mir ohngeachtet wiederholter Anfragen nicht mitgeteilt.« Am 28. November wurde der Leichnam zur letzten Ruhe gebettet. Der Graf nahm nicht an der Beisetzung teil – der nun schon fast Siebzigjährige fürchtete wohl, die seelische Belastung nicht ertragen zu können.

Die Behörden waren nicht so leicht zufriedenzustellen wie der Kirchenbuchführer von Eishausen. Sie verlangten, dass der Graf den Namen der Verstorbenen nannte – wobei sie vermutlich nicht erwarteten, dass es der richtige sein würde. Diesmal fügte sich der Geheimnisvolle: Er ließ seine Gefährtin als »Sophie Botta, ledig, bürgerlichen Standes, aus Westphalen« in das Hildburghausener Totenregister eintragen. Später ging man auch dieser Spur nach. Sie führte ins Leere: Eine Sophie Botta war in Westfalen unbekannt. Die Gesetze schrieben vor, dass der Nachlass von Verstorbenen, die keine Angehörigen hatten, amtlich registriert und zehn Jahre lang für die sich vielleicht noch meldenden Erben aufbewahrt werden musste. Der Graf, der sicherlich vermeiden wollte, dass Neugierige in den Sachen der Toten herumschnüffelten, protestierte gegen diese Anordnung. Wieder wichen die Behörden zurück: Sie händigten ihm die Hinterlassenschaft aus – gegen Zahlung von 1470 Gulden, die das mit der Regelung der Angelegenheit beauftragte Gericht in Verwahrung nahm. Da niemand Anspruch auf das Erbe erhob, wurde die Summe 1848 der Staatskasse überwiesen.

Der Nachlass der Dame bestand zum großen Teil aus kostbaren Kleidungsstücken. Wir wissen dies aus einem Brief, den der Graf wohl im Dezember 1837 an die Witwe des Pfarrers Kühner richtete: »Sie können sich denken, daß viele wertvolle Stücke, besonders aus früheren Zeiten, seidene Oberröcke, Shawls und so weiter, wovon die meisten nie gebraucht, darunter sind. Es fanden sich in einem seidenen Beutelchen zwanzig Louisdor, in einer Schachtel zehn bis zwölf Dukaten und vielleicht ein paar Dutzend Kronthaler. Sie hat seit dreißig Jahren keinen Heller auszugeben Gelegenheit gehabt ..., konnte auch an niemand schreiben, da sie keine Bekannten hatte ... Ich habe immer wie mit religiöser Scheu ihre vielen Kommoden betrachtet, sie nie berührt; ich wußte nicht, wie viele schöne, ihr aufgedrungene Sachen sie enthielten.« Der Brief schloss mit der Klage: »Ich lege mich öfters des Tages nieder, doch vergeblich; die Gicht läßt meinem Körper so wenig Ruhe, als die mich umgebenden Gegenstände meinem Geiste. Das Haus ist wie verödet.«

Es scheint, dass sich der Graf nur schwer an die Einsamkeit gewöhnte. Das Alleinsein bedrückte ihn. Der sonst so Schweigsame wurde unvorsichtig und plauderte manches aus, was er zu Lebzeiten seiner Gefährtin nie und nimmer preisgegeben hätte. In einem Brief an die Witwe Kühner findet man zum Beispiel den Hinweis: »Es ist keine getrennte Ehe, es ist mehr, es ist die Zerreißung eines zusammengewachsenen Geschwisterpaares. Das eine kann nicht ohne das andere fortleben.« Und in einer wohl später geschriebenen Mitteilung heißt es: »Die Verblichene war eine Waise, die alles, was sie besaß, mir verdankte, aber sie hat mir das tausendfach vergolten. Meine Verbindung hatte etwas Romantisches, einer Entführung Ähnliches.« Damals ahnte noch niemand, was sich hinter diesen Andeutungen verbarg. Später halfen sie der Forschung ein Stück weiter ...

In den vierziger Jahren verschlechterte sich der Gesundheitszustand des Grafen. Der Hildburghausener Obermedizinalrat Karl Hohnbaum, der den an Gicht und anderen Übeln Leidenden in Eishausen besuchte, fand einen Greis vor, der zwar schon vom Tod gezeichnet, aber noch im Vollbesitz seiner geistigen Kräfte war. Die beiden unterhielten sich fünf Stunden lang. Auch die Verstorbene wurde mehrmals erwähnt. Der Kranke erzählte dem Arzt, dass er 1805 nach Wien gefahren sei, um mit dem Zaren Alexander von Russland zu sprechen, und fuhr dann fort: »Denken Sie, damals war die Dame schon bei mir; ich musste unaufhaltsam mit Kurierpferden reisen; die Dame konnte ich nicht verlassen, sie musste mich begleiten, und niemand durfte ihr Dasein ahnen; denken Sie, welche Verlegenheit!« Wahrscheinlich deutete der Obermedizinalrat im weiteren Verlauf des Gesprächs an, dass er den Einfall, eine an Lungenentzündung Erkrankte ohne ärztlichen Beistand kurieren zu wollen, nicht für sehr glücklich hielt. Der Graf wehrte den Vorwurf mangelnder Fürsorge mit den Worten ab: »Ich wollte für die Kranke Sie als Arzt rufen lassen, doch sie wollte das nicht; auch hätte sie Opfer von Ihnen verlangt.« Hohnbaum erwiderte, es gehöre zu seinem Beruf, Geheimnisse zu bewahren. Der alte Mann brauste auf: »Herr, Sie wissen nicht, welche Verantwortung Sie auf sich genommen hätten, wenn ich Sie zu dieser Dame geführt hätte!« Das Gespräch endete offenbar mit einem Missklang. Der Obermedizinalrat wurde nie wieder nach Eishausen gebeten. »Es geht mir wie den Nonnen«, schrieb der Graf an die Witwe Kühner, »wenn sie einmal reden, reden sie zu viel.«

Am 8. April 1845 starb Vavel de Versay. Nach dem Bericht der Wirtschafterin, die ihn betreute, schleppte er sich kurz vor seinem Tod mit letzter Kraft in sein Arbeitszimmer und verbrannte dort viele Briefe und Dokumente. Die Behörden verfügten, den Leichnam in Eishausen beizusetzen. Eine Platte mit der Inschrift »Dunkelgraf« kennzeichnet seine letzte Ruhestätte. Warum man den Wunsch des Grafen, neben seiner Gefährtin beerdigt zu werden, nicht erfüllte, lässt sich heute nicht mehr feststellen.

Die Nachlassverwalter machten sich an die Arbeit. Sie fanden eine reichhaltige Bibliothek und viele kostbare Möbel, Uhren, Schmuckgegenstände und Waffen vor, deren Geldwert sie auf etwa 14 000 Gulden schätzten, dazu einen Barbestand von 1038 Gulden – alles in allem eine recht ansehnliche Erbschaft, aber doch weniger, als man erwartet hatte. Ferner entdeckten sie im Kasten einer seit langem nicht mehr benutzten Kutsche einen Pass, ausgestellt auf den Namen Leonardus Cornelius van der Valck, und ein Taufzeugnis, aus dem hervorging, dass dieser van der Valck im September 1769 zur Welt gekommen war – als Sohn des Amsterdamer Kaufmanns Adrianus van der Valck und seiner Ehefrau Johanna, geborene van Morrsel. Der Pass trug das Datum 1799; ein gewisser Bacher, allem Anschein nach ein französischer Diplomat, hatte ihn mit seiner Unterschrift beglaubigt.

Da man auch einige Briefe van der Valcks gefunden hatte, ergab sich die Möglichkeit, seine Handschrift mit der des rätselhaften Vavel de Versay zu vergleichen. Das Ergebnis schloss jeden Zweifel aus: Der angebliche Graf und der

Holländer waren identisch. Wie kam ein Kaufmannssohn dazu, den Aristokraten zu spielen? Handelte es sich vielleicht um einen Schwindler? Was man sonst noch zutage förderte, sprach dagegen. Leonardus Cornelius van der Valck hatte als Offizier in der französischen Armee gedient und sich dann für die Diplomatenlaufbahn entschieden. Er machte rasch Karriere: In den Jahren 1798 und 1799 arbeitete er als Sekretär an der holländischen Botschaft in Paris. Die reichen Mittel, über die er schon damals verfügte, stammten aus seinem eigenen Besitz. Ein Schwindler wollte Geld erwerben, aber nicht ausgeben – schon gar nicht für eine Frau, von der er wusste, dass sie ihm seine Wohltaten niemals vergelten konnte.

Nach wenigen Wochen meldeten sich die Erben. Ein Vetter des Verstorbenen erschien in Hildburghausen und legte dem Nachlassgericht einige Briefe vor, die van der Valck seinen Angehörigen in Amsterdam geschrieben hatte. Das Gericht prüfte die Papiere und erkannte sie als Beweismittel an. Eines allerdings fiel dem Richter auf: Der Notar, der den Vetter begleitete, drängte wiederholt und mit steigender Ungeduld auf eine rasche Erledigung der Angelegenheit. Sollten die Verwandten des Erblassers wirklich in so schlechten Verhältnissen leben, dass sie die Zeit nicht abwarten konnten? Später stellte sich heraus, dass es den Erben weniger um das Hildburghausener Guthaben in Höhe von 15 100 Gulden als vielmehr darum gegangen war, den Aktienbesitz des Verstorbenen an sich zu bringen, bevor ihn andere Verwandte mit Beschlag belegten. Leonardus Cornelius van der Valck besaß Anteilscheine des großen Amsterdamer Handelshauses Wijnand Focking, sein Aktienvermögen betrug, grob geschätzt, etwa 150 000 Gulden, und an diese fette Beute kamen die Hinterbliebenen erst heran, nachdem die Behörden in Hildburghausen ihr Erbrecht in juristisch einwandfreier Form bestätigt hatten.

Natürlich stellte das Gericht den beiden Bevollmächtigten auch die Frage, ob sie wüssten, wer die Dame gewesen sei. Die Holländer waren zunächst verblüfft, dann empört: Sie hörten zum ersten Mal, dass der Verstorbene mehrere Jahrzehnte lang mit einer unverheirateten Frau zusammengelebt hatte, und werteten dies als eine schlimme moralische Verfehlung. Das Verhältnis des Leonardus Cornelius van der Valck zu seinen Amsterdamer Vettern war wohl nie sehr herzlich gewesen. Bei dem Namen Vavel de Versay nickten sie: Jawohl, so hieß der Herr, der alle für van der Valck bestimmten Briefe und Überweisungen in Empfang nahm und an ihn weiterleitete.

Damals hielten viele das Geheimnis der Dame schon für enträtselt. In dem Kasten der Kutsche waren auch dreizehn Briefe aus den Jahren 1798 und 1799 gefunden worden, gerichtet an van der Valck und unterzeichnet von einer Agnes Berthelemy, Frau eines französischen Generals, die von ihrem Mann getrennt lebte. Aus den Papieren ging hervor, dass der Holländer und die Generalin auf sehr vertrautem Fuß gestanden hatten. Das Übrige reimte man sich zusammen: Van der Valck überredete seine Freundin, mit ihm nach Deutschland zu fliehen, der gehörnte General setzte den beiden racheschnaubend nach, und aus Angst vor ihm versteckte sich das Paar in Hildburghausen.

Einige Zweifler gaben zu bedenken, dass vieles gegen diese Mutmaßung sprach. Es war sehr unwahrscheinlich, dass ein betrogener Ehemann über dreißig Jahre lang nach seiner verschwundenen Frau suchte. Die ungewöhnlichen Vorsichtsmaßnahmen des Holländers legten die Schlussfolgerung nahe, dass die Rätselhafte mehr zu verheimlichen hatte als einen simplen Ehebruch. Und schließlich: Wenn sich hinter dem Schleier tatsächlich nur eine entlaufene Generalin verbarg – wie erklärte man dann die offenkundige Anteilnahme der sittenstrengen Singlotte und ihres Gemahls? Wie die auffällige Rücksichtnahme der Meininger Behörden nach dem Regierungswechsel von 1826? Die Skeptiker behielten recht. Nachforschungen ergaben: Agnes Berthelemy verbrachte ihre letzten Jahre in Winnweiler, einem Dorf in der Nähe von Kaiserslautern. Nach dem Kirchenbuch der Gemeinde starb sie am 28. Februar 1827, also lange vor der Unbekannten, die man erst jetzt, etwa zehn Jahre nach ihrem Ableben, Dunkelgräfin zu nennen begann.

Die nächste Entdeckung führte wiederum auf eine falsche Spur. Schon seit langem fragte man sich, woher das geheimnisvolle Paar gekommen war. Durch einen Zufall wurde bekannt, dass es vom Herbst 1803 bis zum Frühjahr 1804 in Ingelfingen gewohnt hatte, einer kleinen Residenz im Württembergischen, auf halbem Weg zwischen Mergentheim und Schwäbisch-Hall. Van der Valck nannte sich schon damals Vavel de Versay. Auch daran, dass der Kutscher Philipp Scharre oder Squarre hieß, konnten sich die Ingelfinger noch erinnern. Die verschleierte Dame ging manchmal im Schlosspark oder am Ufer des Kocher spazieren – nie allein, sondern stets in Begleitung des Herrn, der ihr in respektvollem Abstand folgte und alle, die in ihre Nähe kamen, misstrauisch beobachtete. Die Vorsichtigen wichen den beiden aus – es hieß, dass Monsieur Vavel eine geladene Pistole bei sich trug.

Kurz nach dem 15. März 1804 reiste das Paar Hals über Kopf ab. Die Ingelfinger vermuteten, dass seine Flucht mit einem aufsehenerregenden Entführungsfall zusammenhing, der sich in der benachbarten Markgrafschaft Baden ereignet hatte. Der Entführer war Napoleon, der Entführte ein berühmter Emigrant – der Herzog von Enghien, der damals mit seiner Frau, der schönen Prinzessin Rohan-Rochefort, im badischen Ettenheim lebte. Ob der Korse tatsächlich glaubte, der Herzog sei in eine weitverzweigte

Napoleon Bonaparte (Gemälde von Jacques-Louis David)

konterrevolutionäre Verschwörung verwickelt, oder ob er nur ein Exempel statuieren wollte, das alle Freunde der Bourbonen erzittern ließ, ist bis heute nicht geklärt worden. Am 15. März fiel ein französisches Militärkommando in das neutrale Baden ein und holte den jungen Mann aus dem Ehebett. Das Kriegsgericht, das am 21. März zusammentrat, fragte nicht viel nach Beweisen. Drei Stunden nach Verkündung des Todesurteils krachte die Salve. Zahlreiche Emigranten hielten es nach dieser Affäre für ratsam, einen Ortswechsel vorzunehmen.

Der Herzog von Enghien war der letzte männliche Spross des Hauses Condé – und der Name Condé ließ einige aufhorchen. Der Herzog hatte eine Schwester, Louise Condé, die seit 1799 als verschollen galt. Ein merkwürdiger Zufall: Der Pass van der Valcks trug ebenfalls das Datum 1799. Die Condé gehörten zu den vornehmsten Aristokratengeschlechtern Europas und standen im Rang deutschen Reichsfürsten gleich. Dies würde die tätige Anteilnahme des Hofes erklären – Hochadel ließ Hochadel nicht im Stich. Warum verbarg die Dame ihr Gesicht hinter einem Schleier? Offenbar fürchtete sie, von den Häschern Napoleons erkannt zu werden. Nur eine Frage blieb unbeantwortet: Wenn die Dunkelgräfin tatsächlich mit der verschwundenen Louise Condé identisch war – warum kehrte sie nach dem Sturz des Korsen nicht in ihre Heimat zurück? Es gab doch nun keinen Grund mehr, sich zu verstecken. Im Gegenteil, die wieder zur Macht gelangten Königstreuen hätten sie, die Schwester eines Märtyrers, mit offenen Armen empfangen. Nein, die Condé-These entbehrte der Logik. Ihre letzten Anhänger kapitulierten, als sich herausstellte, dass die angeblich Verschollene nur ihren Namen gewechselt hatte, und zwar auf ganz einfache Weise – durch Heirat. Als Louise Condé war sie vor der Revolution geflohen, als Gräfin de Montessus-Rully kam sie 1815 wieder. Sie starb 1829.

Auch der nächste Versuch, die Dunkelgräfin zu identifizieren, endete mit einem Misserfolg. Man fahndete weiter nach angeblich vermissten Angehörigen des französischen Hochadels und stieß dabei auf Stéphanie-Louise de Bourbon – eine Abenteurerin, die sich als uneheliche Tochter Ludwigs XV. ausgab, ohne von den Bourbonen als solche anerkannt worden zu sein. Jedoch stellte sich heraus, dass die Dame zu der Zeit, als sich die Dunkelgräfin in Eishausen aufhielt, in Orleans gelebt hatte – wenig standesgemäß als Besitzerin eines kleinen Tabakladens.

Es schien, als sei das Rätsel unlösbar. Zwar behauptete der Sohn des Pfarrers Kühner nach wie vor, die Unbekannte wäre eine bourbonische Prinzessin gewesen, aber auch ihm fehlten Beweise. Erst nach der Jahrhundertwende entdeckte man eine Spur, die mehr Erfolg versprach als die bisherigen Fährten. Es gab da nämlich noch ein anderes Geheimnis, das der Aufdeckung harrte – und wenn man dieses mit dem Rätsel von Hildburghausen verknüpfte, passte plötzlich vieles zusammen, manches Unerklärliche wurde erklärbar, sogar die absonderlichen Sicherheitsmaßnahmen van der Valcks erhielten einen Sinn. Die Ermittlungen führten zurück in die Sturmjahre der Französischen Revolution. Wahrscheinlich begann der verschlungene Weg der Verschleierten, als das Volk von Paris am 14. Juli 1789 die Bastille stürmte.

Am 21. Juni 1791 versuchte Ludwig XVI., mit seiner Familie außer Landes zu fliehen. Sein Plan war, mit einer österreichischen Armee nach Paris zurückzukehren und alle Errungenschaften der Revolution zu beseitigen. Der Sohn des Postmeisters von Sainte-Menehould, Jean Baptiste Drouet, erkannte ihn und ließ ihn in der Nacht zum 22. Juni in Varennes festnehmen. Am 10. August 1792 erhob sich das Volk von Paris zum zweiten Mal und versetzte der Monarchie den Todesstoß. Ludwig XVI. wurde verhaftet und am 18. August mit seinen Angehörigen in den Temple gebracht – ein ehemaliges Ordenshaus der Templer, das seit der Zerstörung der Bastille als Staatsgefängnis diente. Hier warteten die Gefangenen auf die Entscheidung des republikanischen Konvents. Sie waren ihrer fünf: der König und seine Schwester, Madame Elisabeth, die Königin Marie Antoinette und ihre beiden Kinder, der siebenjährige Thronfolger Louis und die vierzehnjährige Prinzessin Marie Thérèse Charlotte.

Die Französische Republik kämpfte damals um ihre Existenz. Eine preußische Interventionsarmee näherte sich Paris, und ihr Oberbefehlshaber, der Herzog von Braunschweig, hatte gedroht, die Stadt zu zerstören, falls es jemand wagen würde, der königlichen Familie ein Leid zuzufügen. Die Drohung bewirkte das Gegenteil des Erhofften. Statt das Volk einzuschüchtern, trieb sie es zu entschlossenem Handeln. Das Schicksal der Gefangenen war damit besiegelt. Der Konvent klagte Ludwig XVI. des Hochverrats an, verurteilte ihn zum Tode und ließ ihn am 21. Januar 1793 hinrichten. Neun Monate später, am 16. Oktober 1793, fiel das Haupt der Königin Marie Antoinette. Am 10. Mai 1794 trat Madame Elisabeth ihren letzten Gang an. Die Erziehung des Thronfolgers wurde im Juli 1793 einem prinzipienfesten Jakobiner, dem Schuster Simon, übertragen, der bei allen, die ihn kannten, als gutmütig galt. Der Knabe starb am 8. Juni 1795 – ungewiss, an welcher Krankheit, vielleicht an der Tuberkulose, die damals in Paris viele Opfer forderte, jedenfalls nicht an Misshandlungen seiner Pflegeeltern, wie die Königstreuen behaupteten. Marie Thérèse Charlotte blieb allein im Temple zurück.

Das Mädchen, fast ein Kind noch, hatte Schreckliches erlebt. Selbst Republikaner, die das gestürzte Königshaus hassten, empfanden Mitleid mit ihr. Auch wenn man Krieg gegen die Tyrannen führte, so bedeutete dies doch nicht, dass man die Sünden der Väter an ihren minderjährigen Töchtern rächen musste. Fast alle zeitgenössischen

Berichte stimmen darin überein, dass sich die Wachen im Temple nach Kräften bemühten, das Los der Gefangenen zu erleichtern – oft im Widerspruch zu den strengen Befehlen des Konvents. Sogar Antoine Quentin Fouquier-Tinville, der öffentliche Ankläger des Revolutionstribunals, schreckte davor zurück, die Waise vor Gericht zu stellen. Man konnte ihr letztlich keine konterrevolutionären Handlungen, sondern nur ihre Geburt vorwerfen ...

Nach dem Sturz der revolutionär-demokratischen Jakobinerdiktatur im Juli 1794 erlaubte man der Prinzessin, gelegentlich Besuche zu empfangen und Briefe zu schreiben. Nach den Schilderungen derer, die sie damals sahen, war die nun Sechzehnjährige sehr verhärmt und verschüchtert. Sie weinte viel und fürchtete sich, wenn in ihrer Nähe Waffen klirrten. Bekundungen des Mitgefühls und der Sympathie erwiderte sie mit fast schwärmerischer Dankbarkeit. In den Briefen, die sie an ihre Freundin Rénète de Chanterenne· richtete, findet man zahlreiche überschwängliche Formulierungen. Die »teure, kleine, gute Rénète«, die »süße, bescheidene, charmante Rénète« war wohl die Einzige, der sie völlig vertraute.

Und noch etwas fiel den Besuchern auf: Die Waise hatte Angst davor, in die große Welt zurückzukehren, obwohl sie sich danach sehnte, aus dem düsteren Gefängnis herauszukommen. Eines Tages schilderte sie einer alten Freundin ihrer Mutter, wie sie sich ihre Zukunft vorstellte: »Oft male ich mir ein friedliches Dasein auf dem Land aus. Manchmal schließe ich die Augen und träume, dass mein Leben in einem einsamen Schloss verstreicht, umgeben von Leuten, die mich lieben, wie ich sie liebe. Ich gehe in einem stillen Garten spazieren und füttere meine Tiere wie früher in Trianon. Mein Blick schweift über bewaldete Höhen, und die Menschen, denen ich begegne, ahnen nicht, wer ich bin.«

Im Herbst 1795 schlugen die Österreicher der Regierung in Paris vor, die Königstochter gegen einige französische Gefangene auszutauschen. Unter denen, deren Auswechslung Wien anbot, war auch der Sohn des Postmeisters von Sainte-Menehould, Jean Baptiste Drouet. Die Österreicher hatten den Konventskommissar gefasst, als er 1793 aus der belagerten Festung Maubeuge zu entkommen versuchte. Die Hofburg begründete ihre Offerte mit dem Hinweis, die im Temple Inhaftierte sei eine Enkelin der verstorbenen Kaiserin Maria Theresia und somit eine nahe Verwandte des seit 1792 regierenden Kaisers Franz. Nur wenige glaubten an die Mär von dem guten Onkel, der sich nach seiner unglücklichen Nichte sehnte. Die meisten nahmen an, dass sich das Haus Habsburg von nüchternen Erwägungen leiten ließ, zum Beispiel von dem Gedanken, dass die Prinzessin eine sehr gute Partie war – in finanzieller wie in politischer Hinsicht. Marie Thérèse Charlotte erbte das Vermögen ihrer hingerichteten Mutter, das zum größten Teil aus Schmuckstücken von unschätzbarem Wert bestand. Wie schön wäre es doch, wenn diese Kostbarkeiten in Wien blieben und einem Habsburger zugute kämen! Wer die Waise heiratete, erwarb zudem eine Anwartschaft auf den französischen Thron. Es gab Beispiele dafür, dass sich solche Anwartschaften zu gegebener Zeit gut verwerten ließen. Nach einigen Wochen sickerte durch, dass ein Bruder des Kaisers Franz, Erzherzog Karl, um die Hand der Prinzessin anhalten würde, sobald sie sich auf österreichischem Boden befände.

Die französische Regierung war froh, die Waise auf gute Art loszuwerden, und stimmte dem österreichischen Vorschlag zu. Der Innenminister Pierre Bénézech erhielt den Auftrag, alles Weitere zu veranlassen. Und Bénézech wies seinen Sekretär Bacher an, den Austausch, der am Weihnachtstag 1795 in der Nähe von Basel stattfinden sollte, organisatorisch vorzubereiten. Bacher verhandelte mehrmals mit dem Bevollmächtigten der Wiener Hofburg, einem Baron Degelmann. Der Österreicher forderte mit Nachdruck, dass die Prinzessin von Personen ihres Vertrauens begleitet würde – von ihrer alten Erzieherin Madame de Tourzel und von ihrer Freundin Rénète de Chanterenne. Der Franzose erhob keine Einwände. Alles schien so zu verlaufen, wie es geplant war.

Nur einer reagierte gereizt, als er von dem bevorstehenden Austausch erfuhr: der Bruder Ludwigs XVI., der Graf von Provence, der sich seit dem Tod des Thronfolgers Ludwig XVIII. nannte. Er hatte Frankreich im Juli 1792 verlassen. Seit 1794 lebte er in Verona, das damals zu Österreich gehörte. Der hohe Herr litt an chronischem Geldmangel. Eingeweihte bezifferten seine Schulden auf mehrere Millionen Livre. Und nun dies! Was ging die Österreicher das Erbe seiner Schwägerin Marie Antoinette an? Wie man hörte, planten sie auch, die Waise gegen ihn, den legitimen Erben, politisch auszuspielen. Das war zu viel! Aber was sollte man tun? Konnte man von der Siebzehnjährigen erwarten, dass sie ihrem Onkel zuliebe den Antrag des Erzherzogs Karl zurückwies? Nach allem, was man über sie wusste, besaß sie keinen eigenen Willen mehr. Zudem verabscheute sie den Bruder ihres Vaters, der schon vor der Revolution im Familienkreis wegen seiner ständigen Wühlereien »le taupe«, der Maulwurf, genannt wurde. Wer zuerst auf den Gedanken kam, das schwierige Problem dadurch zu lösen, dass man die Prinzessin verschwinden ließ und statt ihrer eine andere Person in Basel austauschte, ist ungewiss. Es gab unter den Emigranten viele, die keine Skrupel kannten – schon gar nicht, wenn es um Macht und Geld ging.

In Frankreich herrschte damals Verwirrung. Nach dem Sturz der Jakobinerdiktatur waren die Besitzbürger zur Herrschaft gelangt, die Revolutionsgewinnler, die von der alten Parole »Freiheit – Gleichheit – Brüderlichkeit« nur die Freiheit gelten ließen – und zwar die Freiheit, sich zu bereichern. Die Jakobiner hatten die Konterrevolution mit eiserner Faust niedergehalten. Das Direktorium, Regierungsorgan der Großbourgeoisie, fasste die Königstreuen zunächst mit Samthandschuhen an. Die Anhänger der Bourbonen witterten Morgenluft. Es schien, als ob die Wiederherstellung der Monarchie nur noch eine Frage der Zeit wäre. Die Armee, republikanisch gesinnt, machte einen Strich durch die Rechnung der Ehemaligen: Lazare Hoche, einer der fähigsten Revolutionsgenerale, zerschlug am 20. Juli 1795 eine bei Quiberon in der Bretagne gelandete Emigrantenarmee, und ein damals nur in Militärkreisen bekannter junger Artillerist namens Napoleon Buonaparte empfing die Aufständischen, die sich am 5. Oktober des Konvents zu bemächtigen versuchten, mit Kartätschenfeuer.

Obwohl die Konterrevolution zwei schwere Niederlagen erlitten hatte, gab es nach wie vor Leute, die eine Rückkehr der Bourbonen für wahrscheinlich hielten und daher bemüht waren, sich ein Alibi zu verschaffen. Es ist verbürgt, dass der Innenminister Bénézech Ludwig XVIII. durch einen Mittelsmann seine Dienste anbot, und auch Bacher gehörte zu denen, die glaubten, dass eine Rückversicherung nicht schaden könnte. Der Maulwurf und seine in Frankreich tätigen Gewährsleute drangen so in den Kreis derer ein, die den Austausch vorbereiteten. Die beiden Agenten leisteten gute Arbeit. Sie entfernten alle Personen, denen die Prinzessin vertraute, und ersetzten sie durch Anhänger der Bourbonen oder Bestochene. Der für die Sicherheit der Gefangenen während des Transports verantwortliche Gendarmeriehauptmann erhielt zum Beispiel 13 000 Francs. Madame de Soucy, die an die Stelle von Madame de Tourzel trat, wurde mit 1500 Dukaten belohnt, was nach damaligem Kurs etwa 15 000 Francs entsprach.

Wahrscheinlich fiel ihr die Aufgabe zu, die als Mann oder als Dienstmädchen verkleidete Ersatzprinzessin in den Wagenzug einzuschmuggeln.

Wer diese Ersatzprinzessin war, lässt sich nicht mehr mit Sicherheit feststellen, aber viele Indizien deuten darauf hin, dass sie sich auf ihre Rolle als Tochter der Marie Antoinette sorgfältig vorbereitet hatte. Sie wusste in der Familiengeschichte der Bourbonen so gut Bescheid, dass sie auch verfängliche Fragen beantworten konnte. Einige Forscher sind der Meinung, dass sie Ernestine de Lambriquet hieß – und dies würde erklären, warum die Wahl der Verschwörer gerade auf sie fiel. Die Lambriquets gehörten zum Hofadel. Jean de Lambriquet bekleidete vor der Revolution den Posten eines Kammerdieners am Hof des Grafen von Provence. Die Jakobiner richteten ihn 1794 als unverbesserlichen Konterrevolutionär hin. Es gab Gerüchte, dass er nicht der Erzeuger der Ernestine war. Der Augenschein bestätigte diese Mutmaßungen: Das Mädchen sah wie eine Bourbonin aus. Wahrscheinlich hatte sich ihre verstorbene Mutter der Gunst des Grafen von Provence erfreut.

Die Gefahr, dass die Österreicher den Betrug entdeckten und die falsche Prinzessin zurückschickten, war gering. Niemand von ihnen hatte Marie Thérèse Charlotte je gesehen – und die Kinderbildnisse aus der Zeit vor der Revolution besaßen wenig Beweiskraft: Schwere Schicksalsschläge können die Züge eines Menschen bis zur Unkenntlichkeit verändern. Die französischen Emigranten würden sich wohl nicht so leicht täuschen lassen wie die Herren aus Wien. Es gab unter ihnen viele, die sich sehr gut an die Tochter ihrer Königin erinnerten. Was geschah, wenn einer dieser Männer öffentlich erklärte, hier wäre ein Verbrechen begangen worden? Die Österreicher würden die Identität der Ausgetauschten überprüfen – wahrscheinlich mit dem Ergebnis, dass die Ängstlichen unter den Eingeweihten die Nerven verloren und zu

Die falsche Sophie Thérèse;
Brautbild von Henri Pierre Dauloux (1797)

reden begannen. Nein, Emigranten durften in Basel nicht zugegen sein. Madame de Soucy übermittelte dem österreichischen Bevollmächtigten die angebliche Bitte der Prinzessin, alle französischen Flüchtlinge, auch solche von hohem Rang, von ihr fernzuhalten. Baron Degelmann erfüllte ihr diesen Wunsch. Er schöpfte nicht einmal Verdacht, als sich herausstellte, dass die von ihm benannten Vertrauenspersonen durch Leute, die er nicht kannte, ersetzt worden waren. Zwar protestierte er gegen diese Verletzung des Abkommens, aber er ließ sich von Bacher, der sich für das bedauerliche Versehen entschuldigte, rasch beruhigen.

Eines war den Verschwörern wohl von vornherein klar: Das Unternehmen konnte nur gelingen, wenn sich die echte Prinzessin mit dem Personentausch einverstanden erklärte. Zwar gab es noch die Möglichkeit, sich ihrer mit einem Dolchstoß für alle Zeiten zu entledigen, aber das Risiko, eines Tages als Mörder entlarvt und vor Gericht gestellt zu werden, wollte offenbar keiner der Beteiligten auf sich nehmen. Wahrscheinlich fiel die Aufgabe, Marie Thérèse Charlotte davon zu überzeugen, dass alles nur zu ihrem Besten diente, dem wortgewandten Bacher zu. Da er die Gemütsverfassung der Gefangenen kannte, hatte er leichtes Spiel. Die verschüchterte Waise fürchtete sich vor der Unruhe, die sie in Wien erwartete, und sehnte sich nach einem Leben fern der Höfe. In einem stillen Tal der Schweiz, versicherte ihr Bacher, stünde ein Landhaus für sie bereit, und alles würde dort so sein, wie sie es sich wünschte. Ob die Prinzessin anfänglich schwankte oder ob sie das Angebot sofort annahm, lässt sich nicht mehr ermitteln. Nur eines steht fest: Es ist keine Gewalt angewendet worden. Die Tochter der Marie Antoinette gab ihre Identität freiwillig auf. Von den Konsequenzen ahnte sie wohl noch nichts …

In Hüningen, einem kleinen Ort nahe der Schweizer Grenze, etwa sechs Kilometer von Basel entfernt, ist die echte Prinzessin zum letzten Mal gesehen worden. Sie kam am Abend des 24. Dezember 1794 an und wohnte zwei Tage im Gasthof »Zum Raben«. Die Wirtsleute schilderten sie später als ein scheues Mädchen, das von dem Anblick eines Knaben zu Tränen gerührt wurde: Der Lockenkopf erinnerte die Gefangene an ihren toten Bruder. Aus Hüningen stammt auch der letzte Brief, den Marie Thérèse Charlotte an Rénète de Chanterenne richtete: »Ich liebe Sie sehr. Ich möchte jemandem mein Herz ausschütten, dem ich vertraue, den ich liebe. Aber das kann ich nicht der Person, die mich begleitet. Ich kenne sie nicht genügend, um ihr alles zu sagen, was ich fühle. Nur Ihnen, meine gute Rénète, möchte ich mich anvertrauen. Ich bin sehr unglücklich, und ich möchte nur eine Person um mich haben, und die habe ich nicht mehr.«

Am späten Abend des 26. Dezember holte Bacher die Prinzessin ab – nicht mehr die echte, sondern schon die untergeschobene. Später kam heraus, dass eine unbekannte Dienstmagd in dem Gasthof aufgetaucht war. Die Soldaten, die das Haus bewachten, hielten sie für eine Angestellte der Wirtsleute und schenkten ihr keine Aufmerksamkeit. Und so ging es vermutlich weiter: Das angebliche Dienstmädchen schlüpfte in neue Kleider, bestieg die Kutsche und rollte mit Bacher davon, die Wachen erhielten Befehl, in ihre Quartiere abzurücken, Marie Thérèse Charlotte verließ den Gasthof, und da jedermann glaubte, dass der berühmte Gast schon abgereist sei, achtete man nicht auf sie. Damit war der Personentausch geglückt, ohne dass jemand Verdacht geschöpft hatte.

Die österreichischen Herren warteten unterdessen in dem Landhaus des Basler Patriziers Reber-Passavant auf die Ankunft der Prinzessin. Kurz vor Mitternacht war es dann soweit. Die Kutsche fuhr vor, der Schlag öffnete sich – und statt eines von Kummer und Entbehrungen gezeichneten jungen Mädchens stieg ein pausbäckiger Backfisch aus. Kaum hatten sich die zum Empfang Versammelten von ihrer Überraschung erholt, als sie schon die nächste erlebten: Die Prinzessin schlug sofort einen sehr hochmütigen Ton an, sie verbat sich alle Begrüßungsansprachen und verlangte, unverzüglich in ihre Gemächer geführt und nicht weiter belästigt zu werden. Trotzdem regte sich kein Verdacht. Die Wiener Bevollmächtigten erklärten das sonderbare Benehmen der jungen Dame wohl mit dem angegriffenen Zustand ihrer Nerven. Und was die Pausbacken betraf: So schlecht und unzureichend, wie die Königstreuen behaupteten, war die Verpflegung im Temple offenbar doch nicht gewesen!

Es gibt in dieser dunklen Affäre noch vieles, was der Klärung bedarf. Aber eines darf als sicher gelten: Das Mädchen, das am 26. Dezember den Österreichern übergeben wurde, war nicht die Tochter der Marie Antoinette. Zwei Monate vor dem Gefangenenaustausch, im Oktober 1795, mietete ein unbekannter Zeichner ein Zimmer in der Nähe des Temple, von dessen Fenster aus er die Gefangene beobachten konnte, wenn sie im Hof spazieren ging. Da es ihm nach seinen eigenen Worten vor allem darauf ankam, »sich in nichts von der Ähnlichkeit« zu entfernen, benutzte er ein Teleskop. So entstand das Teleskopbildnis, das die Gesichtszüge wie auch die Kleidung der Gefangenen mit äußerster Präzision wiedergibt. Marie Thérèse Charlotte sah ihrer Mutter sehr ähnlich. Sie hatte von ihr die lange, schmale und gerade Nase, die etwas eckige Kinnpartie und den breiten, schmallippigen Mund geerbt. Ihre Brust war kräftig entwickelt, so dass sich das karierte Gefangenenkleid über ihr spannte.

Damals ahnte niemand, dass ein solches Bildnis existierte. Die Ersatzprinzessin hätte dem Basler Maler und Kupferstecher Christian von Mechel sonst wohl kaum die

Erlaubnis gegeben, sie zu porträtieren. Auch wenn man berücksichtigt, dass Zeichnungen keine Fotografien sind: Das vermutlich im Januar 1796 entstandene Mechelsche Porträt stellt eine andere Person dar! Das Kinn ist rund, nicht eckig, die Brust flach, der Mund klein, fast ein Schmollmündchen, und statt einer schmalen und geraden trägt die Dame eine fleischige, an der Wurzel breite und dazu noch gekrümmte Nase im Gesicht. Nein, solche Unterschiede lassen sich nicht damit erklären, dass jeder Künstler sein Modell eben anders sieht.

Es gibt noch andere Indizien. Natürlich kann sich der Charakter eines Menschen ändern. Es ist jedoch sehr unwahrscheinlich, dass er gleichsam über Nacht in sein Gegenteil umschlägt. Alle Personen, welche die echte Prinzessin gekannt hatten und nichts von dem Personentausch wussten, standen vor einem Rätsel. Am härtesten traf es die arme Rénète de Chanterenne, die in Paris sehnsüchtig auf eine Botschaft von ihrer Herzensfreundin wartete. Die mittlerweile in Wien Angekommene ließ ihr durch einen Mittelsmann ausrichten, »dass sie keine Schritte unternehmen möge, wieder mit mir zusammenzukommen, da dies unnütz sein würde«. Die Chanterenne sah die angebliche Marie Thérèse Charlotte erst zwanzig Jahre später wieder. Eine Jahresrente von 3000 Francs und weitere Vergünstigungen verschlossen ihr den Mund.

Ganz sicher scheint sich Ludwig XVIII. der Ersatzprinzessin nicht gewesen zu sein. Der Vertrauensmann der Bourbonen am Wiener Hof, Kardinal La Fare, hielt es jedenfalls für geboten, die Besorgnisse Seiner Majestät zu zerstreuen. Am 26. Januar 1796 schrieb er dem Baron von Flachslanden, der zu den engsten Ratgebern des Maulwurfs gehörte: »Ihre Rolle hier ist sehr schwer zu spielen, und sie kann noch schwieriger werden. Nach den mir gewordenen Berichten glaube ich nicht, daß sie mit Bezug auf Umsicht

Teleskopbildnis von Sophie Thérèse Charlotte in Temple (1795)

und Klugheit in ihrem politischen Verhalten einen Fehler begangen hat ... Ich kann zur vollsten Beruhigung des Königs hinzufügen, daß Seine Majestät von der Aufrichtigkeit ihrer Gefühle und der Festigkeit ihres Standpunkts überzeugt sein kann. Ich habe einige Mittel, sie darin zu unterstützen, wenn es notwendig sein sollte, aber so, wie sie handelt, wird es niemals notwendig sein. Sie zeigt sich und ist bei allen Gelegenheiten so, wie sie sein soll.« Das Mittel, mit dem der Kardinal La Fare die Ersatzprinzessin im Notfall »unterstützen« wollte, bestand wohl in der Drohung, ihre wahre Identität aufzudecken. Noch gab es für die Bourbonen die Möglichkeit, öffentlich zu erklären, auch sie seien von einer Betrügerin getäuscht worden. Der Onkel in Verona hatte seine Nichte ja bisher nicht gesehen, geschweige denn anerkannt.

Die Sorge des Maulwurfs war unbegründet. Die Ersatzprinzessin tat, was man von ihr verlangte: Sie wies die Werbung des Erzherzogs Karl zurück und forderte mit Nachdruck, dass man ihr das Erbe der Marie Antoinette ausliefere. Alle Versuche des Wiener Hofes, sie umzustimmen, blieben ergebnislos. Die Dame behandelte die österreichischen Herren von oben herab, fast wie Lakaien, sie bat nicht, sondern sie befahl, und sie erklärte rundheraus, dass sie keiner Maßnahme zustimmen würde, die den Plänen ihres lieben Onkels zuwiderliefe. Kaiser Franz kam allmählich zu der Einsicht, dass es besser wäre, die ungebärdige Verwandte ziehen zu lassen, samt den Juwelen der Marie Antoinette. 1799 reiste die angebliche Marie Thérèse Charlotte aus Wien ab – nicht nach Verona, das 1796 von den Truppen des Generals Bonaparte erobert worden war, sondern nach Mitau in Kurland, wo Ludwig XVIII. ein neues Asyl gefunden hatte. Noch im selben Jahr heiratete sie einen Neffen des Königs im Exil, den Herzog von Angoulême.

Herzogin von Angoulême
(Gemälde von Alexandre-François Caminade)

So wie sie sich in Wien gezeigt hatte, blieb die Herzogin von Angoulême ihr Leben lang: unnahbar, herrisch, hart, unbeugsam und von einer Tatkraft, die in krassem Gegensatz zur Trägheit ihrer Verwandtschaft stand. Sie war die Einzige, die in der Emigration nie resignierte, und auch später, nach der Rückkehr des Königshauses im Gefolge der Österreicher, Russen und Preußen, bewies sie, dass sie mehr Courage besaß als alle übrigen Bourbonen. Als Napoleon 1815 zum zweiten Mal die Herrschaft an sich riss, floh sie nicht außer Landes, sondern eilte in den Süden und rief die Königstreuen der Bretagne, der Vendée und der Gironde zum bewaffneten Widerstand auf. Der Kaiser sagte damals von ihr: »Sie ist der einzige Mann in ihrer Familie. Lasst sie Hosen tragen!« Ihre Härte artete bisweilen in Grausamkeit aus: Ludwig XVIII. legte die Entscheidung über das Schicksal des nach Waterloo verhafteten napoleonischen Marschalls Michel Ney in ihre Hände, und sie ließ den »Tapfersten der Tapferen« erschießen – obwohl die Frau des Verurteilten und viele andere Personen von Rang sie kniefällig um Gnade baten.

Wo sich die echte Marie Thérèse Charlotte bis 1799 aufgehalten hat, ist unbekannt. Wahrscheinlich lebte sie in einem abgeschiedenen Winkel der Schweiz. 1798 drohte ihr zum ersten Mal Gefahr: Französische Truppen besetzten das Gebiet der Eidgenossenschaft, und mit den Soldaten kamen die Geheimagenten, die nach bourbonischen Verschwörern fahndeten. Die Prinzessin entging ihrer Aufmerksamkeit. 1799 wurde ihre Lage noch kritischer. Was geschah, wenn irgendjemand durch Zufall entdeckte, dass die jungvermählte Herzogin von Angoulême nicht die Tochter der Marie Antoinette, sondern eine Hochstaplerin war? Niemand würde Ludwig XVIII. jetzt noch glauben, wenn er versicherte, er habe die Ausgetauschte für seine Nichte gehalten. Die Bourbonen erfreuten sich bei den Fürsten nicht gerade großer Beliebtheit. Sie galten als arrogant und unzuverlässig. Einige europäische Monarchen spielten mit dem Gedanken, die Herrschaft über Frankreich einer anderen, weniger kompromittierten Dynastie anzuvertrauen, zum Beispiel dem Haus Orléans, das ebenfalls Ansprüche auf den französischen Thron erhob. Ein Skandal, noch dazu einer von solchen Ausmaßen, hätte dem ohnehin lädierten Ansehen der bourbonischen Königsfamilie schwersten Schaden zugefügt. Die Schlussfolgerung lag nahe: Die echte Prinzessin musste verschwinden – diesmal für immer.

Es scheint, dass Bacher von diesen Plänen erfuhr. Im Unterschied zu seinem ehemaligen Vorgesetzten und Mitverschwörer Bénézech war er nicht als bourbonischer Vertrauensmann entlarvt und aus dem Dienst entlassen worden. Er verfügte nach wie vor über gute Verbindungen zu den Zentren der Emigration, aber er hatte wohl auch erkannt, dass es für ihn besser wäre, sich nicht auf Gedeih und Verderb mit dem gestürzten Königshaus zu verbünden. Wie die Dinge lagen, würde die Wiederherstellung der Monarchie noch lange auf sich warten lassen. Jedenfalls verspürte der Agent wenig Lust, um der Bourbonen willen in einen Mordfall verwickelt zu werden. Der Polizeiminister des Direktoriums hieß seit 1799 Joseph Fouché – und wenn dieser berüchtigte Spürhund die Fährte der echten Prinzessin bis zum Jahr 1795 zurückverfolgte, dann gnade ihm Gott! Bacher beschloss, die aufs Höchste Gefährdete in Sicherheit zu bringen. Er bediente sich dazu des Holländers Leonardus Cornelius van der Valck.

Es steht fest, dass sich Bacher und van der Valck gekannt haben. Bacher stellte 1799 den Pass aus, der dem Holländer die Ausreise aus Frankreich ermöglichte. Wahrscheinlich waren die beiden schon seit langem befreundet. Auf alle Fälle wusste der Franzose, dass er sich auf die Verschwiegenheit des Botschaftssekretärs verlassen konnte. Van der

Valck brachte die besten Voraussetzungen für die ihm zugedachte Rolle des Beschützers mit. Er verfügte über ein Vermögen, das ihm und seiner künftigen Gefährtin ein unabhängiges Leben gestattete. Da man ihn als Diplomaten kannte, fiel es nicht auf, wenn er häufig seinen Wohnsitz wechselte: Die Reisen ließen sich mit dienstlichen Notwendigkeiten erklären. Und als ehemaliger Offizier besaß er Erfahrung in der Organisation und Durchführung riskanter Unternehmen. Es war also verständlich, dass die Wahl Bachers gerade auf ihn fiel.

Weniger verständlich ist, warum van der Valck den gefährlichen Auftrag übernahm. Vielleicht war tatsächlich »Romantisches« im Spiel, wie er später der Witwe Kühner andeutete. Vielleicht hoffte er, eines Tages an der Seite der Prinzessin in die große Welt zurückzukehren, bekränzt mit dem Lorbeer eines Retters aus höchster Not. Vielleicht fühlte er Mitleid mit der Verlassenen – nicht ahnend, dass diese Regung sein ganzes Leben von Grund auf verändern würde. Aber ob nun dieses oder jenes Motiv den Ausschlag gab – der Holländer entführte die junge Dame, deren Aufenthaltsort ihm Bacher mitgeteilt hatte, und brachte sie in Sicherheit. Der Schweizer Philipp Scharre war wohl an dem Unternehmen beteiligt – in welcher Eigenschaft, lässt sich nicht mehr feststellen. Es ist möglich, dass er schon vor 1799 in den Diensten der Prinzessin gestanden hat.

Von 1799 bis zum Herbst 1803 klafft eine Lücke, die nur durch Vermutungen geschlossen werden kann. Wahrscheinlich hielten sich die beiden nirgendwo lange auf. Sie quartierten sich in kleinen Städten ein und verschwanden nach ein paar Wochen ebenso unauffällig, wie sie gekommen waren. Man will sie in Schweinfurt, Heidelberg, Neuwied und in der Nähe von Stuttgart gesehen haben, doch es gibt keine Beweise für die Richtigkeit dieser Behauptungen. Der Versuch, sich in Ingelfingen niederzulassen, scheiterte:

Nach der Entführung des Herzogs von Enghien wurde Südwestdeutschland zum Tummelplatz von Agenten aller Schattierungen.

1805 entschloss sich van der Valck wahrscheinlich zu einem sehr gewagten Schritt: Er fuhr mit seiner Schutzbefohlenen nach Wien und ersuchte den Zaren Alexander von Russland um eine vertrauliche Unterredung. Vermutlich weihte er ihn in das Geheimnis ein und bat ihn um Hilfe. Der Zar hielt nicht viel von Ludwig XVIII. und seinem Anhang. Zwei Jahre später gab er den Bourbonen den dringenden Rat, schleunigst aus Kurland zu verschwinden. Einige Forscher meinen, dass Alexander die Waise unter seinen Schutz nahm – und dies den bourbonischen Hof in Mitau wissen ließ. Es ist jedoch noch eine andere Spur vorhanden: Sie führt von Wien über Berlin nach Hildburghausen. Danach hätte der Zar seine alte Freundin, die Königin Luise von Preußen, und diese ihre Schwester, Herzogin Charlotte, über das geheimnisvolle Paar unterrichtet. Die Singlotte war jedenfalls schon informiert, als die beiden in der kleinen thüringischen Residenz eintrafen.

In Hildburghausen und in Eishausen fand das Paar die ersehnte Ruhe. Es war unwahrscheinlich, dass ein Agent der Bourbonen auf den Gedanken kam, die spurlos Verschwundene gerade hier zu suchen. Zudem ließen sich Städtchen und Dorf leicht überwachen. Jeder Fremde fiel auf, um wie viel mehr erst Ausländer, die sich ohne erkennbaren Grund in der Gegend umhertrieben. Nur eines musste unter allen Umständen verhindert werden: Niemand durfte ahnen, wer sich hinter dem Schleier verbarg. Marie Thérèse Charlotte ähnelte ihrer Mutter, von der es viele Porträts gab. Auch das Teleskopbildnis konnte sie verraten: Ein Pariser Verleger hatte die Zeichnung in Kupfer stechen lassen und damit das Geschäft seines Lebens gemacht. Die Käufer rissen ihm das Blatt aus den Händen – und unter ihnen befanden sich viele

Deutsche, wie die zahlreichen Exemplare beweisen, die später aus den Nachlässen von Sammlern in den Besitz der deutschen Museen gelangten. Nein, die Prinzessin durfte nicht wagen, unverschleiert aus dem Haus zu gehen. Das Risiko, erkannt zu werden, war zu groß. Und wenn erst einmal das Gerücht aufkam, dass in Hildburghausen eine Dame lebte, die der Tochter der Marie Antoinette zum Verwechseln ähnlich sah – wer garantierte dann, dass der Maulwurf und die Herzogin von Angoulême nicht von neuem Mordkommandos aussandten?

Wahrscheinlich gaben die Bourbonen die Suche nach einiger Zeit auf. Jahre vergingen, ohne dass sich die Verschwundene rührte – und dies bewies wohl zur Genüge, dass sie nicht beabsichtigte, irgendwelche Ansprüche zu erheben. Aber weder die Prinzessin noch van der Valck trauten dem Frieden. Die ungewöhnlichen Vorsichtsmaßnahmen, die sie trafen, belegen, dass sie nach wie vor mit der Möglichkeit eines Anschlags rechneten. Die sonst so Furchtsame erschrak keineswegs, wenn sie in der Hand ihres Begleiters eine Pistole erblickte: Sie wusste, dass die Waffe zu ihrem Schutz diente – und sie wusste auch, dass sie eines solchen Schutzes bedurfte.

Niemand kann sagen, was in den Köpfen und Herzen dieser beiden Menschen vorgegangen ist. Dürfen wir der Versicherung van der Valcks, er habe die Verschleierte nur wie ein Bruder geliebt, Glauben schenken? Oder war sein Verhältnis zu der Dame doch inniger, als er der Witwe Kühner mitzuteilen für gut hielt? Dachte er mit Bitterkeit an sein vertanes Leben zurück? Oder empfand er Befriedigung bei dem Gedanken, dass die Verwaiste ohne ihn verloren gewesen wäre? Es gibt keine Antwort auf diese Fragen, wir wissen nur eines: Der Holländer stand zu seinem Wort.

Und die Prinzessin? Sie war die einzige Bourbonin, die aus der selbstverschuldeten Katastrophe ihrer Familie die vernünftige Schlussfolgerung gezogen hatte, auf alle Vorrechte der Geburt zu verzichten. Es scheint, dass sie sich in ihrem Asyl wohl fühlte – trotz der Depressionen, unter denen sie manchmal litt. Das Leben auf dem Land entsprach ihren Wünschen und Vorstellungen. Und die Nachrichten aus der großen Welt ließen Bedauern nicht aufkommen. Im Juli 1830 brach der revolutionäre Vulkan von neuem aus. Paris griff zu den Waffen und jagte das Haus Bourbon samt seiner Ersatzprinzessin zum zweiten Mal davon – diesmal für alle Zeiten ...

Auf historischen Spuren

> ‣ Im Herbst 2013 versetzte die Dunkelgräfin Hildburghausen noch
> einmal in Aufruhr: Ihre Gebeine wurden exhumiert, um sie
> mittels DNA-Test zu identifizieren.
> Das Schloss Eishausen, in dem sie zuletzt lebte, wurde 1887
> abgerissen. Den Englischen Hof und das Radefeldsche Haus kann
> man in **Hildburghausen** aber noch finden, ebenso die Grabanlage auf dem Schulersberg. Im Stadtmuseum gibt es einige
> interessante Exponate und Wissenswertes zum Thema.
> *Nähere Informationen: www.museum-hildburghausen.de*

Bildnachweis
Die Bilder sind, soweit nicht anders angegeben, gemeinfrei;
Urheber sind direkt am Bild benannt.
Michael Schröder: 8, 15, 34, 45, 48 f., 51, 58, 78, 86, 183–185, 226

Die Originalausgabe erschien unter dem Titel
»Tödliche Freundschaft.
Kriminalfälle aus sechs Jahrhunderten«
1988 im Verlag Das Neue Berlin.

ISBN 978-3-360-02188-5

1. Auflage 2014
© Das Neue Berlin Verlagsgesellschaft mbH, Berlin
Umschlaggestaltung: Buchgut, Berlin, unter Verwendung
eines Motivs von ullstein bild – Harald Lange
Druck und Bindung: Opolgraf, Polen

www.das-neue-berlin.de